U0852492

阅读成就梦想……

Read to Achieve

CREATING BUSINESS AGILITY

How Convergence of Cloud, Social, Mobile, Video, and Big Data Enables Competitive Advantage

互联网+技术融合风暴

构建平台协同战略与商业敏捷性

【美】罗德尼·海斯特伯格（Rodney Heisterberg）
阿拉克·维尔马（Alakh Verma）著
钟灵毓秀 徐凤銮 译

中国人民大学出版社
·北京·

如何在丛林中求生

在互联网时代，分析家和高管们时时担心被“亚马逊化”，即每当亚马逊（Amazon.com）这一电商先锋进入一个新市场，其巨大的库存、低廉的价格和优质的服务都会快速高效地将同行业竞争企业从市场中淘汰的过程。

十五年后，无一行业幸免。每个领域都有被高新技术驱动的竞争者冲击的市场领头人。汽车行业有特斯拉，软件世界有 Salesforce.com，甚至在数据存储也有亚马逊自有的红移数据库（Redshift）。

其实，当今的商业世界就是一个丛林。只有适应这一生态系统的企业才能存活下去，也只有最聪明、最敏锐的玩家才能笑到最后。

我们正在进入商业计算的另一个新范式。所面临的挑战是如何迎接和利用此时此刻正在发生的大规模技术融合。考虑一下这些发展带来的共同影响。

1. 云计算。2013 年 11 月，10 万余人参加了 Salesforce.com 的梦想动力（Dreamforce）会议。参与人数相当于甲骨文公司的“开放的世界”（Oracle’s Open World）和 SAP 的“蓝宝石”（Sapphire）

两场企业软件秀的人数之合。梦想动力会议的出席人数不仅证明了 Salesforce 当前所受欢迎程度，而且也指出了企业在未来的归宿——云。

2. 移动终端。不论是一部手机、一台平板电脑，还是一台笔记本电脑，企业公民能够选择任何工具在任何地点获得企业的所有信息。这种移动的力量既体现了生产率的机会，也暴露了安全风险。
3. 社交媒体。任何一家有头脑的公司都知道 Facebook、Twitter、Pinterest 和其他无数社交媒体平台的力量，所有客户和竞争对手都活跃在这些地方——但他们知道对此能做些什么吗？通过将社交媒体融入公司计算中，以接近客户，将在未来变得至关重要。
4. 视频。人们对视频内容的偏爱已经远远地跨越了 YouTube 的范围。在社交媒体开始作为视频通信扩散的主要手段后，商家开始在各种企业应用中利用视频进行宣传，视频因此也越来越成为企业 IT 领域的一个重要组成部分。
5. 大数据。现在的企业能够俘获关于客户、潜在客户、产品、销售商和竞争对手的上兆的数据。如今这种情报大多数还都被束之高阁，但很快，所有内部和外部系统的数据就都会被结合在一起，形成情报引擎，哪家公司用得最好，就能获得最具竞争力的优势。

这五项技术发展正在不断融合，改变着现代商业的引擎。想想看现在正在成形的“物联网”（Internet of Things，IoT）。高德纳公司（Gartner）预测，到 2020 年，IoT 每天将能连接 260 亿件物品。以制造业和保健行业为先导，所有行业都在快速部署产品交流的方式，以便了解和优化产品的用途。

想要生存下去，企业就必须从根本上改变运作方式。对于企业高管们来说，关键是通过改变业务流程，提供新的产品和解决方式——从根本上讲，就是使用与从前截然不同的方式运作，从而尽力利用和发挥这些惊人的技术优势。

什么是底线？想要在今天的商业丛林中生存就必须做到灵活。

在本书中，罗德尼·黑斯特伯格和阿拉克·维尔马通过真实世界的案例向你展示了，当今的企业如何在战略规划中使用新一代技术，以避免被亚马逊化——并学会在丛林中茁壮成长。

M.R. Rangaswami

沙丘集团创始人

SandHill.com 发行人

前 言

我们的商业模式正在发生巨变，而且变化的速度越来越快。如今唯一不变的事情就是变化，自从互联网以颠覆性的创新方式成为当今商业世界的根基之后，这种变化的频率就更高了。但是人类行为的变化总是要比引发行为变化的技术变化慢得多。回顾一下这 20 年来商业活动第一代革命的五个阶段，对展望未来是很有益处的：

1. 沿“信息高速路”构建起来的电子商务；
2. 商业域名时代的电子商业；
3. 出现在 21 世纪来临之际的虚拟企业协同商务价值链；
4. 网络 2.0 在过去十年间向社会化商业的演变；
5. 商业生态系统在产业市场内部和相互之间的 21 世纪商业竞争模式。

互联网商业包含一系列互联网利益相关者关系。他们授权员工，让贸易伙伴参与其中，形成一家虚拟企业。互联网商业和社会商业活动及程序各自独立运行。现在，以客户为中心的互联网商业模式在虚拟企业中使用网络化协助渠道协调利益相关者的关系，为客户提供丰富的体验，从而造就市场的领导者。但是企业保持竞争优势的唯一途径就是使用互联网商业去感知商业生态系统中的变化，然后根据这些洞察到的信息预测为客户制造快乐和满意度，从而相应地调整计划。本书第 1 章探讨了这些敏捷的商业活动，介绍了这种新型的商业模式——互联网的来龙去脉。

尽管这几个阶段在过去 20 年里飞速前进，促成其发展的技术变化得更快。以“互联网时代”来测量，信息技术（IT）革命现在已经用上了第四代硬件、软件和网络系统技术。随时随地以任何方式获取无处不在的信息将成为一种新的日常实践，而这种实践将提供客户体验作为一种新的客户服务标准。

如今，商业竞争的基础不再是以产品为中心的金融资产，而是演变为以客户为中心的信息资产。这种商业模式范式的转移已经远离以“一如往常”规划为特点的“过去即现在”的思维方式。按照这样的传统实践方法，人们利用历史时间序列销售预测手段以及静态回归分析模型的方法，认为未来会继续重演过去的观点，也是推断战略规划的基础。如今，最佳的实践方法是以场景为基础的规划，它能够引导人们创造性地思考，通过适应性感知与响应业务智能流程、实时直面客户的决策支持和动态惯例分析模型来预测变化。

商业敏捷性创造了可持续的竞争优势，这是新一代互联网企业将要实现的目标。我们对商业敏捷性的定义是：通过协作实现在挑战和机会来临前提前预知的创新。通过使用平衡评分卡对整个商业生态系统进行评估，将讲求整体功能的绩效管理系统纳入该定义范畴，该定义将变得像某一商业活动那样可行。平衡评分卡还能改善资产负债表状况。在第 1 章中，我们将从商业生态系统的概念是如何为可持续竞争优势创造模型的角度来阐述这一方法。这种生态系统方法同时可以利用协作商务共同作用和“合作竞争”。

这种切实可行的例子和方案，加上经过实践的背景框架和深入研究，为探究如何将这些想法投入实践中提供了公开探讨的机会。这种研究从一手资料和关键的思想领袖所提供的二手资料作出推断。我们将从信息技术的最前端——硅谷为你带去有关“下一个大热门”的最新动态——利用集过去十年所有技术进步之精华于一身的低成本高效率的计算力量，从庞大的数据组中提取可行的信息。

挑战和机遇。不断完善的互联网商业模式所带来的挑战和机遇刮起了一场创造商业敏捷的“完美风暴”。云、社交、移动和大数据的融合发挥协同作用，且整体功能大于部分之和。互联网环境的本质变化不仅仅改变了商业竞争的本质，还改变了商业价值所创造的基本流程以及绩效衡量指标。在第 2 章中，我们将更详细地讨论这种技术融合，并把视频作为通过技术深刻影响着企业和客户的关系及互动方式的“完美风暴”的第五种力量。

在整本书中，我们都通过技术—行业—应用这种三维实例集合所反映的框架，采用案例研究法进行探讨。

1. 技术——完美风暴所掀起的“5 级龙卷风”是如何架起一座通往金库的彩虹的。

云、社交、移动、视频和大数据融合的共同作用决定着新一代互联网企业对内和对外协作制定什么样的目标、任务和战略，从而从内部协调职能资源，外部发挥有着可兼容性核心竞争力的贸易合作伙伴们的能力。因此，我们便能利用互联网商业价值发展市场导向型生态系统，使生态系统的总体功能大于部分之和。

2. 行业——旅游和运动方案规划实例。

从每个人的经历来看，对全球旅游业和国际体育赛事都十分熟悉，因此，这些娱乐性案例使创造商业敏捷的故事变得具有吸引力。根据《超额订出》（*Over-booked*）一书的作者伊丽莎白·贝克尔（Elizabeth Becker）提供的数据，去年旅游人数超过十亿人次。作为世界经济最大的商业部门，旅游业无疑是拉动经济增长的头号引擎。通过将协作比喻为体育运动这一普遍的人类活动，我们可以更好地理解团队合作是如何创造竞争优势的。

考艾岛万豪度假酒店和沙滩俱乐部（Kauai Marriott Resort and Beach Club）组成生态系统以进行酒店商业冒险活动的事例，让我们能够以知情者的视角看待虚拟企业的建立。这种视角展示了互联网商业团队是如何利用自己对技术融合的理解去分享智力资本，从而满足其交易合作伙伴社群的期待。

通过引用“出售索诺玛郡红酒之乡”（Selling Sonoma County Wine Country）案例，我们对索诺玛郡旅游局（Sonoma County Tourism）的“悄悄走开”营销活动进行了综合的案例分析，以说明每一章中都涉及到的商业敏捷性成熟度的关键概念。这些策略站在借助宣扬“从失败中吸取经验，以降低风险，从而获得未来成功”的协作文化的方式进行创新的角度，聚焦高级管理团队如何利用他们对融合技术的理解创造商业敏捷性。

体育界的用例主要是关于用最新的竞争手段赢得国际赛事上最古老的奖品。美国甲骨文队（Oracle Team USA）通过驾驭“5 级龙卷风”的完美风暴，创造了体育史上最精彩的卫冕之战的事例，说明了信息技术在创造可持续竞争优势的能力方面所具备的商业价值。

3. 应用程序——首席信息官（CIO）和首席营销官（CMO）利用大数据创造商业价值。

一般来说，应用程序方面最突出的是营销功能，该功能的框架特别聚焦在

CIO 和 CMO 在提交信息技术的商业价值上的关系。寻找 CMO 和 CIO 之间在互联网企业管理上的合作关系的最佳实例要依靠商业敏捷性成熟度这一标准。

相关案例将和“CMO、CIO 通过合作获得协作商业敏捷性”方案一同呈现。这一商业价值主题是利用 CMO—CIO 联盟的创新战略，并围绕以协作营销最佳实践为基础的大数据分析而展开。商业敏捷性成熟度线路图（Business Agility Readiness Roadmap）利用平衡评分卡作为描述和评估合作差距的框架，为企业营造了从记录系统到参与系统演化的环境。该工具可被用来判定如何审查与大数据管理相关的内外部协作活动,从而推动规范分析的产生。总的来说，这是管理互联网企业，使其获得商业生态系统的竞争优势的关键成功因素。

解决方案。构建新一代互联网企业的解决方案在于将商业生态系统和客户参与解决方案结合起来。请记住这种方法所涉及的企业信息系统工程的两个基本要素：

- 按照协同商务原则利用“5 级龙卷风”技术的生态中心架构；
- 符合商业敏捷性成熟度差距分析概念的可调节大小的互联网企业转型稳健模型——生态中心实现线路图。

全书借助案例场景对协同商务结构进行介绍，书中的案例来自世界上最具普遍性的产值数万亿美元的旅游业和酒店业，这些案例向读者清晰地展示了协同商务的定义、优势和运营模式。这些熟悉的行业采用虚拟企业整合法、虚拟游客信息中心（virtual Visitor Information Center, vVIC）平台对这种方法进行了说明；作为生态中心，该平台是在迭代增量实现线路图的基础上建立起来的。

得到的教训。在信息技术加速影响商业活动的大环境下，受到与之类似的技术融合的影响，新技术、新方法不断涌现，我们能从中得到哪些教训呢？全球都在鼓励信息技术消费，“自带设备”（BYOD）现象也由此在商业世界中出现，一阵改革之风随之刮来——刮起了一场云、社交、移动、视频以及大数据技术融合的“完美风暴”，仿佛“5 级龙卷风”那样影响着商业竞争市场。

在颠覆性技术隐喻的背景下，有远见的企业将通过利用大数据预测分析，驾驭这种颠覆性的力量，以实现以下目的：

- 利用云技术在初期发现不足，以稳定结构基础；
- 利用社交网络与社区内的伙伴开展合作，以解决即时问题；
- 利用移动技术将决策信息在正确的时间传递给正确的人、地点；
- 利用视频技术传达警告和指导信息类互动信息。

为创造商业敏捷性做好充分准备，借助融入当今商业环境中的五大技术力量，市场主导者们就能够拨开这场“完美风暴”中所诞生的“5 级龙卷风”，使天空露出条理分明的光明宏图，架起一座通往成功彼岸的彩虹之桥。

创新者们设计以客户为中心的商业模式，以协作生态系统的方式竞争，这将改变他们的经商方式。此类互联网企业将利用这场技术风暴，按照内嵌式大数据预测分析重新设计决策流程，从而总结出有价值的客户策略，交付令人难忘的客户体验。这一策略将使市场占有率领先的新一代企业拥有可持续性的竞争优势。

本着把数据放回数据处理流程中的精神，我们设计了商业敏捷数据模型，该模型介绍了技术融合如何构建新一代互联网企业。在这种情况下，我们将传统的云、社交、移动技术融合进行扩展，以反映大数据预测分析，将视频作为进行内外部协作和客户共同创新的共享内容加入技术融合。这种数据模型为下面几章中的内容提供了背景，以便从用数据串联起来的员工、流程和技术的角度，介绍可行的商业敏捷性成熟度线路图。

下一步。接下来，采取创造商业敏捷的第二步要求企业理解感知与响应（sense-and-respond）信息管理战略如何促进适应性商务战略的执行，此外，企业还需要具备引领改变内部流程和外部人际关系所必要的变化管理举措的勇气。作出这种改变的基础在于重新设计决策流程，以更明智地做出资源分配决定。这要求企业具备感知商业生态系统信号的能力——这种信号也是关键的绩效指标——同时，运用客户策略和预测分析学作出响应。这有助于企业创造商业敏捷性，一旦企业形成客户体验管理文化，还能够产生可持续的竞争优势。

本书的创作目的是将技术议题诠释给商业人士，同时将商业议题诠释给技术人员，这样他们就能开展协作，提高其商业生态系统的竞争优势了；此外，本书还致力于在全球市场创造品质生活。本书的目标读者大体上是企业的高级管理团队，以及他们的直接领导和员工，同时，本书还特别聚焦在建立和巩固CMO—CIO合作关系，以此作为改变游戏规则的协作典型。

本书的战略主题是云端、社交平台、移动技术和视频技术同大数据分析的融合将如何创造持续的商业价值。各个章节组织在一起共同讲述了这种完美的技术风暴是如何为市场领先者创造商业敏捷性和构建平台协同战略的。它们通过促进下一代企业围绕大数据完善产品解决方案，建立可持续生态系统，从而形成竞争优势。

这些主题都解释了这种技术融合是如何影响经典的数据处理系统中“输入—流程—输出”模式的。这种模式表现为提供预测分析引擎数据驱动的程序，创造以洞见事实为基础的决策，同时注意无用输入和无用输出。

在写这本书的过程中，我们从商业生态系统的角度来审视互联网商业架构的建立。我们通过商业敏捷性在21世纪构建IT的商业价值，同时将其作为参考，用其他资源构建这一建筑。目前已经有很多书籍写过云端、商业分析以及社交平台、移动技术和视频技术，并将每一个作为单独的主题详细论述过。而本书的写作目的是，满足市场将互联网商业的关键概念融合到互联网的商业实践中，从而满足企业360度无死角地对以客户为中心的战略、客户导向型流程和面向客户的应用程序进行改造的需求。

商业生态系统的构架视图反映在以下目录中，对实现商业敏捷性成熟度的线路图的亮点——技术融合的作用进行了概括：

第1章 连通互联网的分界点；

第2章 颠覆性创新与商业模式所带来的碰撞；

第3章 云战略布局；

第4章 技术融合打破有形边界；

第5章 协作管理的力量；

第6章 用移动技术驱动商业敏捷性；

第7章 社交网络技术促进社会化商业转型；

第8章 用大数据驾驭集体智能；

第9章 构建高效的知识生态系统；

第10章 2020年将会发生什么；

结语 出售索诺玛郡红酒之乡“悄悄走开”营销活动。

每一章都是先对主要概念进行深入的探讨，然后通过案例进行说明，对其一般性的适用范围进行概述。每一章的用例都选自旅游、医疗保健、教育和金融服务行业的最佳实践，同时给出“技术—行业—应用”框架背景下的专业观点。

在本书的最后结语中，讲述了出售索诺玛郡红酒之乡“悄悄走开”营销活动的真实案例。通过讲述互联网企业使用这些概念创建商业敏捷性的例子进行说明。这一协作营销活动中的旅游目的地和行业事件方案，为展示如何使生态中心在商业生态系统中的虚拟企业层面运行的故事提供了背景。这种商业敏捷性成熟度线路图可以被定义为由数据集成的员工、程序和技术。这一路线图与生态中心架构的各个企业、应用和技术层面相适应。

“商业生态系统主义”是改变游戏规则的战略的商业敏捷性驱动力，所以我们打算通过讲述清晰、简洁和引人注目的“商业生态系统主义”的故事来编写这本书。我们希望你通过阅读本书，能够对本书的内容有所了解，从而能够提出正确的问题，并得到一些重要的答案。

CREATING BUSINESS AGILITY

How Convergence of Cloud, Social, Mobile, Video, and Big Data Enables Competitive Advantage

目录

第 1 章

连通互联网的分界点

当今的商业世界正经历着更广领域、更深层次和更快速的变化。互联网使得各国在全球市场上能够平等竞争，发达工业化国家日益受到以金砖国家——巴西、俄罗斯、印度和中国为首的新兴经济体的挑战。如今，任何一家公司，无论其实力多么强大，资金多么雄厚，管理者多么精明，都无法在任何市场上独占主导地位。

面对竞争环境中的这一构造性改变，市场领导者们纷纷与其贸易合作伙伴建立互联网商业关系，以期在互联网时代紧跟日益加快的商业世界步伐。为了能够通过这种方式在商业生态系统中竞争，这些规模大小不同、产品种类有别、市场覆盖规模相异、以客户为中心的互联网企业，像拥有共融性核心竞争力的虚拟企业那样将价值链网络化。以上观点由来已久。马歇尔·麦克卢汉（Marshall McLuhan）在其 1967 年创作的经典著作《媒介即是讯息》（*Medium Is the Message*）中写道：“任何技术都能够慢慢创作出一个全新的人文环境。”

商业敏捷性观念

商业敏捷性在本书中被定义为通过协作实现在挑战和机会来临前提前预知的创新。相应地，可以使用差距分析法来评估并确保客户参与的信息管理系统得以成功执行所需的商业敏捷性成熟度，执行该系统是为了创造能够提供确保可持续竞争优势所需文化的商业敏捷性。

对于商业敏捷性的商业价值的认同并不是刚刚出现的。由于启用整合了带有启动实时决策支持制度的数据库的企业管理信息系统，早在几十年前人们就明确地将商业敏捷性视为一种“管理生产力”—— 一项更具洞察力、对业绩效果更有影响力、更加符合当前形势的决定。这一系统犹如以数据为主导的计算机“硅谷占卜水晶球”，为适应性决策过程创造了文化氛围。随着商业互联网技术的诞生，企业内部网络变得无所不在，这一企业内部敏捷性也发展成为一大竞争优势。

在上一代革命性商业实践中，创新不断地改造着决策过程，回顾二十年前的这一代商业实践能够帮助我们了解商业敏捷性会将我们带往何方：

- 沿“信息高速路”构建起来的电子商务；
- 商业域名时代的电子商业；
- 出现在21世纪来临之际的虚拟企业协同商务价值链；
- 网络2.0在过去十年间向社会化商业的演变；
- 商业生态系统作为行业市场内部以及行业市场之间的21世纪商业竞争模式。

上述演变过程进行了二十多年，使得技术也发生了更加快速的变化。在互联网时代，信息技术创新是根据执行周期更快的、企业长期使用的、最新一代的硬件、软件和网络系统技术的整套创新来界定的。这种技术创新使得企业能够将创新性思维货币化。在同一周期内，随着“客户价值”转变为制定资源分配决策的框架，战略性商务管理理论、原理和实践也在不断完善。为了计算创造和传递作为无形资产的客户价值的所需成本，经济学家引入智力资本这一相关的抽象概念，这一概念已成为今天以客户为主导的商业模式的核心要素。如图1—1所示，这条竞争优势新规则已经成为知识型市场中互联网商业的推动力。

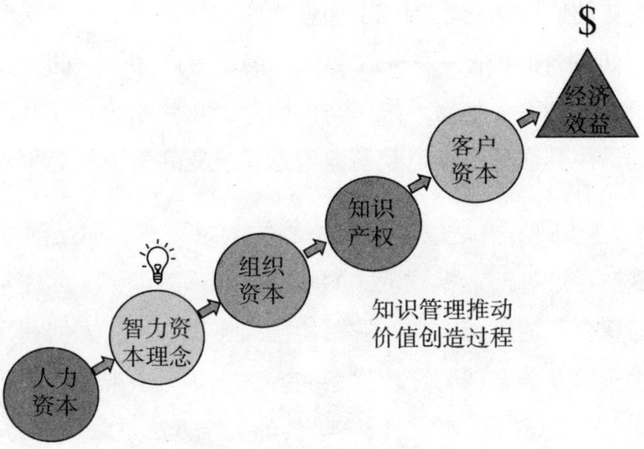

图 1—1　创新货币化过程的智力资本商业模式

互联网商业组织

无所不在的互联网连接创造了拥有丰富数据的商业环境。随时随地以任何方式获得信息已经被视为一种常规活动，这使得传播个人体验成为客户关系的新常态，并创造了互联网的“当下状态”。由于互联网将客户及其供货商、经销商越来越紧密地联系起来，企业也变得越来越依赖其贸易伙伴的商业生态系统，并且需要制定策略、变更组织结构以顺应该变化。这种新的互联网商业不仅具有实体关系，也有虚拟关系，想要上述策略得以实行，必须同时管理好这两种关系。

为了向客户提供能够满足他们消费体验需求的一整套产品，今天的企业离不开这些贸易伙伴。就有形商品和无形服务相结合这一趋势来说，这种以客户为中心的价值主张的表达，使我们得以洞见以市场为主导的组织结构的必要性。一个成功的互联网商业策略要求企业与其拥有共融性核心竞争力的贸易伙伴合作，共同开发和供应一整套完整的产品。由一组围绕一条完整的产品价值链的互联网企业组成的组织结构被称为虚拟企业。与之相对应的是，该组企业出于互利而合作形成丰富的商业环境，同时彼此竞争以期主导其所在市场空间，那么，这组企业的协同演化就构成了商业生态系统。例如，苹果和谷歌同为互联网企业，它们各自的产品——iOS 和安卓的所有产品——的虚拟企业相互竞争以主导平板电脑的商业生态系统，与此同时，这两家公司又共同合作，强化平板电脑市场，使其成为个人电脑商业生态系统充满活力的竞争对手。

商业竞争的基础不再是以产品为中心的金融资产，而是演变为以客户为中心的信息资产。这种商业模式范式的转移已经远离以“一如往常”规划为特点的“过去即现在”的思维方式。按照传统的实践方法，人们利用历史时间序列销售预测手段以及静态回归分析模型的方法，认为未来会继续重演过去的观点，也是推断战略规划的基础。如今，最佳的实践方法是以场景为基础的规划，它能够引导人们创造性地思考，通过适应性感知与响应业务智能流程、实时直面客户的决策支持和动态惯例分析模型来预测变化。互联网客户关系渠道将传统的实体客户关系和不可阻挡的互联网关系管理进程提高到了核心竞争力的层面上，其不断提高的临界性是激发互联网企业取得成功敏捷性的基础要素。

商业生态系统战略方针

这一方法是在詹姆斯·摩尔（James F. Moore）的著作《竞争之死：在商业生态系统时代的领导力和战略》（*The Death of Competition: Leadership and Strategy in the Age of Business Ecosystems*）的基础上建立起来的。书中，摩尔先生指出并将商业生态系统定义为企业之间的战略性组织范式。他从战略商业共同进化的四个阶段的角度阐释了协同作用核心竞争力之间的联系。这一过程在合作与竞争的迭代循环中动态地强化了整个商业生态系统。对上述有关协同演化的概念，本书将进行多次探讨。

协同商务战略方针为互联网商业实践提供了基础，该实践允许商业生态中的贸易伙伴们在共享的环境中创造、管理和使用数据，从而在他们产品的生命周期内设计、制造和支持整个产品。同时，这些贸易伙伴还在构成虚拟企业的价值链上各自劳作，以补充支持自己的全部核心竞争力。为采用互联网商业战略和以客户为中心的商业模式创造文化氛围是实现可持续竞争优势的方法。互联网商业的概念因其出于在商业生态系统中实现虚拟企业整合的目的，并将运营管理、绩效管理、信息管理的要素融合而变得可行。成功地整合虚拟企业需要，创造出奖励创新，并将其视为基于互信的战略性客户价值主张的生态系统文化。懂得这一点十分重要（详见图1—2）。

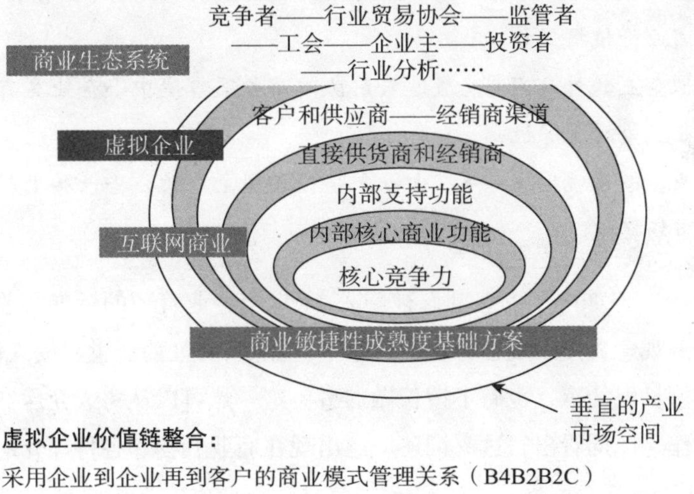

图1—2　商业生态系统

以上关于商业生态系统成功的各种观念都是以合作为基础的，网络“杀手级应用”和云技术产生了驱动创造商业敏捷性的感知与响应程序的IT敏捷性。采用系统方法理解商业生态系统——后者被称作“生态系统主义”——是根据21世纪的战略目标来培养商业敏捷性思维的，这些目标包括增加收入、降低成本和管理风险。这为以客户为中心的商业模式的发展提供了组织原则。就这一点而论，生态系统主义作为向人们明确表示创造商业价值的当前愿景的方法，其总依据是系统论，具体理论依据则来自其中的第一条和第二条。

第一条理论是我们所说的“协同作用”理论，又被广泛解读为“整体的力量大于局部力量之和”。它是商业合作的主流实践，人们使用“众包”的流程来贯彻这一理论。第二条理论被称为“局部优化”，它可以被理解为“一条链子上最薄弱的一环决定了其所能承受的强度”。最能够反映这条原则的商业实践就是利用核心竞争力来创新。

生态系统主义的互联网分界点由以相关企业系统规模为特点的生态系统决定：

- 互联网企业内部网⟶在 CMO 和 CIO 之间建立合作关系，为 IT 的商业价值提供补充；
- 虚拟企业的外部网⟶通过采用协同商务策略使中小企业具有和大企业竞争的平等性；
- 商业生态系统网络⟶在由社会企业模型主导的公平世界里创造全球市场空间。

实际上，正如电子商务观念被归入 21 世纪企业管理的标准实践当中，如今协同商务观念直接出现在合作的背景下。显然，身处商业世界的人们意识到，他们既有擅长做的事，也有不擅长做的事。这一点可以从每天充斥在商务会谈中的“合作”一词看出，这一词还广泛出现在商业刊物和各种媒介的广告文案当中。

就协同商务原则和实践来看，互联网商业管理的含义既广阔又深远。如果想要全面地探讨这一主题，其内容足以写出好几册涵盖商业价值链功能全部范围的战略、策略和操作实务等方面的论著。此外，这些论著还必须囊括从企业到项目团队这种不同层次的虚拟企业的整合问题，诸如不同层次的虚拟组织的组成和管理问题。互联网商业管理还明确指出了成功的关键因素，并将其与合作文化联系起来；同时也指出信任在构建高效的商业生态系统中所起的关键作用。很显然，这一主题大大超出了本书的讨论范围。为了让互联网商业的定义更具有可行性，我们着重于将有经验的商业管理者引入生态系统层面的商业敏捷性战略方针。

商业生态系统协同演化的不同阶段

在当今商业管理的大环境下，实现商业生态的战略性协同演化所经历的四个阶段常常表现为各企业为了实现 IT 的战略性商业价值而相互竞争，以取得创新主导地位。随着技术进步、市场全球化、将知识作为智力资本和金融资本的看法的普及，大环境已发生了变化，创新对于成功所起到的关键作用也因此变得越来越大。起主导作用的互联网企业的一个标志便是其企业文化必然包含创新精神。这些企业在自己的虚拟企业中和贸易伙伴既合作又竞争，开发新的完整核心产品，满足客户需求，整合下一个创新周期。

摩尔将这种创新气候描述为“机会环境”，即“一个客户需求未被满足、技术未被利用、拥有潜在管理职位、有名望投资者以及其他还有待开发的资源的商业空间……按照新顺序，以定义机会环境为开头制定连贯的策略……决策围绕抓住机遇的新方法和与其他商业生态系统建立可行的网络”。

根据摩尔的研究，商业生态系统的发展经历了实现战略性商业协同演化的四个阶段。

阶段 1：开辟出一个生态系统。连通各种本领而提出有增长空间的核心报价；创造出比目前更高的价值。

阶段 2：扩大生态系统范围。先建立核心协同关系组，然后在扩大其规模和范围投注，在任何你想要遵守和充分利用的市场范围内确定零售商店的临界规模。

阶段 3：在已确立的生态系统内树立权威。集中力量在生态社区的中心作贡献，从而在商业生态系统中保持权威性。

阶段 4：更新或灭亡。想方设法在常规中加入新创意，保持和同类企业的竞争力。

下面的例子说明了商业生态是如何经历这四个提高活力、获得成长、走向成熟的阶段的。由波士顿学院企业公民中心（The Center for Corporate Citizenship at Boston College）2002 年公布的考艾岛万豪度假酒店的案例研究就分析了这样的协同演化过程。该项研究分析了将创造和维持食物饮料客户体验管理作为核心竞争力的问题。考艾岛万豪度假酒店和沙滩俱乐部总经理布拉德·施耐德（Brad Snyder）的个人实例证明了以上关于商业生态的洞见的准确性。他的经历向人们展示了对于融合技术的理解是如何帮助虚拟企业分享智力资本，从而满足其贸易伙伴团体的预期。度假酒店的管理采用平衡记分卡方式，在以客户为中心的商业模式的基础上制定商业生态策略。

阶段 1：开辟出一个生态系统

对于拥有五间餐厅和酒吧的考艾岛万豪度假酒店和沙滩俱乐部来说，精美的佳肴发挥着无与伦比的重要作用。鉴于本地种植的农作物新鲜且宾客乐于品尝，大厨们都偏好在食材方面就地取材。当万豪国际集团在考艾岛开设度假酒店时，他们希望通过提供以当地种植的农作物为原料的菜肴来提高其识别度和吸引客户。然而，这座夏威夷最北边的小岛缺少坚实的多样化农业基础设施，同时，当地经济发展举步维艰。没有可靠的高品质果蔬来源，考艾岛万豪度假酒店和沙滩俱乐部不得不向外进口农产品。具有讽刺意义的是，他们进口的作物来自美国本土，他们用来制作本地菜肴的原料竟然也是产自美国本土的。

在这种情况下，企业需要依靠确立协同关系体系来实现在客户心中与众不同的价值。这一新价值主张可以在与关键供货商和客户的合作中确立起来。酒店管理层在保护业主知识产权的同时，也在设法构建新的商业模式，以便为客户提供质量远超以往的餐饮客户体验的服务。

阶段 2：扩大生态系统范围

度假酒店通过和考艾岛食品银行（Kauai Food Bank）合作，为大范围社区发展项目提供支持，该计划向本地农民教授种植技术，帮助他们在食品银行所属的一个小农场种植高品质农作物，从而解决了酒店的食材来源问题。在两年的时间内，这个项目进一步发展为“食品俱乐部”（Hui Meai’ai，夏威夷语），为当地独立的种植者提供培训，使他们的耕地能长出高质量的果蔬产品。接着，“食品俱乐部”又开始承担起了批发采购的作用，向农民收购农作物再转销给当地杂货商、旅馆、度假酒店和饭店。

这项举措需要建立起具有临界规模的生态贸易伙伴群，包括供应商、销售商以及客户，这样考艾岛餐饮生态系统才能得以协同演化。新的粮食产能使得供应能力大大提升，从而能够满足一个充满活力的酒店市场需求。由此产生的商业模式也成为领头供应商向核心客户提供餐饮服务所采用的最佳采购活动和基础标准。

阶段 3：在已确立的生态系统内树立权威

万豪度假酒店与考艾岛食品银行合作的最终目的是和当地种植户建立起牢固的关系。这种关系不仅为酒店的厨师开发出诱人的季节菜单提供了稳定的低价位、高品质当地作物来源，还向客户源源不断地提供新鲜的本地产果蔬，从而使万豪和考艾岛食品银行建立起一种双赢的合作关系。

这项合作为考艾岛万豪度假酒店和沙滩俱乐部创造了机会，使其领导了推动考艾岛餐饮生态系统协同演化的创新。这项反映在平衡评分表上的策略创造出了受到全岛利益相关者欢迎的酒店业“阿罗哈精神”。

阶段 4：更新或灭亡

考艾岛万豪度假酒店和沙滩俱乐部所采购作物的很大一部分仍然来自“食品俱乐部”。现在“食品俱乐部”旗下的种植户数量已经达到 50 户，供应岛上超过 25 家的餐饮机构，形成了自力更生的本地农业经济。考艾岛食品银行盈利性商业模式加之其为了不断提高效益而采取的各项措施，使得“食品俱乐部”转型为具有经济活力的虚拟企业这一目标得以实现。

互联网商业利益相关者

互联网商业由一组互联网利益相关者关联机制构成。他们赋予雇员以权力，并和贸易伙伴们组成虚拟企业。互联网企业按照社会商业原则、活动和过程各自运行。如今，利益相关者关联机制和虚拟企业中的互联网合作渠道帮助以客户为中心的商业模式向客户提供优越的客户体验，从而使得企业成为市场领导者。然而，对于互联网企业来说，维持其竞争优势的唯一方法是能够洞悉其所在商业生态系统中的变化，在分析这种洞见如何能够提高客户愉悦度和产生客户利益倡导的基础上，对自己的规划作出调整。对上述敏捷商务活动的讨论为我们提供了在互联网上做生意的新方法。

现如今，网络作为使能技术（enabling technology）能够转变企业的核心商业管理决策活动，有远见的企业试图利用这一点来从协同商务中受益。实时企业决策价值定位的基础是信息管理，而非库存管理。互联网企业的商业案例是在 IT 投入的基础上建立起来的，该方面的投入能够帮助企业从销售伙伴处获得即时供需数据和虚拟企业知名度信息，减少信息的不确定性，提高决策有效性，从而促进协同性商业活动的进行。正是在这样的案例中，互联网企业制定并执行由社会商业技术驱动的客户经验管理策略，从而确立了以客户为中心的价值链虚拟企业。

本书借助实例场景对协同商务结构进行介绍，实例来自世界上常见的产值数万亿美元的旅游业和酒店业，这些案例向读者清晰地展示了协同商务的定义、优势和运营模式。这些成熟的行业采用虚拟企业整合法，在虚拟游客信息中心（vVIC）平台对这种方法进行了展示；作为生态中心，该平台是在迭代增量实现线路图的基础上建立起来的。

构建新一代互联网企业的关键在于将商业生态系统与客户参与方案相整合。我们采用的方法是利用企业信息系统工程的两个基础要素来实现整合。在过去 25 年多的时间里，虚拟企业的研究和发展工作一直进行着，上述方法也有所进展：

- 按照协同商务的原则投入“5 级龙卷风”技术的生态中心；
- 生态中心实现线路图——符合商业敏捷性成熟度差距分析观点，被用来实现互联网商业转型的可扩展式稳健模式。

为了让读者能够全面地认识创造商业敏捷性的战略框架，本章将对上面两点内容作出解释。生态中心结构观点会在第 2 章中进一步说明，本书的其他章节将借助实例场景阐述生态中心实现线路图。

生态中心结构观点

在信息技术加速影响商业活动的大环境下，受到同类技术融合的影响，新技术、新方法不断涌现，我们从中能得到哪些教训呢？全世界都在鼓励消费信息技术，自带设备（BYOD）现象因此得以在商业世界中出现，一阵改变之风也随之刮来——刮起了一场云、社交、移动、视频以及大数据技术融合的“完美风暴”，仿佛“5 级龙卷风”那样影响着商业竞争市场。

需要注意的是，上述比喻是一种“概念上的简称”。“5 级”既指的是这五种新的技术趋势，又意味着在这一场技术风暴中的风力达到了最高级别。“龙卷风”一词依据的是杰弗瑞·摩尔（Geoffrey Moore）在其著作《跨越鸿沟》（*Crossing the Chasm*）和《飓风内部》（*Inside the Tornado*）中与颠覆性创新相联系的技术采用模式，在这两本论著中，摩尔用“龙卷风”指代从市场弥隙逐步发展到商业主流的技术。

在颠覆性技术隐喻的背景下，采用规定分析学分析大数据，有远见的企业可以驾驭这种颠覆性的力量，从而实现以下目的：

- 利用云技术在初期发现不足以强化基础结构；
- 利用社交网络与社区内的伙伴进行协作以解决即时问题；

- 利用移动技术将决策信息在正确的时间传递给正确的人、地点；
- 利用视频技术传达警告和指导信息类互动消息。

为创造商业敏捷性做好充分准备，支配融入当今商业环境中的五大技术力量，市场主导者们就能够乘着这场“完美风暴”中所诞生的“5级龙卷风”，使天空大放光明，架起一座通往黄金大道的彩虹之桥。

从由商业、应用和技术整合而成的三个层面来看，本书将生态中心结构描述为企业信息管理系统（Enterprise Information Management System, EIMS）。在构建协同商务商业结构和把“数据”送回“数据处理过程”中的背景下，我们通过将主数据管理原则和做法并入数据策略当中的方法，利用五项顶尖信息技术趋势，构建互联网商业。这是互联网商业发展到下一阶段应采取的战略措施。从事协同商务商业活动的贸易伙伴能够在共享的环境下创造、管理和使用数据驱动程序，从而在其产品的整个生命周期内设计、生产和支持产品；同时，这些贸易伙伴还在构成虚拟企业的价值链上各自分工，以补充支持自己的全部核心竞争力。

从传统意义上来说，技术往往应用于企业内部，用来促进其业务流程的改善。随着互联网的诞生，企业已经将信息技术的应用扩展到了以互联网接触点为基础的与销售伙伴之间的外部业务上，即电子商务。这一新兴互联网商业模式为企业提供了同供应商和客户协作的能力，使信息分享更加便利，决策制定更加完善。这反过来要求制定适应新的商业活动的虚拟企业管理准则，从而使在共享价值中有共同利益的协作伙伴组成同盟，并使其得以运营。这是一种行之有效的方法，并且在过去二十多年间被证实与商业信息管理的最佳做法的发展趋势相一致。生态中心是一个以标准为基础的、安全的数据分享平台。

- 在20世纪90年代已发展成为洛克希德公司产权整合中心，负责按照为承包商整合技术信息管理软件服务提供的标准，创造、管理和使用航空业的共享程序、项目以及产品数据。

- 发展成为拥有商业来源的独立企业信息门户（Enterprise Information Portal, EIP）软件包产品。
- 在云端软件即服务（Software-as-a-Service，SaaS）套件的帮助下可作为综合整套承包 EIP 软件。

如前所述，商业生态中心的实时指示板上显示有库存数量、商业流程管理以及性能指标等数据，这些为作用于应用程序的互联网商业网络服务的发展提供了有利的环境。采用服务导向式架构（Service-Oriented Architecture, SOA）设计并配置为网络服务的应用软件为下一代互联网——Web 2.0 概念的提出提供了技术基础。

Salesforce.com 作为一个引导需求链整合进程的客户关系管理（CRM）应用软件产品，是一种销售能力自动化套组在线服务，每月收取合理的订阅费。这促使软件行业诞生了新的部门——云端和软件即服务（SaaS）应用。这项服务帮助世界范围内的中小企业和大公司展开合作，SaaS 产品的广泛使用开启了企业 2.0 时代。

从虚拟企业协作的角度来看，社交网络的云端和软件即服务（SaaS）应用启动了企业 2.0 驱动商业案例。需要注意的是，早年间随着公司财务和薪酬服务的部署，以及随后航空业通过借助 EIP 技术的外部网向美国国防部提供承包商综合技术信息服务，由此，云端和 SaaS 部门的根基开始在计算机分时产业中形成。由欧盟发起的互联网商业生态系统（Digital Business Ecosystem, DBE）举措引入“扩展动态集群”的观点，利用以中小企业为目标的 SaaS 应用，将协同商务解决方案投入使用，促使中小型企业加入到全球价值链当中。

互联网商业生态系统（DBE）为由中小型软件生产企业研发的创新型软件应用提供了机会，基本上实现了更优化的信息通信技术在中小型企业中的运用。为了整合虚拟企业，云端和软件即服务（SaaS）将中小型企业内外部资源和根据商业目标建立相关联的价值分配网络进行动态连接，从而改变了对其所在生态系统的引导方式。

麦肯锡公司、高德纳公司、福雷斯特研究公司（Forrester Research）、《哈佛商业评论》（*Harvard Business Review*）、麻省理工学院互联网商务中心等思想先锋们认为，采用以互联网信息资产为基础的策略和流程能够使公司在市场、股份和利润方面取得重要增长。为了创造新的收益流，行业先锋们敏捷地利用大数据分析学（BDA）中的信息化资产构建新的数据驱动客户导向型企业，这也成为许多行业的主流商业模式。与此同时，许多行业都预见到了客户的重要作用，纷纷采用创新的大数据技术，这也为直面客户的协作应用提供了机会。信息管理已成为全球商业大鳄取得成功的关键因素。

在互联网时代刚刚来临的时候，里吉斯·麦克凯纳（Regis McKenna）在他的《即时：为永不知足的客户的时代做准备》（*Real Time: Preparing for the Age of the Never Satisfied Customer*）这一影响深远的著作中明确阐述了这一观点。他认为，对于硅谷的公司来说，发展预测，比如五年或十年产品销量预期通常被人们所忽视，因为人们仅仅将它看作历史的推断。相反，人们不断地接触当下的技术和竞争环境，因而将变化看成是一种机遇。一旦一家公司先于竞争对手发现变化并且尽快付诸实际行动，那么它几乎可以在一夜之间名声大噪。

在过去的十年间，这些“完美风暴”中的技术先后涌现出来，许多论著就这一主题展开广泛而深入的研究。已经涌现出了若干思想先锋，他们探讨的是这组有着共同趋势的技术的共生特点，例如，杰弗瑞·摩尔的企业信息技术采纳的“鸿沟”决策；高知特（Cognizant）公司的马尔科姆·弗兰克（Malcolm Frank）提出了“SMAC 堆栈”（SMAC 指的是社交、移动、分析学和云端）概念；高德纳公司提出“社交、移动、云端与信息在内的力量的连接”。我们将以“完整产品”的视角来解读互联网商业策略——通过将以客户为中心的商业活动、流程、协议互联网的方法构建虚拟企业并使之运行。第 2 章将就上述技术的融合进行深入的探讨，我们还将介绍视频技术——这场风暴中的第五种技术，它对通过技术改变企业和客户的关联方式有着强大的影响力。

生态中心实施理念

生态中心实施线路图作为一个互联网商业转型模式，也是根据过去超过 25 年间相对应的企业绩效管理最佳做法而设计的。

1. 由国际计算机辅助制造业组织研究联合会设计，作为私有先进制造技术的整合方法，并为联合会成员所部署，例如，通用汽车和通用电气，使工程管理规划和执行以及车间管理系统能够协同运行。

2. 按照承包商综合技术信息服务（CITIS）军事标准 974 的规定，将其提升为美国国防部承包商综合技术信息服务商业案例方法项目。

3. 与高德纳公司 IT 平衡记分卡项目、若干全球其他协同商务 IT 咨询事业配合部署。

协同商务活动需要企业间分享商业和技术数据，而这些数据往往是私有的，或至少是竞争敏感信息。对于互联网企业来说，人际关系管理是基本的核心竞争力，信任是与此相关联的关键成功要素，指出这一点十分重要。采用人际关系组合能够为智能型伙伴关系提供有利框架。在商业生态系统文化中树立信任基础的方法为：

- 制定能力战略；
- 设计人际关系组合；
- 管理人际关系组合。

信任能够提高价值链的周转速度，是管理人际关系的关键所在。就实时虚拟企业而言，信任是经济驱动力，人员之间的不信任则会引起较大的风险。

对互联网企业实现有效管理的必备条件是信任、信息整合以及商业流程管理标准。该决策迫使企业在虚拟企业的组建和运行中，制定由价值链需求驱动的商业规则。该规则以贸易伙伴的风险 / 回报贡献和高附加值核心竞争力为基础。下列要素为互联网商业的关键成功要素：

- 先将网络技术应用于内部数据分享，再用于外部数据分享；
- 利用覆盖虚拟企业价值链的生态中心使松散结合的应用能够交互操作；
- 着力于与已确立起来的需求链和供应链的协同商务活动相关的核心竞争力；
- 在一个或多个商业生态系统内寻找值得信赖的价值链，并在上面构建虚拟企业，从而重新定义竞争优势；
- 在贯穿整个价值链的过程中确保实时可见性、进行事件通知和绩效衡量；
- 采用知识管理的方法重新制定价值链管理决策流程。

在本书的第 2 章中，我们将进一步详细说明信任对虚拟企业成功组建和运行、客户价值交付过程中的商业生态系统优化所起的关键作用。平衡计分卡举措中使用的多维度评分法（Multidimensional Scoring, MDS）可以同样适用于计算商业敏捷性成熟度（BAR）。

通过将商业互联网化而实现的商业转型可以被看作为用反馈信息补充支持实时虚拟企业信息的管理决策过程。互联网商业的基本要素是促进互联网技术带来的协作的商业过程。一开始,协同商业主要发生在价值链末端的供应链。现在，在网络 2.0 技术的帮助下，这一范围已经囊括了整合社交网络功能的需求链行为，最终这项技术将会从头到尾地全盘优化虚拟企业价值链。

商业生态系统中的虚拟企业整合有两个关键的适应性策略规划过程：

1. 按照生态中心结构建立虚拟企业基础设施；
2. 为优化虚拟企业价值链的企业绩效做出相关决策。

二者都在创造商业敏捷性的战略框架中发挥着作用，下面一节将对此进行探讨，第 2 章也会进一步研究。

创造商业敏捷性的生态中心实施线路图

云端、社交、移动、视频和大数据技术形成的技术风暴仿佛一场“5 级龙卷风”席卷整个商业竞技场，在此基础上建立起来的生态中心促使虚拟企业的形成，企业可以采用商业敏捷性战略规划的方法制定设计、发展和部署该虚拟企业的线路图。

步骤 1. 利用战略框架进行构想

在这一阶段，为了适应在构想中的未来将出现的状态，企业必须具备公司业务的敏捷性构想，从而具备或者说也因此获得了高水平的互联网商业战略方向。为了确保整个企业全身心投入到以建立参与系统（System of Engagement, SOE）为目标的公司业务的敏捷性设想当中，并确保充分发挥首席执行官的领导作用，促成该系统的建立，这一阶段的企业应自上而下和自下而上地采取有关措施。

采纳了生态中心措施的虚拟企业战略方案反映在价值链管理中的不同应用主要包括以下四个方面：

1. 需求链管理；
2. 客户 / 合作伙伴关系管理；
3. 供应链管理；
4. 供应商关系管理。

任何有关协同商务的举措都可以归于以上四个方面。利用迭代增量实现模型开展试点工程，企业可以对包含以下项目的 IT 举措投资组合进行投资，从而培养商业敏捷性能力：

- 借助 SOE 技术的生态中心基础设施发展；
- 生态系统协助下的内部网络整合；
- 生态系统协助下的虚拟企业外部网整合；

• 以虚拟企业整合为宗旨的商业生态系统会员制。

在确定了虚拟企业运行的四种方式后，一套稳固的评价流程能够依据每个方案为企业带来的机遇和部署该方案所需的执行力，对战略方案进行排名。图 1—3 以图解方式对排名所产生的理想目标区进行了说明。

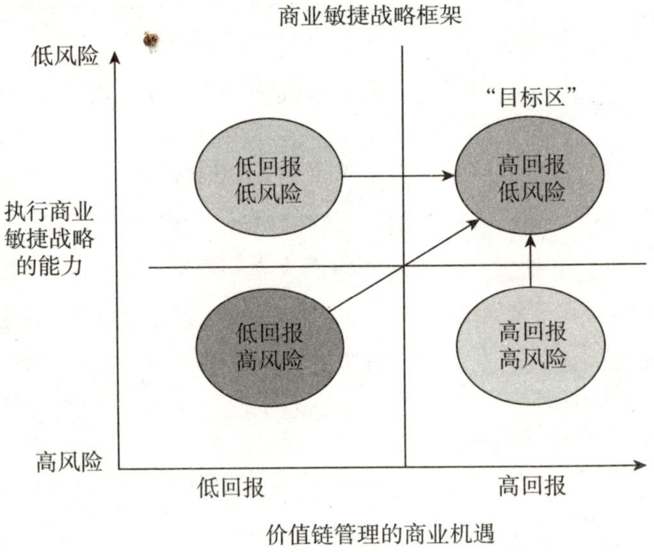

图 1—3　战略愿景

企业在采取某种方案前，必须根据几种商业因素对其进行正式评估。这些商业因素要么和机遇有关，要么和生产力有关，每个目标都要按照这些原则进行评分，这些目标按照企业平衡计分卡上的标准由 8 到 12 个量级组成。

企业需要从三个角度进行商业敏捷性的构想：从企业本身的角度出发，能够看到公司目前的生产力情况、文化氛围以及发展前景；从市场角度出发，能够看清行业惯例、进入壁垒、竞争市场、构成行为以及上市证券的现状与变化；从技术及其对企业和市场的政策影响的角度出发，能够将针对市场、产品和竞争的普遍看法抛之脑后，从而激发创造性战略思维。

商业敏捷性构想和互联网商业策略的形成从来都不是一蹴而就的。最佳做法、供应代表最新水平的产品、质量预期和文化变化的本质是不断演化，因此，战略发展是一个多次反复的过程。虚拟企业的商业模式及与之相关联的互联网商业策略必须经历连续不断的动态更新。

步骤 2. 商业敏捷性成熟度评估

在这一阶段，为了确定“未曾改变的”企业最基本的互联网业务能力，需要对现有的企业流程和记录系统（System of Record, SOR）的基础设施进行正式评估。现有的流程将预示着企业有适应变化的需求和能力。基础设施评估能帮助企业了解响应协同商务的举措所需要的投资水平。综合以上衡量标准可得出一个分值，该分值能够促使前面提到的虚拟企业方案在商业敏捷性战略框架中占据一席之地。

虚拟企业需要评估其业务领域、技术领域和组织领域的成熟度以评估自身的商业敏捷性成熟度。它们必须吸收借助严格的评估过程所获得的信息，从而评估其核心竞争力；同时设法将相关 IT 能力映射到虚拟企业商业活动中去。另外，还应评审作为比较基准的本行业使能技术和商业模式趋势。加深对企业所面临的技术、业务挑战的了解，加强有关技术、企业流程和组织能力核心竞争力方面的知识是正确制定互联网商业战略的基础。此外，互联网商业能确立贸易伙伴价值定位，该定位能够帮助企业通过合理的商业战略方式建立或加入虚拟企业。

企业应依据以下技术范畴评估自身是否做好支持虚拟企业商业模式的准备：应用框架、系统基础建设和网络基础设施。还应将其协同商务愿景与企业对企业（B2B）、企业对消费者（B2C）的互联网商业模式的比较基准以及本行业内流行的虚拟企业价值链方案趋势进行比较。就企业对于以客户为中心的价值链的支持能力，还应该评估其业务流程基础设施和组织结构，这是关键的一点。在以客户为中心的业务流程的背景下，提供包括管理客户和供货商二者之间关系的能力在内的产品支持服务能够推动产品开发，从这个角度看，互联网企业从产品生命周期的角度了解其核心竞争力变得十分重要。

步骤 3. 商业敏捷性差距分析

尽管已经根据虚拟企业的机遇和生产力对互联网商业初步战略和协同商务举措进行了识别，但仍需对企业互联网商业战略结构进行差距分析。本阶段采用商业敏捷性战略规划法，正式评估了步骤 2 中评估的当前“未经改变”的记录系统环境和步骤 1 中所构想的“未来”企业状态中的参与系统之间的差别量级。

一项完整的商业敏捷性差距分析应该涵盖以下四项，不论是停留在某个企业层面的，还是和整个行业有关的分析：

1. 互联网商业驱动力；
2. 虚拟企业业务流程；
3. “5 级龙卷风”使能技术；
4. 商业生态系统的组织和文化。

该差距分析之后才能进入项目的下一阶段，即对互联网商业战略中的参与系统（SOE）的实行提出建议。为了确保行业能够像规划的那样，在支持企业商业模式的同时实施其战略，需要采用特定的管理方式或行为，执行差距分析可以对这种管理方式或行为进行鉴别。

步骤 4. 参与架构的战略体系

本阶段将进行虚拟企业的整合。在这一阶段，步骤 1 中的构想、战略和举措将被综合纳入一个企业 SOE 战略架构当中。此外，这种最高级别的企业方案能够在经营性行业中得以实施，结合后来产生的行业平衡计分卡绩效管理系统，共同纳入协同商务战略流程中。

企业 SOE 战略架构中纳入了企业未来规划中提出的全部举措与行业举措，整个架构代表了与此相关的企业和行业战略规划。虚拟企业的 SOE 战略架构囊括了以下几方面：

- 关于互联网商业战略的商业敏捷性构想；
- 适用于企业和行业的核心战略，以及根据其带来的机遇价值和能力风险的混合潜在魅力大小而得出的优先顺序；
- 能够在企业和行业实施上述战略的协同商务倡议及其有关的优先顺序。

需要注意的是，这种虚拟企业整合的观点采用以下三层架构方法来作为协同商务举措的典型，这样，虚拟企业便可以就其价值链管理做出实时决策。

1. **技术架构**。通过企业信息门户产品对生态中心平台发挥作用的“5 级龙卷风”技术架构和为价值链可见性提供语义互操作性的网络服务。

2. **应用架构**。用于整合需求链管理、客户 / 合作伙伴关系管理、供应商关系管理的整条价值链管理的 SOE 应用架构，以及向事件通知功能提供实时业务流程管理的供应链管理步骤。

3. **商业结构**。能够进行适应性绩效测评的虚拟企业方案商业敏捷性决策架构。

技术、应用和商业架构共同为商业生态系统提供了结构框架，该框架对于利用核心互联网企业策略和带动协同商务管理环境的形成起到了基础性作用。这就要求进行适应性战略规划，执行运营管理流程，以便在虚拟企业所取得的成果中得出的实时反馈意见指导下的虚拟企业整合战略得以实施。

步骤 5. 通过“参与系统”价值链分析落实生态中心

为了设计出应对已经认识到的差距问题的解决步骤，必须将 SOR 差距分析和 SOE 战略架构发展的结果进行排序，同时也要考虑到项目之间的相互关联性。由于每个行业在落实特定的举措和项目时可能会需要听取特定的企业建议，因而建议的落实也是在对行业内的商业敏捷性战略规划流程进行投入。

企业领导们必须明白，在基于商业案例分析框架下的具有代表性的管理决策环境中，对于新兴协同 SOE 商业活动进行试点测试，是降低实施综合性企业战略所带来的变更管理风险所能采取的唯一合理方案。企业必须制定实现线路图，来识别和评估潜在的业务流程和使能技术差距（借助这种支持内部网、外部网和互联网价值链方案的共享数据环境），并以自筹资金或现收现付的方式交付增量收益。

试点测试和评估的结果为备受青睐的“5 级龙卷风”信息技术投资的实现提供了必要条件。试点测试将进一步巩固行业内部存在的商业敏捷性战略规划流程（例如，商业生态系统中的关键商品或客户 / 贸易伙伴举措的价值链）。

SOE 试点项目的迭代增量实现是成功落实企业综合性互联网商业战略的一个必备策略，此外，还必须根据相关的生态中心实现线路图实施价值链举措。以下一系列任务是控制增量线路图，以落实 SOE 试点项目的指导方针。该方法反映了依照以下 8 项指导方针，利用迭代增量生态中心实现线路图而取得的典型商业敏捷性成熟度：

1. 确定商业生态系统敏捷性目标；
2. 按照企业信息管理架构设计社交图谱；
3. 计划重点运营方案概念；
4. 取得“5 级龙卷风”使能技术；
5. 利用敏捷工作计划构建虚拟企业；
6. 使用平衡计分卡评估商业案例；
7. 提供商业生态系统敏捷性解决方案；
8. 通过可持续竞争优势进行转型。

该迭代增量生态中心实现线路是制定和部署价值链管理方案的框架。它也被进一步定义为能够向可缩放、可扩展的生态中心平台提供资源的、以企业信息门户服务为中心的典型构架产品。选择有效的企业信息门户产品的关键是，要对虚拟企业必备条件有扎实的理解，同时能够辨别门户所针对的目标受众。不同的受众（员工 vs. 供货商 vs. 贸易伙伴 vs. 客户）有截然不同的需求、品味、人口分布和要求。由于企业选择的信息门户必须满足目标共同利益集团的需要，从而落实其内部网、外部网和基于互联网的价值链管理方案，一家大企业很有可能拥有甚至需要多个门户。选择该产品前需要进行深入的研究，并听取专家意见。企业在确定每个生态中心平台的最佳来源之前，应动用一切可用的技术资源，严格评估相似的参考实现，与企业信息门户产品提供商进行试点测试。将这种实现模式作为试点项目路线图的框架，企业能够通过投资包括互联网商业、虚拟企业和商业生态系统方案范畴内的 IT 举措组合而获得商业敏感性竞争力。

通过利用实时绩效管理系统来促进适应性战略规划流程的形成，从而优化价值链。企业想要将平衡计分卡纳入到以创造商业敏捷性为目的的战略规划当中，理论上必须按照各个企业和行业的平衡计分卡，为每一项协同商务举措设计制定商业个例。这种商业敏感性战略规划法通过促进相关文化的发展，鼓励企业将有说服力的客户经验价值主导和价值链方案中的虚拟企业生产力相结合，从而获得 SOE 收益和可持续的竞争优势。

协同商务举措的综合性 IT 投资组合由战略价值链试点项目组成。这些项目建立在建议的基础上，企业用技术方法使商业敏捷性竞争力发生转型，从而能够通过实行虚拟企业方案，来围绕客户提高企业整体的成熟度、整合关键技术和应用构架要素。这些项目能够提供实现直接竞争优势和最低限度盈利的价值链试点方案。比如，思科公司认为协作——来自位于其产品、服务和协同商务活动上端的远程即席视频会议系统，以实现遍布整个商业生态系统的无缝、便捷、持续性互动的目的——将会引领下一波生产力提高潮流。此外，虚拟企业试点项目的组合也许会成为 SOE 变更管理的关键商业敏捷性转型案例，同时成为协同商务自筹资金举措的主要增量投资来源。

平衡计分卡交付商业价值

进入 21 世纪，人们所面对的新的经济挑战是通过调整企业战略以快速地适应和应对新的商业机遇或威胁，并高效地创造价值。为企业商业管理决策服务的适应性战略规划方案，能够根据财务和主要非财务的关键绩效指标（Key Performance Indicators, KPIs）的情况，为战略管理、企业规划、目标设定、滚动式预测、事件驱动式预测以及企业绩效管理达到整体大于局部之和的效果提供方法支持。当横跨由许多有着不同的组织结构和管理决策流程的价值链组成的虚拟企业实施协同商务战略时，大数据分析法（Big Data Analytics, BDA）能够为上述行为提供支持。

识别并分析价值链的绩效走向，能够使企业调整战略规划，重新设计虚拟企业布局，并且为核心竞争力重新分配资源，从而根据客户和市场动态原理优化利润率。此外，互联网企业的优势能够通过利用网络这项使能技术改变虚拟企业的核心商业管理决策活动而体现出来。

作为用于向整条价值链传递企业商业战略的商业战略规划法的一部分，这种趋势将平衡计分卡中的商业利益放大。平衡计分卡的创造者卡普兰（Kaplan）和诺顿（Norton）在“使战略成为一种不间断过程”的背景下描述了适应性战略规划。相应地，将平衡计分卡囊括进互联网商业战略管理问题的关键解决方案模型中的做法，受到了以下三个电子商业原因的驱动。

1. 将战略和预算管理算相结合。平衡计分卡上的战略举措和绩效目标，通过反映不断变化的环境下的经营方式的滚动式预测法，将企业战略与运行每一条价值链的特定的资源配置相关联起来。

2. 结束战略循环。包括显示绩效指标的实时指示板系统在内的互联网商业信息传递应用程序可以和平衡计分卡相结合，为异常报告和适应性商业管理活动提供全新的框架，同时关注难以察觉到的主要先行指标，例如智力和社会资本、管理才能、核心竞争力以及客户忠诚度资产等这些被传统落后的财务衡量标准所忽视的指标。

3. 测试、学习和适应。在协同商务的信息传递应用程序所提供的信息帮助下，企业可以对战略价值链理论进行测试和评估，这使得虚拟企业管理变得更具前瞻性，从而可以根据市场动态对每一条价值链的战略措施进行实时改进和优化。

适应性战略规划系统能够确保价值链管理团队通过以下方法规律性地定期制定战略：

1. 监测企业和行业战略对于提高绩效所起到的作用；
2. 利用实时运营数据更新平衡计分卡上的绩效指标；
3. 以虚拟团队的身份与经营者指示板协作解读绩效指标；
4. 利用知识管理手段培养战略洞察力，以制定新的具备竞争力的指导方针；
5. 不断根据商业环境动态对企业资源进行重新分配。

这种互联网商业规划和控制应用程序，是利用大数据分析学（BDA）模型，在企业和行业平衡计分卡以及实时客户关系管理 / 供应链管理绩效分析学的基础上建立起来的。该应用通过监测所执行的战略和及时执行纠正措施的方法，使战略得到改进和完善。这一适应性战略规划系统将实时价值链绩效——利用 BDA 对绩效进行分析能够为经营活动的控制过程提供反馈信息——和商业生态系统层面的战略相结合，从而不断改进互联网商业战略。

企业需要将强调需求链优化的协同战略集中在依靠迭代和个性化沟通实现的客户关系上，明白这一点很重要。贸易合作伙伴之间必须以合作的方式进行双向沟通，从而找出双方的共同需要并作出反应，而不是在不确定信息是否被接收和理解的前提下单纯地传播信息。此外，还应注意到在作为关键成功因素的信任作用下，把客户关系管理当作社区环境最能够发挥其作用。

变革管理的必要性

实施变革管理举措需要开发具有竞争力的信息资产价值，也就是说培养管理商业敏捷性资产的能力与竞争力。企业数据管理工作需要一个能够担负处理从有形的 SOR 产品数据到处理无形的 SOE 客户数据关系过渡责任的角色。因此，对于任何渴望成为自己所在商业生态系统中的佼佼者的企业来说，关系管理必须成为其核心竞争力。

得到真正的价值需要将连接市场经营活动和多渠道活动的分析学与技术结合起来看。这就是需要首席营销官和首席信息官共同调整单一营销活动的财务、经营和客户作用力的地方。这么做的结果就是，企业不仅能创造更好的客户体验，还能够以更加有效、更加节约成本的方法实现。企业的这种能力反映了用来回答以下问题的高德纳商业分析成熟度模型（Gartner Business Analytics Maturity Model）的发展性阶段：

- 描述性问题⟶是什么？
- 诊断性问题⟶为什么？
- 预测性问题⟶什么时候？
- 规定性问题⟶怎么办？

以客户为中心的商业战略

首席营销官理事会（CMO Council）和 SAS 开展了一项名为“发挥大数据的最大作用使 CMO 和 CIO 结盟：帮助整个企业推动更广阔的以客户为中心的合作关系”的研究，该研究促使 CMO 和 CIO 联合起来，推动以下将企业转变为以客户为中心所必需的条件形成。

1. 启用单一客户观点。考虑到客户各有其观点，以客户为中心的成功组织往往有一套更加集中的数据和信息管理系统。营销策略和信息技术必须始终确保企业的不同部门能够从一切内外部客户渠道收集到客户互动数据。

2. 通过自动化预测性数据分析洞悉数据，形成有用的结论。另一个与营销策略和信息技术相关的挑战是分析团队必须形成有用的结论，来支持以客户为中心的特定成果。这些实时的客户分析需要在以客户态度、地点、渠道等划分的客户分区和细化分类中进行。

3. 传播经过背景化处理的客户结论，为特定营销行为提供支持。商业敏捷性成熟度（BAR）同样能够有助于营销策略和信息技术在以员工和其他合作伙伴为对象的客户数据中创造价值，他们具备与客户互动的潜力。此外，营销策略和信息技术还需要就在某一特定接触点，哪些信息、答案和做法之间最有相关性方面达成一致，还要设计能够适应不同技术水平的相互作用。

4. 在分析结论的基础上，而不仅仅在数据的基础上提供卓越的客户体验。和他们的营销伙伴一样，首席信息官也意识到了作为技术战略首要驱动力的外部客户的重要性。BAR 战略利用营销分析学和客户分析学技术，对信息技术重新定向，使其从向内部 IT 用户交付价值的传统关注点转变为与营销策略一起以外部客户为中心。

信息技术的重心从 SOR 转移到 SOE 上这一转变使客户成为了 IT 规划、IT 布局和 IT 支持的中心。此外，一线代理商和直面客户系统能够连续不断地回应某特定接触点客户的特定需要，创造了具有吸引力和为客户量身定制的品牌体验。

商业敏捷性布局问题

互联网商业团队如何利用其对技术融合的理解来分享其智力资本，以满足它们贸易合作伙伴的期待，这是商业生态系统洞察力的关注点所在。互联网商业洞察力关注 CXO 团队（企业职能和业务部门的领导）在一种通过将失败视为推动未来成功的教训、以降低风险的协作性文化中，如何利用他们对于技术融合的理解，在创新方面创造商业敏捷性。

首席信息官（CIO）的洞察点集中在其如何借助对于技术融合的理解，利用自身取得成功需要具备的十大特征，在互联网企业中发挥信息技术的商业价值。总的来说，应用程序方面的主要特点是营销，对首席营销官（CMO）洞察力有框架性的关注，这种洞察力可以应用在开发“为了营销协作敏捷性服务的CMO—CIO合作关系”主题时合作完成的CMO案例研究上，在平衡计分卡上改善了资产负债表。为了根据基于协作营销最佳活动的大数据分析的结果来建立CMO—CIO联盟，我们已经制定了与首席营销官理事会的合作战略。想要促使预测性分析学成为管理商业生态系统的关键成功因素，就需要利用平衡计分卡描述和权衡如何才能最准确地审查与大数据管理相关联的内/外部协作活动，互联网商业活动能够做到这一点。以上结论关注CMO们怎样借助对于技术融合的理解，与他们更喜欢的媒介和客户更好地沟通；如何利用共同利益吸引潜在客户，以及如何利用信息与之建立更牢固、更私密、更持久的关系。

商业生态成熟度线路图

商业敏捷性被定义为在挑战和机会来临前，通过协作实现提前预知的创新，是可持续竞争优势的源泉。根据基于协作营销最佳活动的大数据分析的结果，通过利用创新战略来建立CMO—CIO联盟，创造商业敏捷性，从而实现信息技术的商业价值。利用作为商业敏捷性成熟度（BAR）线路图基础的信息技术资产负债表，能够将整体大于局部之和的、以客户为中心的绩效管理系统纳入决策框架，从而使上述措施变得可行。

BAR线路图被定义为以下三个由数据整合起来的因素组成的企业架构：

- 人⟶商业构架；
- 流程⟶应用构架；
- 手段⟶技术构架。

就通过利用差距分析法来评估与按照以客户为中心的商业敏捷性模型进行评分的四个元素相关联的商业价值变化而言，BAR具备可行性。该模型被定义为参与维度的四个客户关键时刻：个人档案、参与、生命周期以及意识。

随着企业架构从当前“未经改变”的记录系统（SOR）状态进化为所设想的参与系统（SOE）的“未来状态”——由维度评分法（MDS）支持，企业根据其在商业生态系统中所处的竞争位置进行转型。

差距分析的基础可以由两种形式的社交图谱来说明，分别反映的是当前和未来的企业架构状态。反映 SOR 的社交图谱可由一种经验概念系统阐述，这种概念被用来形容在关键使用场景中，以及在产品数据发挥自身作用的背景下，内 / 外部利益相关者是如何创造、管理和使用它们的。具有相同关系的 SOE 社交图谱为共享的客户数据环境描绘了参与概念，这种环境体现为以下四个层次的关系之一：

1. 从沟通的最初状态⟶ 在某种关系内的信息交换；
2. 通过协调⟶ 单独工作时的沟通状态；
3. 之后合作⟶ 全部单独工作；
4. 完全实现合作⟶ 全部单独工作的同时利用智力资本分担风险和分享回报。

注意较高层次继承了较低层次的特性。

为了改善企业 IT 系统而提出的变更管理基本原理是转变相应的商业模式机器基本战略，让它们从以产品为中心过渡到以客户为中心。该转型推动了互联网管理活动，从而重新设计了决策流程。

在推动从记录系统（SOR）向参与系统（SOE）转型的参与关键时刻存在的背景下，利用平衡计分卡来描述和评估 CIO—CMO 合作关系联盟差距——这是线路图的呈现方式。这种手段被用来评估如何最准确地审查与大数据管理相关联的内 / 外部协作活动，从而推动高级商业分析举措的落实。这一步又是通过评估与人力资本、信息资本和组织资本——反映了平衡计分卡上的知识角度——有关的无形资产的战略成熟度来实现的。通过对以本章结尾处的“出售索诺玛郡红酒地区（Sonoma County Wine Country）”案例分析为基础的旅游业方案进行差距分析，能够为商业生态成熟度线路图的运行方式提供说明。

索诺玛郡旅游局“悄悄走开”营销活动：采用混合云端布局充当其生态中心平台

作为整合了依靠DMO实现的个人云端与社区云端而形成的混合云端，中央生态中心的运行将有利于以SOA为基础的基础设施的运作，该设施服务于虚拟企业——为其商业生态环境提供协作营销活动管理服务的生态中心网络。这种信息系统架构既稳定，又可调节其大小，所适用的旅游业方案非常广泛。

在构建虚拟游客信息中心（vVIC）的项目中，索诺玛郡旅游局评估了不同的云端布局模型，并最终选定了一种混合云端的方法，即在由第三方支持和管理的公共云端上配置不同的商业应用程序，如生态系统社交媒体应用。同时，将后端的应用，如财务以及直面客户的客户管理应用配置到私有云端上。

旅游生命周期旨在为vVIC的建筑理念提供基础，以建立充当社交媒体网络的协作性旅游规划社群。我们可以从运行在DMO生态系统、充当生态中心的分布式多平台门户所需要的硬件、软件以及网络资源中，找到对于上述社群的定义。建议根据DMO技术规划，采用迭代增量实现的方法，为商业生态系统关键方案提供证明的跨年度vVIC线路图，发展该社群。

索诺玛郡旅游局（SCT）发起了名为“索诺玛悄悄走开”的2013冬季/春季促销活动，旨在鼓励人们在一月至五月的淡季来索诺玛郡呆上一晚。

“索诺玛悄悄走开”活动在配有利益相关者和访客参与性门户的公共云端展开，因此，与旅游业有关的企业便可以向全球数以百万计的旅行者们免费推广自己。这样，接触普及性设备的定位界限便被打破。

有兴趣参加“索诺玛悄悄走开”活动的旅游公司可以登录索诺玛

郡旅游局网站的合作伙伴网页 www.sonomacounty.com/partners 提交它们的打折商品条目。该活动对所有索诺玛郡的旅游企业免费，且集中在 www.Sono-maSneakaway.com 的网站上，所有的商品都在这里出售。

“索诺玛悄溜走开”活动的完整经过请参考本书结语部分，以查看 SCT 对此次活动的商业敏捷性成熟度。结语中对于借助基于云端的简单视图平台构建的生态中心的运行概念进行了总结，从而进一步解释了 SCT 生态系统。归根结底，“悄悄走开”基础性方案的成功执行依靠的是 CIO—CMO 联盟这一关键成功因素。这个案例分析将继续深入，为如何利用“5 级龙卷风”技术创造获得和维持竞争优势的商业敏捷性提供丰富、实时的案例。您也可以通过“创造商业敏捷性”博客关注我们的案例分析。更多内容，敬请期待！

第 2 章
颠覆性创新与商业模式所带来的碰撞

每当我们走进一家店铺买东西时，如果发现了自己喜欢的商品，我们都会忍不住拿出智能手机扫描商品上的条形码，将这个产品与亚马逊上的同类产品比价。如果网上的价格更低，就会促使我们立刻下单，也会促使我们要求店家给予刺激性价格。有时我们跟家人去商场，当人们忙于购买自己的东西时，我们则会收到商场周围的商家或服务供应商发来的关于折扣或即时报价的短信通知——借助 Foursquare 网、谷歌等其他网站提供的定位服务，店家能够获取顾客的位置信息。在颠覆性创新和不断变化的商业模式的帮助下，我们正经历着来自供应、推广的产品和服务的变化。

颠覆性创新带来的商业困境

在快速变化的技术和商业环境下，许多行业，例如信息技术（IT）、航空公司、零售、媒体和银行业内的公司正在经历着颠覆性新技术和商业模式带来的剧烈碰撞。近年来戴尔、Facebook、谷歌、百思买集团（Best Buy）、eBay、Salesforce.com、维珍蓝航空公司（Virgin Blue）、易捷航空（EasyJet）、奈飞公司（Netflix）和 ING Direct 等公司在赢得市场份额方面所取得的成功，正是这些颠覆性技术和商业模式合力的典型例证。“颠覆性创新”（disruptive innovation）一词在哈佛商学院的教授克里斯坦森（Clayton Christensen）所著的《创新者的窘境》（*The Innovator's Dilemma*）一书中第一次出现，随后在 1997 年开始流行起来。克里斯坦森关注如何利用颠覆性创新，使其成为企业的优势并让企业能够经得起竞争。持久性的创新改进了被主流消费者看重的众多方面之一的产品性能，因此并不会击垮某一家已经建立起来的企业。颠覆性技术在迫使商家低价倾销现有商品的同时，为用户带来了新的刺激点和选择。苹果公司的 iPhone 和 iPad 就是顾客毫不含糊地接受的颠覆性创新的最佳例证。

不进行颠覆性创新，只能关门歇业

颠覆性商业模式以创造、改善、重新设计或优化某种产品 / 服务、职位 / 智能 / 作法、产品种类、市场、部门或行业为重心。那些最为成功的公司将颠覆性思维融入其所有的商业和管理活动当中，因而获得了与众不同的竞争价值主张。尽管如此，仍然有许多已经建立起来的甚至是良好管理的公司和颠覆性创新作着斗争。出现这种现象多半是因为这些公司有固定的创新资金来源，它们不愿意同类相食和作出改变。在每个行业，我们都能看到许多没能成功利用颠覆性创新或商业模式的公司。它们长期关注通过工艺改进的方法提高收益，并且对现行的商业模式感到满意，直到最后一刻才意识到颠覆性创新带来的威胁。那些没有从这些创新中看到机遇的企业便失去了优势，只能关门歇业。

要想在今天瞬息万变的商业环境中保持领先，企业需要依靠敏捷的商业流程，使自己快速地适应不断发展着的市场、顾客需要、政策、规章和商业模式。云端、社交、移动、视频和大数据这些新兴技术的融合和商业活动驱动的分析学，以及企业流程管理（Business Process Management, BPM）为企业带来了许多有趣的新选择。

服务导向式架构和商业过程管理驱动 SOE 的形成

社交和移动商业模式已经为企业协作和信息共享提供了新的重要框架。

当这些技术还处于刚刚起步阶段的时候，BPM 和服务导向式架构（SOA）解决方案已经得到完善，过去很长一段时间为企业带来了绝对和互补利益。考虑到 BPM 和 SOA 是商业和 IT 用户为了实现更加高效地在一起工作而作出努力的自然结果，这就不会让人感到惊讶了。

通过观察顾客过去的经历、互动和社交会话，企业能够总结出宝贵的结论，从而帮助企业改进产品和直面顾客的过程并最终改善总体顾客体验。如第 1 章所述，尽管 5 项“完美风暴”技术（云端、社交、移动、视频和大数据）是各自发展起来的，但它们此刻的融合被认为是一种“龙卷风”现象，就如同杰弗瑞·摩尔所形容的那样。这种“鸿沟”决策促使企业采用信息技术战略，从敏捷性角度创造商业价值。由于我们对虚拟企业的互联网战略采用“整体产品”的途径，直面顾客商业活动、过程和协议的网络化将提供更优越的顾客体验管理方案。

很显然，该技术融合如何改变整个商业界的价值主张是本书探讨的主题。因此，杰弗瑞·摩尔希望利用图 2—1 所示的“5 级龙卷风”数据模型来说明这些技术之间的协同性相互关系，让读者明白如何支配这些技术的融合过程，从而为自己的企业创造竞争优势。

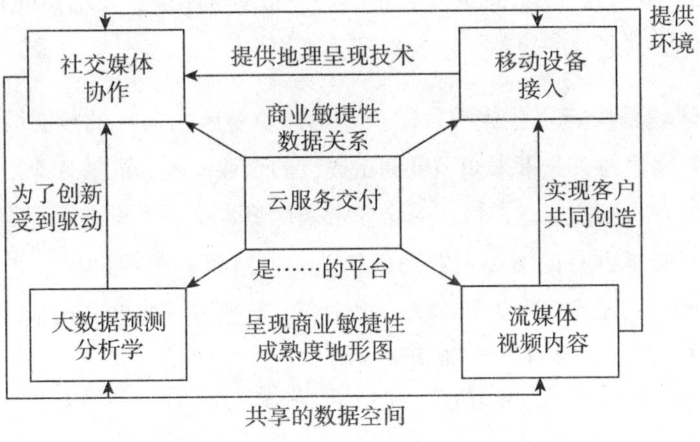

图 2—1 “5 级龙卷风”数据模型

在“5级龙卷风”技术（云端、社交、移动、视频和大数据）驱动的分析学中普遍存在的因素是信息所具备的未来预测价值。这些相互关联的“龙卷风”技术颠覆了落后的以产品为中心的企业，取而代之的是更有价值的以顾客为中心的新型商业生态系统。

随着围绕云端、社交、移动、视频和大数据驱动分析学以及SOA、BMP的技术和商业活动的逐渐成熟，IT和商业股东在动态商业流程——满足了几个重要的商业需求——的帮助下，找到了协同工作和吸引顾客的新方法。

根据进一步的观察，我们发现碎片化的数据、分离的系统以及多渠道互动使连贯一致地交付顾客体验变得困难。这种不一致的体验会导致顾客满意度降低，从长远来看，会让企业损失一些生意。市场上有许多追加销售和交叉销售商品的机会，它们是能够影响企业的盈亏的。如果企业无法识别这些机会，无法在短时间内将商品投入市场，或者无法在对的时间向对的客户提供准确的商品，那么这将导致企业的收入大幅减少。此外，企业还必须采用某些规则，例如了解客户（Know Your Customer，KYC）原则、进/出口规章、支付卡行业/数据安全标准（Payment Card Industry/ Data Security Standards，PCI/DSS）以及税收政策，这也是最重要的一点。他们还必须遵守被交付给顾客的服务水平协议（Service-level Agreements，SLAs）。如果上述条件要求不能得到满足，那么企业将面临严重的罚款、惩罚以及生意损失。

企业流程是决定企业成败、使企业从竞争中脱颖而出的核心要素。能够提高经营效率，为企业带来知名度和敏捷性的企业流程，能够使企业以高性价比和动态的方式经营生意，从而为企业带来优势。企业力求获得更高的效率和效益，为了满足自身的需要，它们创新技术或对现有技术进行改造。“5级龙卷风”技术——云端、社交、移动、视频和大数据——驱动分析学赋予企业敏锐的观察力，从而推动了一场重大的企业转型。精明的企业领导者们将这些技术应用到应对当前多层面挑战以及机遇上。

为了能够从云端、社交、移动、视频和大数据技术融合驱动的分析学中受益，让我们在变化面前更加有创造力、行动更加敏捷且更具有适应力，我们必须首先了解这些基于技术的解决方案是如何独立运作的。

在本章的后半部分，我们将关注作为“完美风暴”的第五种力量——视频技术，并对技术融合进行更加细致的介绍。视频与企业利用技术改变和顾客建立关系、吸引顾客的方式有着很强的关联性。将视频列入“龙卷风”技术的做法反映了我们坚信它是近年来在很多方面改变了消费者行为的另一项重要技术。在内嵌有高清摄像头的智能设备的帮助下，消费者能够在事件发生时将其拍成视频，并通过社交媒体与全世界分享。实时新闻流媒体正是依靠众包，从社交摘要（Social Feeds）那里获得实时新闻和视频的。这些视频不仅挑战和改变了通讯社和媒体报道，还帮助全球所有的行业赢得了消费者的反馈与支持。

近来，在一种可伸缩的韧性模型上建立起来的、以云端为基础的新型技术和云操作环境（第三章中作详细介绍），为新的服务布局模型提供了支持，该模型能够在全球的任何设备上购买到。云平台将企业解决方案纳入到克里斯坦森为颠覆性创新所提出的框架中内。和传统的企业计算化模型相比，这一新型的计算技术平台为企业提供了更经济、更简便甚至更广的选择方案。

为了对这些新模型作出响应，已经建立起来的企业在现有的商业模式下建立新的模型。迈克尔·波特（Michael Porter）等其他战略理论家认为，在同一个行业同时管理两种不同的商业模式具有挑战性，因为这两种模式和它们身后的价值链之间可能会相抵触。例如，为了与低成本竞争者抗衡而进行网络售票的航空公司与现有的旅行社之间存在疏远的危险。

社会计算（Social Computing）是社会活动和计算机系统的一门交叉学科。它包含了用于社交、社会媒体监督和分析学的技术与手段。消费者在 Twitter、Facebook、LinkedIn 和谷歌 + 等社交网站上分享购物体验，精明的企业则对他们之间的对话进行深入挖掘，以帮助企业更好地了解顾客和潜在顾客。由社会互动所产生的数据的分析为企业提供了洞察一种被广泛地称为“顾客感情”（Customer Sentiment）的知识体系——即顾客想要什么，需要什么，喜欢什么——的机会。社会计算工具帮助企业识别新趋势，提出新的产品和服务构思。所有的公司在工作时使用相似的社会技术进行协作、头脑风暴和创新。维基百科、聊天软件、讨论话题、内容分级、游戏化和众包这些都变得司空见惯。

移动计算技术不仅仅意味着完成由新的设备和地点所带来的相似任务。今天的移动应用程序还注入了以设备为中心的产品特性，例如GPS导向定位服务、上下文搜索结果、游戏化以及方便地和社交媒体网站互动，进行群体验证的功能。智能手机和平板电脑在整合了传统工作任务——从企业信息系统上收集并利用信息的同时，为上述与顾客互动的新模式提供了便利。移动技术的布局受到利用多种多样的操作系统、工具、语言和平台的消费者应用程序的支配。创新型企业不论他们身处何处，都能利用移动计算技术的进步，促进员工、合作伙伴和顾客之间的沟通和合作。

大数据是当今的一项主要变革，它将在今后几年中对高级分析学产生更加重大的影响（详见第8章内容）。大数据正在与所有的商业案例产生关系，它将为企业带来竞争优势。随着技术平台快速成熟，企业需要将大数据源提高到战略高度，通过大数据洞察顾客需要，从而提供准确的产品和服务。以新的大数据源为基础的分析学和商业智能，帮助企业决策者更好地预测未来，做出更有效的决策。

企业流程管理（BPM）代表一种通过在建模、执行和测量的闭合回路阶段不断优化企业流程，来管理和提高企业绩效的战略。企业为了实现其业绩目标而进行的一切行为，都会涉及某种有组织或无组织的流程。BPM技术帮助企业快速地创造、证明和修改企业流程，以非技术、企业友好型方式驱动流程变化，推动落实、执行和监控端到端流程技术的发展。BPM系统常常跨越同一家企业的若干个部门和IT系统。通过将技术和职能融合到无缝集成化环境中，BPM赋予了技术专家和商业专家实现共同和各自目标的共同语言。

服务导向式架构（SOA）已经成为许多行业和职能范围内连接完全不同的应用程序的常用方法，从而提高和集中流程效率。它推动了松散耦合又可彼此协作的商业服务的产生，这种服务可以在企业内部和企业之间简单共享。这种架构能够重复使用，并具备敏捷性，故而受到公司的青睐。如果 SOA 应用程序能够正确地建立和连接，它将以虚拟企业应用的形式运行数十年之久。SOA 能够和 IT 架构的所有构件交互操作，并将它们移到公共服务总线和公共工作流程引擎上，从而实现整合商业应用的目的。

我们现在已经了解了这些关键技术的深层次概念，那我们需要进一步分析这些技术和商业模式的融合是如何驱动商业敏捷性的。

有效协作的动力往往源自企业内外所产生和管理的信息。为了完成某项上级分配的任务，知识型员工必须寻找和利用许多条信息。对于许多组织流程来说，这意味着从事一连串完全没有计划的不明活动的人数增多。一旦工作流程不明确，完成某项行为所需的时间也会随之上升。

除了找到能够促进决策的信息和人以外，员工还可以继续利用公司内外的多种工具和资源，创造新的信息。其实，在工作环境中，人们对于这些工具的使用并不协调。更加麻烦的是许多知识型工作者甚至无法接触到它们。“社会企业流程管理”（Social BPM）一词常用来形容在尝试改善企业流程的过程中对社会工具和技术的利用。社会企业流程管理扫清了决策者和受决策影响者之间的障碍。这些手段有利于企业利用沟通改善企业流程。社会企业流程管理促进了在 BPM 环境下的合作，同时也增加了社会沟通手段的多样性。

社会企业流程管理和服务导向式架构（SOA）一道通过从企业系统中提取信息并在社交网络内使用它们的方法提高了企业的商业价值。同时，社交技术帮助员工根据社交网络上的反馈信息改善企业流程。

下面我们将通过几个例子来说明 BPM、SOA 和社交技术的融合是如何提高员工的内部效率并创造更好的顾客体验的。

随着社交网络和移动技术的到来，企业不仅仅需要关注流程效率，还需要关注顾客的参与情况。顾客通过新的社交和移动渠道要求与企业互动。他们希望通过手机下订单，遇到问题喜欢在 Twitter 上发布。企业需要按照顾客的要求做好准备以满足他们的期待。大部分企业由营销部、业务部和服务部组成。他们可能利用销售团队自动化系统维护预期数据，利用企业资源规划（Enterprise Resource Planning, ERP）系统维护订单信息，利用客户关系管理（Customer Relationship Management，CRM）系统维护顾客关系。为了更好地服务顾客，企业必须收集分散在这些系统上的所有信息，包括社交媒体，对顾客形成统一印象。这样，不论顾客使用何种渠道，也不论他们联系哪个部门，他们都能得到统一的答复。BPM 帮助企业交付这些体验，它还设计出了整合了基本的渠道、系统和应用的顾客体验，从而确保准确一致的信息在任何交叉渠道上，在正确的时间被发送给了正确的人。

除了将系统和渠道巧妙一致地结合在一起，BPM 还能够提高决策的品种。借助当下和历史交易、销售额、服务数据，专业人士还能够确定顾客的偏好和价值，对消费倾向产生重大影响。如果将上述发现注入工艺当中，并在合适的环境下提出，那么知识型工作者就能适时地提出建议，比如进行定向报价、提供折扣或依据以往的类似经验给出解决顾客纠纷的小建议。BPM 和复合事件处理（Complex Event Processing，CEP）功能可以“倾听”事件，并且在顾客问题刚产生时将其识别（信用卡被偷、丢失行李或变更地址）。具备了这种敏锐的洞察力，系统就能够立刻触发警报或启动纠正过程。这种功能能够让客户服务代表在常规问题像滚雪球般恶化前采取措施。

为了能够在竞争最激烈的商业环境中取得成功，一家 IT 组织需要明白企业对新信息有哪些要求，这些要求如何对重大业务成果产生影响并推动创新。数据量的增加、种类的增多以及传播速度的加快说明数据利用、存储、管理、分析、支配、呈现以及在它们之间开展合作和分享需要不同的基础设施。

企业流程管理和平衡计分卡促成 CIO 和 CMO 联盟

生态中心架构的核心基础是利用包括 BPM 服务的平台即服务（PaaS）中

间软件平台在内的云端 SOA 产品搭建参与系统（SOE），这也将为适应性战略规划流程（详见第 1 章）提供了支持，同时为适应性实时经营规划流程提供了大数据分析合作服务。有关生态中心架构提供的 BDA 服务的关键要素详见图 2—2。

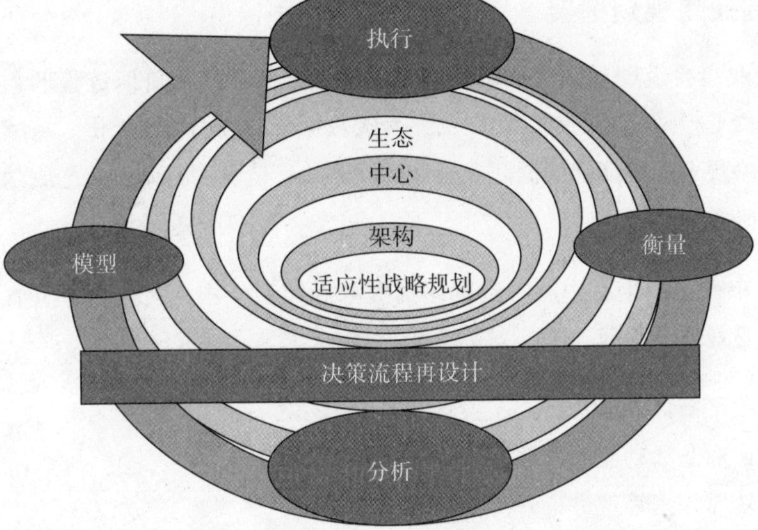

图 2—2　大数据分析作用下的适应性战略规划流程和实时经营规划流程

如前所述，生态中心为库存透明化、企业流程管理和业绩指标等实时指示板显示的互联网商业网络服务提供了有利环境。采用服务导向型架构（SOA）编写，被布局为网络服务的应用软件为下一代互联网——网络 2.0 概念的提出提供了技术基础。

参与系统（SOE）正在成为消费者应用和商业应用的范例。用户忍不住在使用事务型应用时使用多重渠道，如移动渠道、社交渠道、定位渠道和地图，以便做出有效的决策。这些渠道提供多种多样的信息（多数是无序的或半有序的），需要对这些数据进行实时或几乎实时收集、处理和分析，才能向用户提供他们在系统中寻找的信息。

管理和信息技术带头人杰弗瑞·摩尔在2011年发布的一份白皮书中引用“参与系统”（SOE）一词，形容通过使用由消费空间调整而来的下一代IT应用程序和基础设施来让企业中层跨越业务边界、全球时区以及语言、文化障碍进行交流和合作的系统。

适应性战略规划框架

企业需要借助适应性战略规划的促进性框架来进行价值链管理。建立协同商务商业模型所需的功能可以由一套大数据分析应用程序提供。持续的协同商务战略规划流程能够根据商业规划的实时执行情况进行调整，是成功价值链管理的必要措施。

分布在充当生态中心平台网络的服务导向型架构（SOA）的四个大数据分析学要素如下所示：

1. 由平衡计分卡执行；
2. 由商业活动监测软件进行检测；
3. 依靠知识管理进行分析；
4. 依靠动态仿真建模。

由平衡计分卡执行

执行功能使企业能够根据每条价值链的实际经营绩效的实时反馈不断调整战略，从而将协同商务战略持续落实到日常商业活动中。适应性功能可以表述为由管理决策流程所产生的三种行为：预测性、主动响应和主动性。预测控制涉及提前预知问题并及时运用解决方案以避免灾祸的发生。主动响应涉及在问题升级前从中顺利抽身并恢复。主动性功能被供应链的不稳定性限制为在突发情况下进行库存安全备货，为保证生产能力和配送能力分配多余的资源，这样，合约协议上承诺的服务水平便得到了保障。

由商业活动监测软件进行检测

适应性战略规划流程最重要的特性是通过发布实时绩效指标数据的方式，提供反馈信息。在企业针对每条价值链都执行协同商务战略的同时，世界也在发生着变化，因此其战略也必须作出相应的调整。作为战略管理活动，适应性战略规划必须是一个学习的过程。大数据分析学必须推动遍及价值链上所有环节对话的展开，这样便可以解读绩效，传递知识，进行改善。企业流程管理延迟越长，管理就越被局限在反应式决策，而不是主动式决策，因此实时检测非常关键。龙头企业使用 IT 解决方案进行供应链管理，这样就可以提高将相关信息传递给相应的管理人员的速度，并且以例外报告的形式将关键绩效指标显示在电脑桌面的仪表盘上，从而集中决策注意力。关键的成功要素不仅仅涉及准确确定 KPI，还涉及每一项指标在每一个管理人员桌面的刷新频率。

依靠知识管理进行分析

在知识发掘和商业智能方面的关键使能技术趋势使企业做出突破性管理决策变为可能。数据挖掘技术的产生使从多个来源提取和改变数据变为可能。数据挖掘可以分为描述性和预测性两种，描述性挖掘任务表现了数据的一般性特点，而预测性挖掘任务则可以对数据来源进行推断。这些知识发掘技术能够用于探索价值链上的趋势和人际关系。受大数据分析学驱动，利用这些手段和数据库的知识管理为用于测试和评估价值链设计和经营政策猜想的分析方法提供了支持,解释了与作为价值链管理系统一部分的供需动态相关的高水平趋势，还提供了通过洞察总结规律的机会，从而更新和改善协同商务政策。

依靠动态仿真建模

对价值链商业模型进行动态模拟，能够显著地增加协同商务战略的有效执行。这种模拟能够精确地描述战略中的平衡计分卡因果联系，并将其应用于方案检测。这一点将有助于企业进行假设分析方案的评估。同时，还有利于整个管理团队参与实时制定战略的交互式会话。动态仿真软件对于战略规划所产生的影响就如同电子表格软件对于财务的规划。

适应性战略规划的大数据分析学适用于一系列的企业流程建模应用程序，同时，它还能按照动态模型流程和实时经营数据一起发挥作用。尽管该功能帮助分散在某个虚拟企业内的用户就发现有计划的经营活动的潜在机遇或威胁开展合作，但需要注意的是，虚拟企业整合（Virtual Enterprise Integration，VEI）才是成功的预兆，这一点很重要。这项合作的结论是在清楚地了解了每条价值链上的期权、风险和影响力后作出的。可以在价值链上共享这个预测分析，以便就促进协作规划和预测活动的最佳方案问题做出联合决策。

大数据分析技术能够设计并管理复合型价值链，从而作出战略、战术甚至可操作的决策。比如，美国英特尔公司运用战略层面的大数据分析学，在经过验证的供应链管理模型（确保根据服务水平协议绩效目标），将所需数量的产品在准确的时间放到准确的地点的基础上设计价值链。此外，这种手段还能被当作一种战术，用来根据市场空间的需求动态或每天的补货优先次序（例如，以哪一个配货中心应该执行订单为依据的适应性供应链执行决定）判断这些库存管理决定是否有效。

最终，大数据分析演变成了一种新型管理手段——帮助企业快速识别变化中的市场条件对价值链绩效所产生的影响，根据规定的关键绩效指标，采取最佳策略使风险最小化、收入最大化。它也提供了促进快速决策的假设分析，利用服务水平协议框架将该绩效预测信息传递到虚拟企业的各个地方。

布局大数据分析：适应性战略规划

前面一节所说的适应性战略规划框架，实际是依靠大数据分析增量实现线路图运用多种使能技术构建而成的。该路线图的基本概念是形成和/或评估某个以适应战术和经营水平业绩变化的战略规划的，而这种规划则是根据关键绩效指标的反馈信息对自身进行调节的。

这种被用来建立适应性战略规划的基础设施的线路图必须在以下六大方

针的指导下实施的。

1. 根据价值链建立协同商务商业模型。设计以商业生态系统模型杠杆为参考标准，表现价值链优化机遇的一组内外部网和互联网价值链方案。

2. 集中利用生态中心服务导向型架构（SOA）来评估企业信息门户（Enterprise Information Portal, EIP）的产品功能，从而提供内容管理、企业应用程序整合和语义互操作性服务，支持大数据分析。为了提供知识管理的功能而具备能够评估生态中心的数据挖掘功能，这种供应链整合框架应包括以分析和报告工具为特色的价值链模型库。

3. 识别关键企业举措中的特定价值链经营方案和供应链管理问题，利用动态仿真手段对核心流程进行建模。价值链模型被平衡计分卡上的关键绩效指标占据着。此外，这些模型被用来识别供应链瓶颈，分析待改进的地方，评估与协同商务举措有关的商业模式，设计适应特定目标顾客或市场举措的最佳价值链。

4. 集中精力开发和测试反馈机制，以便平衡计分卡关键绩效指标反映实时商业活动监测可见性数据，和来自由生态中心推动的经营事件通知。这是将供应链绩效管理和经营活动预算管理与企业水平协同商务战略相关联的、适应性决策过程的关键要素。

5. 完成了适应性战略规划大数据分析的初步布局，只是完成了第一步。大数据分析学推动了供应链可选系统设计的改变，这些方案的改变所带来的潜在结果又改变了实验方法，从而使战略规划得到发展。大数据分析学为战略和商业规划所必需的协同商务举措信息的投资组合管理，以及促进支撑上述举措的商业案例的发展提供了知识基础。

6. 为了完全实现适应性战略规划决策过程的再造，大数据分析实验系统的成功实施必须扩展和将主机转换到企业级服务器。这提供了支持全经营能力中心所必需的可调节生态中心平台，以进行实时价值链管理——为获得增量收益而采用的多方面迭代实施措施的一部分。此外，还运用分散的生态中心网络，布局战略性平衡计分卡关键绩效指标，以便为每种类型的协同商务价值链方案配备相应的指示板。每个指示板将关键绩效指标与单个决策者相联系，把它们看成与决策者对可行性虚拟企业经营的看法相关的业绩指标。

致力于战略规划的大数据分析学与价值链管理系统经营能力中心的结合，为优化价值链投资和巩固虚拟企业敏捷性提供了反馈体系。根据相应的内部网、外部网、互联网商业案例分析合理安排、协调运行协作价值链方案，这样，虚拟企业整合的优势便能体现出来。

再强调一次，要想做出有效的决策，一个必不可少的条件是企业的核心领导者必须和信息技术组织合作，以开发迭代信息管理战略。要知道，首席信息官和首席营销官的联盟的意义远远大于使企业能够生存下来，它推动的支配性互联网商业能够在繁荣的商业生态系统中领导一家强大的虚拟企业。

商业敏捷性成熟度的转变

颠覆性技术例如信息传递平台（云端、社交和移动技术）、交流和合作渠道（网络、手机和社交网络）以及大数据（有序或无序）几乎同时改变着主要商业转型。如同杰弗瑞·摩尔所描述的那样，记录系统（SORs）例如企业资源规划、供应链管理、顾客关系管理以及人力资本管理大大提高了企业的交易及经营效率。上述系统需要经历大转型，并且利用参与系统（SOEs）弥补不足，最后再借助多维度评分（Multidimensional Scoring，MDS）使其具备商业敏捷性。

商业敏捷性影响周期

下一个五年带来最大影响的技术包括云计算、社交媒体（或者更具体地说社交商业）、下一代移动和大数据技术以及预测分析学。这些技术不仅仅有利于现有企业的生存和繁荣，还将为互联网企业提供敏捷性。过去的记录系统（SORs）为企业提供交易数据——使企业在实例、数字、图表、报告的帮助下成功运行。参与系统（SOEs）中的社交媒体进一步发展，从而使其影响记录环境中的人际关系与信任。

在当前商业环境下，多维度评分能够以更加有形的方式衡量商业敏捷性，这一重要方法值得企业研究、评估和有效利用。

什么是多维度评分

等级划分、评级、评分以及投资回报这些在许多商业背景下都有提及。我们前面讨论过利用平衡计分卡评估商业参数上的成就。在顾客关系管理的背景下的测评广泛采用对领导进行评分的方法，不过劳伦·利特菲尔德（Lauren Littlefield）却认为三维评分法是定量评估商业成就的第二大方法。三维评分法定义详见图2—3。

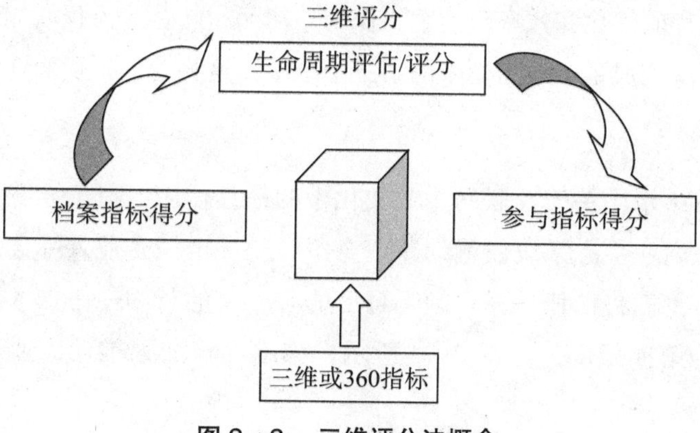

图2—3　三维评分法概念

记录系统（SORs）呈现企业事实和数字，而参与系统（SOEs）建立关系，反过来，关系又产生收益。最终，三维评分法将参与性关系转变为可计算的收益流。

我们习惯于计算生活中的一切以及所有能够为企业所用的东西的效益。所有商业主体，比如产品、服务、顾客、供应商、员工及其个人情况、生命周期和参与度都必须衡量，这么做的目的是为了获得敏捷性以保持长期竞争优势。

顾客在任何行业内都是最有价值的资产，他们直接决定了该行业的兴衰。因此，必须为他们（包括企业和熟人客户）建立个人档案，根据他们的好恶、行为模式、购买决策、建议、亲属关系、喜好等对其进行评分。个人档案评分能产生直接的沟通和参与战略，从而提高交易关闭的兑换率。

对所有商业主体如顾客、员工、合作伙伴和供货商的评分和建档将为计算所需时间和资源量提供直接指标。

在参与系统中衡量人际关系

我们已经评估过了人际关系对于某个行业的意义。我们知道商业主体关系对企业流程的优化和效率起到重要作用。然而，向企业流程增加新的行为方式和社交活动构成了三维指标中的第三个维度，这将对新一代商业敏捷性有极其重要的意义。

回顾第 1 章中关于互联网企业文化中的信任作用的讨论，我们不难看出信任是取得商业生态系统成就的核心竞争力——虚拟企业人际关系管理的关键。因此，我们将信任——“倾听自己的心声”的行为——加入到多维度评分法中作为第四维度，如图 2—4 所示，该维度将加强推动商业敏捷性方面的创新。

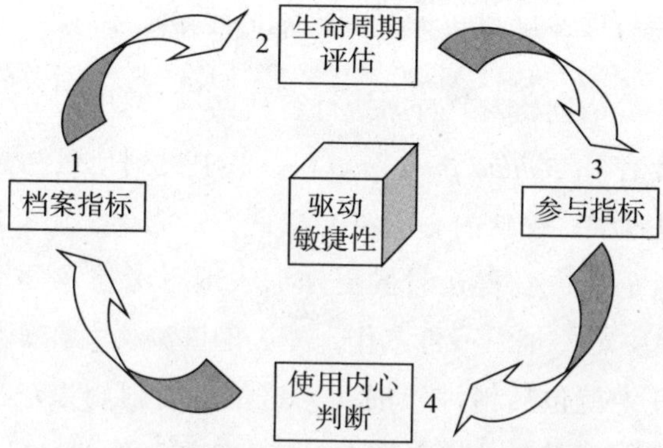

图 2—4　多维度评分法受到信任过程的驱动

倾听自己的心声：引导商业敏捷性的第四维度

倾听自己的心声，让内心的声音成为多维度衡量标准的第四维度，引导商业敏捷性。

医学博士迪帕克·乔普拉（Deepak Chopra）在他的《自我力量》（*Self Power*）一书中强调，每个个体的内部力量以及神圣力量带来的精神觉醒都能够创造出新的事物或解决最大的难题。他把意识中的情感分成三个层次：

1. 受到抑制的；
2. 放开的；
3. 纯粹的。

这种观点既合理又感性，和“自我力量”有着更高的意识水平关系。他还进一步阐释了意识是如何和精神解决方案相连接的，多维度衡量标准必须对这种方案进行评分并划分等级。

史蒂芬·R·柯维在其著作《第八个习惯：从效益到伟大》（*The 8th Habit: From Effectiveness to Greatness*）一书中也强调了找到内心的声音，以视野、自制和激情表达出内心的声音，把它视为神圣力量和良心发出的声音。他还倡议通过鼓励人们找寻自己的心声，来反复向他们灌输领导力。

Salesforce.com 的创始人兼首席执行官马克·贝尼奥夫（Marc Benioff）在其著作《云端背后》（*Behind the Cloud*）一书中提到他最初想到利用颠覆性网络创新的觉醒过程。遵从内心的声音和良心，他花了几个月的时间去了好几趟夏威夷。贝尼奥夫觉得是时候更加深入地思考技术领地以及自己的事业了。于是，他决定一年内不再工作，先去印度游历。在那里，他遇到了形形色色的人，其中就包括精神领袖和人道主义者阿姆里塔南达马伊（Mata Amritanandamayi）。尽管他能接触到许多技术资源，但他最终还是听从了自己内在的良心，运用自己在印度的所学，满怀激情地创立了 Salesforce.com，成为目前世界上最具创造力的企业法人之一。

受美国旧金山湾区委员会（San Francisco Bay Area Council）邀请在名人纪念堂（Hall of Fame）举行就职仪式的甲骨文公司创始人兼首席执行官埃里森（Larry Ellison）赞赏了史蒂夫·乔布斯的创造天赋。在他的眼中，乔布斯是一位哲学家、艺术家，同时还是一位总是听从自己的内心和内心判断的发明家，他孜孜不倦地将从那里获得的灵感精确无误、一丝不差地运用到实践当中，直到生命的最后一刻，都在致力于让我们用上苹果最尖端的设备和主要融合技术。用埃里森的话来说，乔布斯就是我们时代的爱迪生和毕加索，他格外关注将创意与实践相结合，使其真正发挥作用。

上述有关发明和创新的参考实例都说明人们应该听从自己的内心判断，且信息的所有方面都应以此为中心。将“听从自己的内心判断”定为第四个等级划分的维度是尤为重要的。

甲骨文融合应用软件：云端软件即服务产品的伟大创新

意识到技术和商业模式上出现的颠覆性创新之后，甲骨文公司已经将大量开发资源投向构建下一代融合应用（Fusion Application）上，以满足用户在新应用能够提供多种布局选择（在办公场所、云端和混合云端）方面日益增加的需要。不仅如此，最近他们还开始发布新一代商业应用软件。通过确立应用架构、设计和布局上的标准，用户能将甲骨文融合应用组件和现有应用组合配合使用，以扩大其应用软件环境价值。作为一个完整的模块应用套组，甲骨文融合应用能够和现有的甲骨文应用软件共存。用户在使用这种模块/产品族/整个套组时，能够选择将利用甲骨文的开创性进步与满足实现全新的绩效水平所产生的商业需要相协调。

甲骨文融合应用从头到尾集合了最新的技术进步，整合了从成千上万的甲骨文用户处收集到的最佳做法，是百分之百的开放式标准商业应用，它为用户创新、工作和技术采用确立了新标准。甲骨文融合应用拥有来自7个产品族的100多个模块，为许多行业和布局提供丰富的功能支持，如财务管理、采购和寻找货源管理、项目和投资组合管理、人力资源管理、客户关系管理、供应链管理以及管理风险和管理服从。

建立在服务导向型架构（SOA）的基础上的甲骨文融合应用，在完全不同的环境中赋予用户独特的管理功能，例如分布式订单调配和共享式服务采购功能。甲骨文融合应用提供革命性的新式角色用户体验，将基于异常的处理、商业智能、交易和协作融合到工作执行的环境中去。

甲骨文融合应用还提供一整套完备的布局选择——从办公地点到私人云端、公共云端以及业务流程外包或上述布局的混合。甲骨文融合应用具备以模块的方式执行与甲骨文或第三方研发的现有应用软件兼容的功能，使得客户在使用甲骨文融合应用时不用刻意放弃和取代原有的投资，从而留给客户最大的选择余地。

甲骨文公司继续实行积极的云端战略，最近以19亿美元的价格收购了塔力奥研究公司（Taleo）——一家拥有5 000客户和1 400位雇员的基于云端的人才管理软件提供商。该公司提供招聘、上岗、绩效管理和目标定位、薪酬、接任以及学习与发展服务。这一整套与报告和分析学服务相结合的组合，其设计目的在于简化零售业、酒店业、旅游业、医疗保健业、媒体与娱乐业、金融服务业、技术以及能源与矿业等行业内人力资源操作和员工事务管理的过程。

趁着这股迎接颠覆性创新和用户对于公共云空间解决方案的需求的持续冲劲，甲骨文公司还在 2011 年 10 月 24 日以 14.3 亿美元的总价收购了即时公司（RightNow），以弥补其在客户服务解决方案上的空白。收购塔力奥是为了应对其在人才管理解决方案上的不足，从而和最近以 34 亿美元的价格收购"成功因素"（Success Factors）的竞争对手思爱普（SAP）相抗衡。

甲骨文公司希望依靠力奥欧每天处理的 7 400 万笔交易和塔力奥人才交流（Taleo Talent Exchange）上的 2.4 亿的求职者数目形成巨大的云规模。为了填补其在云商业模式领域和其他企业的差距，应对该领域的颠覆性创新，2013 年 2 月 8 日，甲骨文公司斥资 8.71 亿美元收购 Eloqua 公司。这些公司的合并将加速现代营销革命的步伐，使甲骨文和 Eloqua 用户获得非凡的用户体验。

随着信息技术消费化和重大颠覆性技术与商业模式创新的加剧，甲骨文公司为在新兴云计算市场保持其先驱者地位而迈出了重要的一大步。

汽车产业也难逃颠覆性技术创新的影响。美国汽车制造商在日本同行的创新性成本和燃油功率面前不再保有竞争优势。最近，塔塔汽车（Tata Motor）新推出了 Nano 汽车，该汽车在印度市场上的售价将为 10 万卢比，约合 2 500 美元，这是一款以代替摩托车为目标的功能完善的四门车型。来自巴西的小公司奥布维（Obvio）决定推出其首款混合动力车 828，售价为 14 000 美元，连丰田普锐斯（Toyota Prius）售价的一半都不到。塔塔汽车公司计划通过从根本上重新设计传统的汽车产品和经销步骤，增加其全球汽车销量，并最终提高其在发达国家低端市场的份额。这就是竞争者利用全新的工艺生产类似产品的颠覆性创新的案例，然而这种拆掉传统的汽车重新设计的方法并不容易使企业盈利。塔塔汽车公司的目标客户不仅仅是在今天花费大约 1 250 美元购买小轮摩托车和摩托车的买家，还包括那些需要在交通繁忙时开车上下班的消费者们。塔塔汽车公司引进了新的汽车设计和生产工艺，从而为 Nano 开辟了市场。该公司还计划推出一种新的经销模式，即把半成品零件运往郊区企业，进行组装，然后根据客户的需要对其进行定制改造。这种颠覆性的创新经销模式，以及按需下单有利于推动汽车产业往更加定制化的方向发展。

这些新兴技术，例如社交和协作软件（详见第 4 章和第 5 章）鼓励人们在任何地方开展业务工作，不一定非要建立有形的基础设施，由此开始颠覆传统的商业模式。在协作技术的帮助下，远程进行业务操作，在全球范围内组建团队以及组建全球虚拟团队变得更加简单。

戴尔的直销事业

戴尔电脑公司绕过供应链的经销商，通过订单生产的模式为客户直接供应电脑，利用直销为自己找准了定位。不像其他的主要计算机商，例如惠普、IBM 公司，戴尔并不生产组件，它仅仅是从市场上购进质量最好的组件，自己进行组装，它还采用最新的电子商务和电子商务平台，依托最新的网络技术为供货商、制造商和消费者的虚拟整合提供支持。戴尔像对待企业内部人员那样对待供货商和服务提供商，其系统也和这些利益相关者相连；利益相关者们在各个环节如设计、销售和支持与戴尔员工合作。

戴尔实行零库存和及时生产的配送模式，这有助于降低仓库成本，控制库存成本并减少雇员，使企业智能而高效运转。利益相关者的虚拟整合使戴尔比同行更快更高效地满足客户需要；同时对于变化也能更加敏锐地作出反应。近几年，戴尔电脑的出众性能显示了其对个人电脑产业的一个根本性竞争要素——时间的价值——以创新的方式作出响应。事实证明，戴尔的直销和订单生产策略能成功地让库存最小化，快速将新产品投向市场，从而增加市场份额，取得高投资回报率。

戴尔的案例说明了一种商业模式是如何在特定市场条件下具备内在优势的，但这同时也说明了探索这些优势并加以利用的重要性。这种竞争优势在近几年没有得到延续，因为行业准入门槛较低，导致及时生产的商业模式很容易被复制，在当今的个人电脑行业中，这一模式已成为最佳实践了。

需要注意的是，新兴信息技术的使用对戴尔实行其商业模式的两个组成部分——直销和订单生产——十分重要。该案例分析深入探究了新兴技术是如何为那些以时间为市场关键的行业实现速度优势的，同样重要的还有发展互联网商业创新文化，以创造维持竞争优势所必需的商业敏捷性。

人们对于获得准确的信息，在合适的时机与虚拟团队开展协作的千变万化的需求，迫使企业集团利用将员工、想法、内容、步骤、系统和企业应用紧密结合在一起的企业技术打造新一代工作场所。通过有效使用和部署文本、会议、聊天和布告栏协作技术，新一代企业能够有效地在虚拟环境中管理全球团队。

我们已经目睹了电子产品零售商环球百货（Circuit City）的失败，该公司主要经营低端电子产品，然而其竞争对手百思买很快就将关注点转移到为顾客提供更高附加值的服务上来，而不仅仅是关注价格。由于商业模式缺少创新，消费类电子产品巨头环球百货走向破产，不得不关闭大量的零售店。而百思买则由于提供高附加值服务和采用创新的方法经营业务而得以生存，并不断发展壮大。

抛开许多其他原因不谈，环球百货因没有及时地采用最新技术，并且其仍然停留在网络1.0时代的主页也很难浏览。与此相反的是，百思买则利用了甲骨文网络体验平台（Oracle Web Experience Platform）上的最新技术，采用始终以客户为中心的线上策略，不断提高其客户体验质量。书商巨头巴诺书店（Barnes &Noble）、录像带租赁商店Blockbuster也和环球百货一样进退两难，无法像亚马逊、奈飞公司和百思买那样在互联网这一先进的技术创新中洞察机遇。同样的事情也发生在新闻和出版行业：更加高效的新商业模式的出现使得原有的模式愈发过时。

很显然，奈飞公司的邮件租赁模式和红盒子（Redbox）一美元 DVD 租赁机打败了 Blockbuster 的商业模式，但奈飞公司、葫芦网（Hulu）、YouTube 以及其他网络视频公司开创的在线视频发布模式也在颠覆着 DVD 市场。

网络内容的新颠覆技术：视频

近年来，视频的数量飞速增长。利用带有强大摄影功能的智能设备，视频的制作与传播变得前所未有地简单。近来，YouTube 宣称人们每月在该网站的视频浏览量超过 45 亿小时，奈飞公司宣称用户每月消费 15 亿小时的视频。人们在 YouTube 上上传视频，寻求有趣的内容，再通过社交媒体把视频发送给朋友。

软件即服务（SaaS）视频管理和分析公司乌拉亚（Oolaya）根据其在全球范围内 2 亿观众的客户群处获得的视频总数，发布了 2013 年第 4 季度全球视频指数（Global Video Index，即在移动和平板电脑平台上播放的总视频量的份额，以及继续分流在其他设备上的视频播放时长）。其中约有 18% 的视频是在手机或平板电脑上播放的，这一比例相较于 2012 年的 7% 多出 10% 以上。该报告还预测，到 2016 年，手机视频“将会占到网络视频消耗的一半”。

在所有设备播放的视频中，长视频占据主导地位。10 分钟以及 10 分钟以上的视频被认为是长视频，时长 30 分钟以及 30 分钟以上的被认为是更长的视频。

- 用台式电脑观看视频时长在 10 分钟以上的人占 61%，这一比例在平板电脑上为 60%，在移动设备上为 75%，在联网电视上为 81%。
- 用台式电脑观看视频时长在 30 分钟以上的人占 34%，这一比例在平板电脑上为 36%，在移动设备上为 53%，在联网电视上为 63%。

我们生活在互联网时代，当今社会超过三分之一的人使用互联网；到2017年，使用互联网的人数将会达到全球人口的一半。在发达经济体的人口中，互联网用户所占比例会更高：以美国为例，到2017年，互联网用户所占总人口比例将由目前的83%上升到87%。

为达到与观众有效的连接，需要具备创建高效互动体验的能力，而网络视频已经迅速成为这种互动体验的关键部分。今天，世界大约一半的互联网用户在线收看视频；到2017年，世界互联网用户中将有差不多三分之二的人在线看视频（即22亿人左右）。目前在美国，有76%的互联网用户在线观看视频；到2017年，这一比例将达到85%。

让我们一起研究一下一些网络视频的使用案例。大致来讲，发布网络视频的有两大主要阵营，他们的目标也不太一样。

在市场营销中的网络视频

营销人员开始使用网络视频来述说品牌故事，提高销售量，将消费者吸引为自己的粉丝。他们运用网络视频帮助其销售或提供产品和服务，网络视频的发布成本通常体现为市场预算中的商品品种名。他们还根据增加的转换率和收入、减少的客户流失以及增加的客户忠诚和拥护度，来衡量视频的投资回报率（ROI）。

当然，营销案例中视频的使用并不仅仅关乎品牌。企业还利用视频来与利益相关者交流，向顾客宣传，培训销售团队和渠道合作伙伴，以及提升客户支持。学校、宗教组织以及其他非营利组织运用视频来宣传，建立社团并给予支持。在联邦、州以及地方政府，选举出的官员通过视频与选民交流。

为了确定相关目标内容以及优化营销组合，所有的这些个人和组织需要能够分析消费行为，并将视频分析学与网络分析学、购物车数据以及其他消费信息相联系。

媒体和娱乐中的网络视频

相比之下，对于媒体和娱乐（Media and Entertainment, M&E）公司来说，网络视频是产品；不论通过广告、订阅、按次付费观看的方式，还是三者结合，M & E 公司需要提升能把视频变现的能力，此外，与视频的发布与交付有关的成本代表着销货成本。M & E 公司通常从增加的视频本身（视频开头以及所耗时长）的参与人数和由此带来的广告和付费内容收入增加的角度，来衡量其投资回报率。

今天，来自媒体和娱乐产业的每个分区的公司每天都会发布网络视频。传统的报纸出版商为他们的记者配备数码摄像机，从而把讲故事带到了一个新的高度。为了方便人们追剧，主流电视广播公司把最近播放的剧集发布到网上，同时通过多频道视频内容传输商（Multichannel Video Programming Distributor, MVPD）验证和高附加值背景内容使最新剧集与观众见面。体育网络提供赛事流媒体服务，将最精彩的部分呈现给全球范围内的新观众。通过实行“电视无处不在”（TV Everywhere, TVE）举措，有线和卫星电视提供商将其专有网络扩展到了“互联网电视机顶盒”（Over-The-Top, OTT）设备上。主要的制作公司把视频内容发到网上来扩大他们的观众群，新的节目单正在网络上产生。不论通过验证观众还是广告植入，或者是两者结合的方式，所有的这些组织机构都需要将他们的视频变现，通过观众的搜索结果和推荐分析消费行为，优化节目编排，同时改善观众体验。

网络视频应用案例

然而，这两者的区别并不像它所显示的那样俗套。在内容保护和内容变现这两个关注点上，网络培训课程公司和媒体与娱乐公司并无二致，著名大学的体育系往往是课程的主要提供者。不同的是，新闻机构的大部分视频都能在网上自由传播，它们用来赚钱的是自己的网页而不是视频本身。M&E 公司也是卖主，他们需要推销其内容——不论是新电影、电视剧还是体育锦标赛事——还有什么比电影短片更有效呢？因此，尽管不同的视频发布商对如何利用网络视频及其所需要的特殊卖点的思考方式有所不同，但他们还是有共同需求的。这就是为什么我们总是发现网络视频解决方案能够适用于两者所在的市场区隔。

另一个案例来自移动视频协作（Mobile Video Collaboration），这也是“5级龙卷风”技术融合模型的典型代表：

- 由在中小企业和企业市场交叉使用消费者导向型设备和应用而引起的 IT 消费化；
- 消费者、SMB 和企业市场越来越多地使用视频会议；
- 随着具有视频拍摄功能的移动设备（例如智能手机和平板电脑）的增多，快速增强的宽带能力使得移动视频的基础技术取得突破。

“蓝色牛仔裤网络”（Blue Jeans Network）和“保险丝盒”（FuzeBox）是该市场的两个龙头服务供应商。这些企业借助“自带设备”（BYOD）的潮流，支持所有常用的消费者设备和基于国际联网标准的商务视频与网络会议系统。因此，在推动移动视频协作的广泛应用时，应考虑以下关键因素。

- 交互操作性。实现多个网络之间的安全无缝切换，利用解决方案整合即时通信 / 出席、电话学、网络会议、移动和社交媒体领域，是将远程视频协作接入企业的关键所在。其中最重要的考虑因素包括：通过熟悉的界面和正常工作流程简单直观地发起视频协作会话的能力，意味着进行无缝的拨号计划整合，以便于连接不同提供商的端点和设备，将多个拨入代码合并为一个。
- 可调节性。台式机和移动视频用户的增加将为企业网络带来越来越多的调节性挑战。安装简便和易于管理是管理、应对和维持端点数量的快速增加的关键要求。从数据上看，服务器上注册的用户数越多，呼叫次数就越多。如果每秒的呼叫次数超过了服务器架构所能承受的最大数目，那么服务器便会被拖垮，并拒绝接收或放弃呼叫。

- 安全性。当组织机构考虑将“自带设备”作为企业政策时，IT 主管需要考虑的第一个因素通常是安全性。视频会议可用的嵌入式媒体加密术，例如符合 H.235 安全标准的 AES 加密，便是支持远程视频协作工具营造安全环境的技术进步的一种体现。
- 使用简便。一个使用简便的视频协作环境可能是移动视频最重要的特性，它以不同的方式影响着用户和 IT 主管。用户希望视频技术简单好用，但界面的简洁需要依靠一些隐藏在后台运作的功能实现，包括高效防火墙穿越、集中化目录、直接身份验证的无缝加密功能。IT 主管需要控制权限和安全，确保企业级别的管理和裁员。

许多利用云端功能提供视频内容流媒体服务的网站正挑战着传统的电视媒体。下面列出的几个例子说明了伴随着云端、社交、移动和大数据这场技术融合的风暴而来的、且与之结合的视频技术对于创造商业敏捷性的重要意义。

当前的电视既是网站又是电视频道，但又与把电视内容发布到视频网站的电视网站不同。当前的电视做法截然相反：把网站上的内容拿到电视上播放。人们把视频或博客内容发布到网上，由社群进行投票，得票最高的内容将在电视频道上播出。

- TED 在视频流方面成就卓越——其整个理念是找出和传播世界上最杰出的思想，从而引发多种主题的讨论。
- Big Think 和 TED 风格非常类似，但它没有精心准备对话，而是采用访谈的模式录制视频。在准备好的问题与回答的基础上进行对话，并引出与话题相关的有趣事实。
- Blip.tv 效仿网络电视频道的做法，但是启用独立制作人。该网站目前共独立制作了大约 48 000 个网络节目，观众大约 2 200 万。与制作人共享广告收入的分账方法让其在从制作节目获取收益的同时保证了继续制作节目的资金；作为交换，制作人为其视频网站源源不断地制作节目。

- 葫芦网从许多流媒体程度很高的电视频道转播节目。由于没有视频内容的海外流媒体播放许可，它只能向美国观众提供服务。
- Vimeo 采用整体的视角以欢迎的态度对待视频分享。相较其他视频分享网站而言，Vimeo 更能吸引专业的电影摄制者，他们制作的视频质量更高。网站上的社区项目和社群使观众更容易发现有关某个特定话题或题材的视频。Vimoe 上每天更新的视频约有 17 000 个，会员大约 300 万人，因此，社区里的会员的视频选择范围非常广阔。
- Ustream 上的用户也可以创建自己的广播频道和制作直播节目。它从许多主流媒体网站转播现场直播节目，但不允许用户参与视频聊天，只提供文本聊天功能。
- 与此相反，乌亚拉有着其独特的价值定位，即集中精力发挥大数据的力量，在全球许多设备上提供无线电视水准的在线视频体验。作为一个软件即服务（SaaS）的视频管理与分析公司，乌亚拉的解决方案被广泛应用到营销企业、广告出版商、媒体与娱乐公司以及诸如奈飞公司这种提供“网络机顶盒”（OOT）电视服务的广播公司。乌亚拉利用大数据和实时视频分析学对目标观众进行深入研究，既能为观众提供个性化的体验，又能够为网络出版商带来利润。通过根据观众的行为变化，为直播和点播媒体提供相应的播放内容，乌亚拉使观众的参与度实现了最大化。这也有助于利用以快速转码、高效内容管理和强大的播放器定制为主的强大工具简化工作流程。乌亚拉能提供确保视频功能在互联网企业的参与系统内发挥作用所需的全部产品和服务。

网络电视网站的主机以云计算平台为基础，与社交、移动和大数据技术融合一道进行颠覆性创新，为社会带来巨变。许多爆炸新闻起初都是由人们在事件现场拍成视频再通过智能手机上传到网络上的，对这种众包现象，我们都很熟悉。

由描述录像片段的元数据信息发展而来的大数据和先进的分析学，以及以音频转录文字处理为基础的预测分析学，深入研究人们的行为模式和可预测性。安装在公共建筑、机场、安全门以及交通灯处的监控摄像头为管理部门提供了录像片段流，使其具备针对可预测行为模式的强大的数据挖掘能力，从而减轻了安全威胁，或使其降到最低。

奈飞公司不断演化的商业模式

1997 年奈飞公司成立时，采用的是邮递单独租赁 DVD 的经营方式——事实上，这是标准的 Blockbuster 模式在网络上的应用。这么做的目的是以更便捷的方式出租影片，并利用质量较轻的 DVD 比笨重的录像带邮费低的优势。但是这家新公司第一次提出的计划却遭遇了惨败。一开始，奈飞公司像 Blockbuster 那样规定每部出租影片收取固定的租金，当时这种做法并不受欢迎。之后，首席执行官瑞德·哈斯廷斯（Reed Hastings）决定将业务模式转变为订阅模式，即用户每月支付固定的会员费包月租赁任意多的影片，且不收取滞纳金。事实证明了这种新的商业模式所取得的成功，从很大意义上来说，它对 Blockbuster 开始构成威胁。

尽管奈飞公司取得了成功，但由于其经营模式简单易复制，竞争对手也开始出现：保持影片库存，一旦有订单就邮递影片。但实际上，奈飞公司的业务方式并不是这么简单，竞争也不会因此对其构成威胁。举个例子，实现快速配送需要依靠在合适的地点设置区域分流中心，然而奈飞公司在成立初期就因配送迟缓而屡遭投诉。在经历了很多年的摸索之后，奈飞公司才建立了合理的配送布局。此外，管理影片库存备货也是一项挑战。确保快速配送意味着要准备几千部电影库存，外加最热门电影的多个拷贝。这可是一笔不小的费用。但假如库存不足还让客户等待，则会导致业务损失。

2004 夏天，当录像带租赁连锁巨头 Blockbuster 开始提供邮递服务时，其竞争对手奈飞公司的股价开始下跌。自从20世纪90年代开创了商业模式之后，奈飞公司曾逃过一劫，那就是由于零售巨头沃尔玛开始涉足DVD租赁业务所带来的竞争恐慌。但到了2004年，沃尔玛退出了该市场，他们得出的结论是录像带租赁并不是其核心业务之一。但对美国最大的录像带租赁连锁店Blockbuster来说却是一个更大的挑战，录像带租赁是其全部业务范围。

六年后，Blockbuster彻底破产，奈飞公司也因此成为邮递DVD业务领域毋庸置疑的赢家。对于Blockbuster提交破产申请，外界预测已久，这清楚地表明该公司长期奉行过时的战略，没能看懂其他企业乐于充分利用的行业变化。Blockbuster制定了新的战略，计划进行改组，并继续经营线上租赁业务和旗下3 000家零售商店。然而即使是注销了10亿美元债款的Blockbuster也不再具有竞争力，这家连锁企业的倒台反映了今天任何故步自封的企业所面对的巨大风险。

奈飞公司的秘密武器在于其采用的商业模式：一种让用户为电影评分，并根据评分结果向客户推荐他们可能会感兴趣的电影的算法，其中包括向用户推荐他们也许从未听说过的电影。这在今天是一种常见的技术，在一些网站上，例如潘多拉（Pandora）和亚马逊是常规用户体验的一部分。但奈飞公司是最早使用该技术的早期创新者，其首席执行官哈斯廷斯似乎懂得借助改进客户体验的方法建立品牌忠诚度，在残酷的DVD租赁行业，这无疑是企业生存的关键因素。

2004年，红盒子（Redbox）开始向快餐店、杂货店以及其他零售渠道投放自动售货机，用以提供每晚一美元的录像带租赁服务，通过省去几乎所有经营实体店的日常开支而降低成本，从而同Blockbuster争夺客源。目前红盒子在全国范围内有24 000个出租亭。苹果公司现在也开展了影片租赁业务，为许多常见的设备提供电影下载。有线电视和电话公司也开始直接为用户的电视提供视频点播服务，但客户在享受由此带来的最大限度便利的同时，也苦于其有限的电影供应。作为唯一看到此问题的公司，奈飞公司一直在积极开发自己的用户点播产品，包括使流媒体能够直接在电视上播放的转换器。

Blockbuster 复制了这些做法，但又一次落在了队伍的后面，并且也拿不出自己的创新。随着业绩下降，Blockbuster 资不抵债并最终破产，商店也关门歇业，不得不退出市场竞争。

随着视频流媒体成为奈飞公司的主导业务类型，该公司还努力改变流媒体所必备的内容。奈飞公司大量生产自制节目，并按照每月 8 美元收取会员费，抛开网上视频业务不谈，很明显奈飞公司更像是有线电视网络的替代品。

最近奈飞公司的自制电视连续剧《纸牌屋》（*House of Cards*）获得艾美奖（Emmy Award）提名就很好地说明了其对有线电视网络中的按次付费服务业务的颠覆作用，人们也不得不开始关注奈飞公司的发迹史。

为了维持商业生态系统中的领先地位，互联网企业需要借助将以客户为中心的价值链变为虚拟企业的社会化商业技术，开发和实施客户体验管理战略。本书中的其他章节和结尾部分将继续借助旅游业和酒店业的案例方案，对生态中心架构进行深入探讨。这种熟悉的基本方案利用建立在虚拟游客信息中心（vVIC）之上的虚拟企业整合方法，来对利用迭代增量实现线路图建立的生态中心进行举例说明。

构建新一代互联网企业的关键在于将商业生态系统与客户参与解决方案相结合。这一方法利用了企业信息系统工程学的两个基本元素：

- 依照协同商务原则采用“5 级龙卷风”技术的生态中心架构；
- 按照商业敏捷性成熟度差距分析概念，来为互联网商业转型设计的可扩展、可调节的稳健模型的生态系统中心实施线路图。

上述因素为我们建立能够创造商业敏捷性的参与系统提供了战略框架基础。

“5 级龙卷风”技术颠覆旅游产业

信息技术创新曾经为旅游产业带来巨变，如今网络视频也正颠覆着该行业的旅游目的地营销：首先，全球配送体系改变了航空公司的票务预订；其次，20 世纪 90 年代网络对旅行社的去中介化所带来的颠覆；今天，通过网络搜索引擎对 DMAI 未来学习城目的地营销组织进行了颠覆。

旅行、旅游业和酒店案例中所描述的目的地营销产业方案解释了生态中心实现线图是如何被用来评估商业敏捷性成熟度。图 2—5 中的案例来自索诺玛郡旅游局的生态系统，它将作为将来的参与系统被应用于下一届“悄悄走开”活动中。

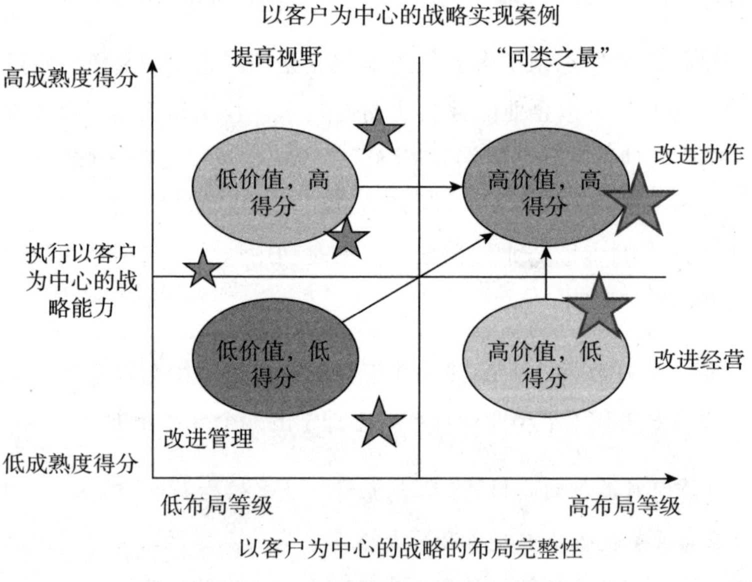

图 2—5　商业敏捷性成熟度评价

在本书结语部分中包括了 SCT“悄悄走开”活动的商业敏捷性成熟度的基本方案评价。回想一下前文，该案例以通过基于云端的社会客户关系管理合作伙伴外网的简易视图来总结生态中心的发展的做法为特色，深入介绍了 SCT

生态系统。由此，围绕云端、社交、移动、视频和大数据分析学应用的关键问题得到充分讨论。

请注意，我们将继续进行案例分析，为如何利用“5 级龙卷风”技术创造获得和维持竞争优势的商业敏捷性提供丰富、实时的案例。你也可以通过“创造商业敏捷性”博客关注我们的案例分析。更多内容，敬请期待！

第3章
云战略布局

前面的几个章节读下来，你也许已经注意到前面讨论到的平衡计分卡上所显示的商业敏捷性与线路图的重要性。我们试着为定义不同的商业利益相关者，解释技术力量如何促使首席信息官（CIO）、首席营销官（CMO）以及当前动荡的商业环境中的其他角色开展密切合作，并打下坚实的基础。我们还努力地在商业敏捷性成熟度线路图上加上路标，帮你在优化业务流程的道路上取得更快的进步。我们还努力地突出展现成功和失败的案例，帮助你看清自己处在事业的哪一个阶段，并帮助你在技术力量的影响下完成业务转型。你已经注意到，今天不论你属于哪一个商业部门，要想获得商业敏捷性，并在行业内生存和发展，进行商业模式和业务流程的转型都是必不可少的条件。一家公司几年前如果单独运行，并没有太大的问题，但今后这将变得不再可能。我们已经介绍和讨论了商业生态系统，根据这一理念，所有的利益相关者，例如员工、客户和合作伙伴（经销商、增值零售商、系统集成商、独立咨询师、投资者以及股东）将参与到你的企业，创造商业敏捷性，以帮助你的企业取得成功。经过深思熟虑，你会发现所有这些利益相关者都对你的企业起到重要作用，并且每一位的作用都不容小觑或者忽视。

我们已经进入了超级连接的互联网+时代，身处这个时代的我们总是通过大量设备（电脑、PDA、智能设备、智能手机）连接网络，出于不同的目的使用应用程序和读取内容。技术部门的快速创新不断地促使消费者和商家使用新设备，以更加移动和连接的方式读取内容和享受服务。体现这一新时代的不仅仅是接入网络的设备、电脑和应用程序的数量，还包括无处不在的网络接入和在网络上持续在线的特征，有了网络，任何地方的人与人或物与物之间都能够进行互动，不再受地域的限制。提到互联网＋时代，就必须谈到一种无论是在消费者还是在企业方面都在快速成熟的范式转变——即从记录系统（SOR）到参与系统（SOE）的转变。

供职于美国IBM公司的法比奥·卡斯蒂格里奥尼（Fabio Castiglioni）和米歇尔·克鲁德尔（Michele Crudele）在文章中写道，当前的网络消费者要求从完全不同的有序和无序信息源、社交渠道和朋友的推荐处得到信息，获得丰富体验。总的来说，通过这种方法，消费者能从更可靠的渠道快速获得信息，帮助他们做出更有效的决策。这在消费者中间已经成为常态，企业也应该效仿这种做法。参与系统（SOE）就能帮助企业获得同样的丰富体验，它能够从多种渠道的信息中提炼出价值，从而建立新的互联网商业模式。参与系统的工作负荷需要依靠云操作环境作为工作平台。云操作环境能为参与系统应用程序的开发、布局和运行创造生态系统，从而使企业具备建立参与系统所需的敏捷性和速度。

超级连接在例如云端、移动、大数据和预测分析学等新兴技术领域引领着主要创新。我们将在本章中关注云技术和能够带来商业敏捷性的架构。近来，作为IT新事物的云计算概念被过分渲染和讨论。这不仅吸引了IT专业人士的关注，还吸引了整个行业和管理人员的注意，他们都希望理解这一概念并从中受益。IT媒体报道宣传云计算，云计算的主要研讨会议吸引着大批知识型员工到场。这场热潮愈演愈烈，甚至到了Salesforce.comde软件巨头贝尼奥夫（Marc Beniof）尖锐地指出“软件已死”的地步。然而甲骨文公司的埃里森在回应此言论时评论道：“如果软件已死，假设云端没有硬件或软件，我们就惨了……但是这些又不是水蒸气！云计算就是一台联网的计算机。你认为谷歌在什么上面运行？它们都是安装在水蒸气上的吗？我想说的是，云端其实都离不开数据库、操作系统、存储器、微处理器和互联网。此外，云计算的定义是什么？云计算就是要用到计算机。‘开放源码将摧毁我们的行业，如果所有的软件都将用开放源码编写，那么我们只有面临失业。’小型计算机将取代主机，个人电脑将取代小型电脑，而开放源码将颠覆所有标准，所有软件将作为服务提供给用户。我看到这种预测已经出现很久了，可主机依然存在——不过第一产业受到了冲击，对主机带来的毁灭就像冰川融化那样……”埃里森愤怒又沮丧地说道，“到底什么是云计算？？”

甲骨文公司的高级副总裁伊万斯（Bob Evans）在福布斯（Forbes）官网上撰写博客披露更多事实，消除人们心中的所有怀疑。就这一点而言，你可能会想要知道一些有趣的事实。大约八年前，当云术语还没有产生的时候，甲骨文公司就开始开发新一代可适用于所有云布局模型的应用套组——融合应用程序。最近刚刚发布的、支持当今主要数据中心的云布局框架的甲骨文数据库 12c，是其过去几年的研发成果。甲骨文软件的软件即服务（SaaS）收益已经超过了 10 亿美元的纪录，甲骨文公司也是今天唯一能够提供所有水平的云服务的公司，例如软件即服务（SaaS）、平台即服务（PaaS）、基础设施即服务（IaaS）。甲骨文公司已经帮助 1 万多名客户从云基础设施中获益，目前为全球超过 2.5 万名用户提供支持。人们也可能会认为如果埃里森对云计算不重视，那么甲骨文公司就不可能取得这样的成绩。当然，我们能够想象，当这些新兴技术为行业带来冲击时，作为创新者的埃里森必然要面对的困境。

你一定同意，“云计算”毫无疑问是 IT 中最热门、使用最广泛的专业用语，此外，各种 IT 服务提供商都出于自己的利益和优势的考量，对该词的含义进行了多种解读。我们将努力简化云计算术语、概念和范式，使其更容易为企业管理人员、技术开发者以及知识型员工所理解。云计算已经成为主要硬件、软件、网络基础设施 IT 提供商和咨询服务提供商的主战场。由于标准的不成熟、对数据安全的担忧、与整个商业模式不兼容、对工作起到关键作用的应用等多种原因，企业在面对云计算技术时踌躇不前，不敢贸然采用。

云计算正在逐渐成为企业和个人计算的新平台，并开始与在设备上运行应用程序的传统台式机或手提电脑（包括智能手机）相竞争。但只有当企业将其技术向同行其他竞争者开放时，软件及服务（SaaS）和云计算才会上升到行业层面。以 Salesforce.com 为例，他们设计出了一款客户关系管理产品，并将其配置为可以通过服务器交付和浏览器接入的软件，而不是套组软件。Salesforce.com 还开放了将软件作为服务交付给客户的内部平台。之后，为了能让其他应用程序公司利用 Salesforce.com CRM 产品的功能设计产品，他们又开发了开发整合平台——AppExchange。Salesforce.com 开发了名为 Force.com 的全新行业平台，创造利用自身的 SaaS 基础设施的开发、布局环境。

范式的转移：从主机到客户端—服务器再到云计算

信息技术已经经历了几次范式转变：从主机到客户端—服务器，到互联网计算，再到云计算。20 世纪 60 年代，我们见证了主机的到来，一开始它只能为单个用户服务，到了 20 世纪 70 年代，渐渐发展为多个用户通过各自终端接入主机，实时共享计算资源。这种模式将庞大的计算资源虚拟化，向每一位分享系统的独立用户分配虚拟机。事实上，这些终端接入的是主机计算资源的虚拟主机。与此类似的虚拟主机概念已经被数千台计算机通过云计算实践过了。

之后，我们见证了下一代范式浪潮——客户端—服务器计算，这股浪潮冲淡了将主机作为计算中心的概念，计算资源也变得分散。随着计算能力的提高，计算任务渐渐从集中的计算资源向逐渐增强的分散系统上转移。这种客户端—服务器时代被个人电脑和以此为基础的应用程序所占据；许多常规任务被分配到台式机，台式机上也配置了更多的资源以运行基于个人电脑或客户的应用程序。只有在进行公司的企业资源规划（ERP）和运行以数据处理为基础的应用程序时才使用主机。20 世纪 80 年代，随着传输控制协议 / 网络协议（TCP/IP）成为不断发展的互联网协议，联网技术的标准化简化了连接系统的能力。20 世纪 90 年代末，网络和超文本传输协议（HTTP）的出现将计算重新带回到数据中心环境。

下一次演变：大型数据中心——网格计算——机群计算

近来，硬件、软件和存储器等的计算功能都有了巨大的发展。硬件和存储设备正在被批量生产和商品化。一些商品服务器能够进行过去由大型主机或小型计算机承担的大规模数据处理。

网格计算使得联网的商品计算机群集中起来按需供应，以满足不断变化的商业需要。与每个应用程序专有一个服务器和存储器不同，网格计算使多个应用程序共享计算基础设施，这带动了灵活性、成本、功率效率、性能、可伸缩性和可用性的同时增加。

尽管机群计算由一组或松散或紧密连接起来的低成本商品计算机组成，但从许多方面来说，这些一起协作的计算机可以被视为一个个单一的系统。机群计算具备能够按需调节服务规模的灵活性。

对云计算的不同诠释

许多外包商和服务提供商对于云计算概念和技术都有自己的解读。以下是一些龙头企业对云计算的定义。

- 高德纳公司：一种将大规模可伸缩的 IT 功能作为服务，提供给互联网上的多个外部客户的计算类型。
- 福雷斯特研究公司（Forrester Research）：云端提供一群抽象、可伸缩程度高的良好管理的基础设置，其能够托管终端客户应用程序并根据消费量计费。
- 451 集团（The 451 Group）：云端就是信息技术即服务，由不受地理位置限制的信息技术资源所发送。
- 维基百科：云计算是一种将可动态伸缩且常常是虚拟化的资源作为服务提供到互联网上的计算类型。

- IBM 公司：云计算平台根据需要动态地提供、配置、再配置、取消提供服务器。云端应用程序使用大型数据中心，以及托管网络应用和网络服务的强大服务器。
- 加州大学伯克利分校：云端让人产生可用的计算资源无限多、云端用户不用预先提交、短期按需支付计算资源使用费的幻觉。

在云计算流行以前，曾有过一些相关的服务产品吸引了少数人的注意力——网格云计算、效用计算、弹性计算和软件即服务。这些产品的基本技术融入了云计算之后，变得比之前更引人注意。这种吸引力也许要归功于所提供的成熟技术和服务，又或者是受亚马逊、谷歌、苹果和其他大公司之间展开的营销闪电战的驱使。

什么是云计算

美国国家标准与技术研究所（National Institute of Standards and Technology，NIST）是美国商务部为新兴技术确定定义和制定标准的下属机构。NIST 将云计算定义为一种为能够由最低限度的管理措施，或最少的服务提供商互动快速供应和发布的，可配置计算资源共享群（例如，网络、服务器、存储器、应用程序和服务），按需提供方便的网络接入的模型。云计算既指那些作为服务通过互联网被发送的应用程序，又指提供那些服务的数据中心的硬件和系统软件。

根据 NIST 的定义，这种云模型增强了云计算的可利用性，具备五大重要特性，提供三种服务模型和四种布局模型。

五大重要特性

1. 按需自服务。客户可以在需要的时候单方面地自给计算功能，例如服务器时间和网络存储器，无需每个服务供应商的人为干预。

2. 广阔的网络接入。可以在网上利用标准机制使用上述功能，这种机制鼓励人们使用不同的或厚型或瘦型的平台设备（例如，便携式计算机、个人网络助理和智能手机）。

3. 资源共享。采用多租户模式将供应商的计算资源集中起来，根据用户的需要动态分配和再分配，为多个用户提供服务。此模型具备地点独立性，用户基本上无法控制也不知道所提供资源的准确位置，但他们能够指定高度抽象化的位置（例如，国家、州或数据中心）。资源包括存储器、处理、内存、网络带宽和虚拟计算机。

4. 快速伸缩。上述功能能够快速有弹性地、有时自主地提供给用户，以便相关功能在短时间内向内扩展，或快速释放以在短时间内横向扩展。在用户看来，可以提供给他们的功能往往看上去取之不尽用之不竭，可以在任何时候购买任意数量。

5. 服务可测量。通过利用与服务类型（例如，存储器、处理、带宽和活跃的用户账户）相适应的抽象计量功能，云系统能自动控制和优化资源的使用。可以对资源的使用进行监管、控制和报告，以确保其对供应商和用户透明。

三种服务模型

我们可以将云计算分成许多种类，例如硬件、基础设施、平台、框架、应用程序，甚至数据中心。

1. 软件即服务（SaaS）。该项功能为赋予用户云基础设施上运行的供应商应用程序的使用权。用户能够通过瘦用户界面，例如网络浏览器，在任何设备上访问该应用。用户不能管理或控制应用下的云基础设施，包括网络、服务器、操作系统、存储器甚至是个人应用功能，不过有限的用户专用应用程序组态设定可能除外。Salesforce.com 的客户关系管理产品便采用这种服务模型。

2. 平台即服务（PaaS）。为用户提供将利用提供商支持的编程语言和工具编写的，客户自创或自取的应用程序，安装至云基础设施的功能。用户不能管理或控制应用下的云基础设施，包括网络、服务器、操作系统、存储器，但可以控制云设施上所安装的应用，并有望控制适应环境配置的应用。

3. 基础设施即服务（IaaS）。为用户安装和运行任意软件（包括操作系统和应用）提供处理、存储、网络及其他基础性计算资源。用户不能管理或控制云基础设施，但能够支配操作系统、存储器、所安装应用程序，并有望拥有网络构件的有限选择权。亚马逊 EC2 和 S3 便采用这种服务模型。

在基础设施即服务模型（IaaS）中，用户向云提供商订购以使用其 IT 基础设施的某个构件。尽管用户不能控制整个云基础设施，但他们可以控制它的某个部分，例如防火墙、操作系统、所安装的应用程序和存储器；在平台即服务模型（PaaS）中，提供商将应用程序组合成平台即服务卖给用户。例如，一组软件工具组合能够被用作编程和软件平台；软件即服务模型（SaaS）可以被视为平台即服务的一种特殊形式，云提供商可以将单个应用程序作为服务卖给用户。这种服务常常可以通过网络浏览器访问。

同一组织机构，例如企业公司常常自有私有云端。私有云端通常指为某个组织机构所有的、在机构防火墙保护下向员工提供计算和信息服务的专有计算基础设施。

公共云端通常指为某个组织机构所有，但向外部用户或订购者提供计算和信息服务的计算和 IT 基础设施。举个例子，通过向其他已确立的公司订购服务，新兴公司在不投入大笔资金与大量时间建立自己的计算和信息技术基础设施的情况下，就能快速满足其计算和信息技术（CIT）的需要。

四种云布局模型

1. 私有云端。这里的云基础设施只为某一家组织机构运行。由该组织机构或第三方管理，可存在于组织办公地点内外。

2. 公共云端。为出售云服务的组织机构所有，向公众或某个大型产业团体提供服务的云基础设施。

3. 社群云端。为若干组织机构所共享，支持关注相同问题（例如任务、安全要求以及政策与合规性因素）的特定社群的云基础设施。该云端可由共享组织机构或第三方管理，可存在于组织办公地点内外。

4. 混合云端。由两个或多个相互独立，却被使数据和应用可移动的标准化或专有技术（例如平衡不同云端之间负载的云爆发技术）捆绑在一起的云端（私人、公共或社群）组成的云基础设施。

高管视角：Mindmatrix 创始人兼首席执行官哈宾德·凯拉（Harbinder Khera）

早在 IT 论坛和会议开始讨论云计算的初期，我们就抓住了构建和开发软件解决方案机遇，利用云平台及其布局模式满足营销和销售自动化需要，提供销售手段和渠道生产力工具。云技术平台增强了我们的商业敏捷性，让我们能够为大的市场提供新的解决方案和服务，突破一切障碍；此外，云技术平台还对客户的销售团队采用动态策略，为其提供可行的信息，从而帮助我们的客户获得收益。云布局模型不仅为客户提供了选择，也在管理和维护开发过程中，保持其敏捷性与提高生产力方面给予了我们很大的帮助。

塞维斯部署平台即服务

塞维斯（Savvis）是早期从事于提供平台即软件（Paas）的云服务提供商。它和甲骨文公司合作，从而在云端环境下交付完整的工具套组。通过在塞维斯内部运行由甲骨文公司生产的高级供应工具，企业管理者们现在能够创造应用程序蓝图——一个能够大大简化甲骨文软件堆栈、降低成本、提高生产率和市场投放速度的可配置建筑模块。

塞维斯站（SavvisStation）：用户互动门户

通过与甲骨文虚拟配置生成器无缝协作的用户友好型简单界面门户，塞维斯的用户可以及时地看到关键的IT基础设施，使企业管理者可以便捷地访问甲骨文环境。

塞维斯站允许订购者追踪系统健康状况，监测应用程序性能，根据趋势分析结果对功能进行规划，查看有关服务器资源利用的实时和历史数据，获取带宽利用数据以及实时监控支援服务记录的状态。

高管视角：Salesforce.com副总裁阿瓦尼士·萨海

商业计算的实质正在遭到颠覆，用户/客户不论是从需求还是供给的角度来看，都是这场颠覆运动甚至说这场革命的主导力量。让我们来从客户的角度看看云计算所带来的大变革。

- 进行中的创新。用户期待看见用户体验，学习如何使用应用的能力，以及快速连接不同应用的能力的新技术。传统的企业计算指令范式和集中控制范式抑制了创新，且无法满足用户要求。唯一能够满足客户要求的是一种以云端为基础，不断更新（一年多次）的模型，例如Facebook和LinkedIn这类消费者站点所带来的体验。
- 连贯一致和持续的接入。用户携带和使用多种设备，例如移动电话、便携式计算机和平板电脑。他们希望（事实上是要求）不论何时何地都能访问应用程序，都能获得经过更新的、连贯一致的实时信息。依据云计算的关键原则，例如多租户、自动更新和最少的停机更新时间，提供商能向用户保证提供准确和最新数据，不论是在地铁上用iPhone查看，还是在飞机上用无线网查看。
- 社交。用户正经历着个人应用体验的根本变化，从摘要、自动更新、便捷地附加文件、照片等，到快速添加朋友和家人等，都在发生变化。这种对于变化的期待也很快反映在对企业应用的使用上。自从绿色监视器时代的来临，用户体验范式便经历着最深刻的变化，它需要变得更有吸引力、更直观，并与用户所选择的设备相适应。基于云的解决方案再一次以传统计算不敢想象的方式创造出了这种社交体验。云端除了具备组成终端用户观点或基于需求的观点的关键因素外，还对供应经济学策略造成根本性颠覆：软件、硬件和服务提供商都得修改各自的模型。就软件来说，很显然与云计算有内在联系的订购价格制定模式，在外包商和客户之间创造了更加透明的和价值更加匹配的模型。客户购买所需产品，在必要时增加功能以及使价值捕获最大化。

从硬件的角度来看，云端的出现最大限度地发挥了其作用，有了云端就不用为了应对使用峰值而建立巨大的数据中心，从而避免造成硬件大部分时间闲置不用的状况。已经严重商品化的硬件价格将继续大幅下降，外包商需要重新审视其模型，可能还需要修建堆栈。最终，服务提供商需要重审他们的商业模式——他们不再需要储备大量顾问和分析人员，经历多年的布局周期了。客户要求快速实现价值和最低限度的颠覆；做到这一点需要依靠新的服务交付模型——短的参与时间线、价值驱动的里程碑和敏捷性活动。因此，云革命真的是我们前所未见的、对商业计算的根本性颠覆。对这场变革来说，客户是最大的推动者和主导者。

高管简介

阿瓦尼士·萨海（Avanish Sahai）是一位颇有造诣的企业家、投资人，在多家技术与服务公司担任顾问。凭借多年从事管理咨询工作的经验，他成为了龙头技术公司的资深高管。阿瓦尼士目前是 Salesforce.com ISV 联盟的全球副总裁，他和他的团队致力于研发 AppExchange 并使其进入商业应用市场的领先位置。

云服务的关键商业推动力

在当今变革的年代，我们都目睹和经历了信息和通信技术为商业带来的巨大利益和挑战。在充满挑战的商业和经济环境中，企业不断地寻求技术与服务，以优化成本和提高效率。为了经营企业，新兴公司和中小型企业总在寻找低投资（资本支出和运营成本）的基础设施建设方案。在经济不景气的情况下，即使是大企业也被迫根据市场情况和客户需求削减成本、精简需求。最近出现的云计算正是应对这类商业挑战的朝阳技术与服务范式。

云计算的商业价值主张

云计算能为商业带来许多好处，我们将这其中的一些好处列出，并提供实例参考加以证明，来帮助你的企业创造商业敏捷性，从而保持可持续竞争优势。

- 云计算可动态伸缩。企业每小时都可以根据自己的需要，获得对应数量的计算能力。随着内部用户或外部客户需求的增减，必要的计算机、存储器和网络功能也以小时为单位进行增减。
- 云计算资源可用运营资金购买，而不是作为资本支出。许多企业的 IT 部门在购买资源时，除了等待设备配送和安装，还要面临长时间的资本支出审批手续。云计算则不同，企业能够利用运营预算购买，并在一天内在线享受到其功能。
- 云计算设备不属于公司设施。不需要更新电力系统、不占用地板空间、不用对空调进行调整，或增加 IT 员工。Amazon.com 提供的计算机只占用消耗亚马逊的空间、电力和配备专门员工，并不会对客户的公司带来开支。
- 此类服务不缺少竞争供应商。如果第一家云提供商的服务质量差强人意，客户可以随时将业务转移到提供更优质的服务和更低价格的企业上。

大型电话公司利用云端优化基础设施成本

按照深红咨询集团（Crimson Consulting Group）2012 年 2 月发布的报告，“英国电信运营部通过甲骨文数据库 11g 的标准化，提高了服务水平，降低了管理成本，从而将自己并入私有云端。”

英国电信公司（British Telecom，BT）是世界领先的通信解决方案和服务提供商，其业务范围覆盖全球 170 个国家。该公司提供固网、宽带、移动和联网 IT 服务，以及电视产品和服务。

BT 作为通信服务提供商已有一百多年的历史。近几十年来，英国电信公司的 IT 基建已经取得了很大的发展，其数据库已达 17 000 个，服务器 30 000 个。管理如此庞大和复杂的环境实在是一个不小的挑战，BT 需要简化、合并业务手续，以促使企业转型。

和所有的现代化企业一样，BT 严重依靠其数据库基建，支持关键企业应用程序的运行。但管理几千个由产品、版本、操作系统和硬件交织而成的数据库是何等地复杂，同时成本又极高。应用程序布局太慢，经营太昂贵，资源利用率太低，IT 团队工作负担过重。

BT 将甲骨文技术堆栈部署在惠普刀刃服务器上的 Enterprise Linux 上的云端。英国电信运营部也期待甲骨文企业管理者 12c（Oracle Enterprise Manager 12c）能进一步帮助其提高经营效率和资源利用率，同时增加效益。

Source: www.oracle.com/us/products/database/bt-case-study-1533554.pdf.

云端助力奥巴马总统赢得竞选

我们都知道奥巴马总统竞选团队的首席技术官哈珀·里德（Harper Reed）是如何引导运用上述技术，成功地执行、运营和管理竞选活动的。与其他经营活动一样，数据对竞选活动起到至关重要的作用，竞选人员需要对不同大小、类型和频率的数据进行实时合并、整合和分析，以洞悉其中的规律，帮助奥巴马根据不同的受众传递相对应的消息。此外，竞选团队还需要调动媒体、志愿者和捐赠者支持活动。你一定可以想象在活动的不同特定时期，竞选所需的计算基建资源肯定为竞选团队带来过难题和限制。

云计算特别是平台即服务的出现为竞选团队提供了不少便利。在某个关键时期，当团队需要使用计算和存储资源时，云计算便能为他们提供现买现付的可伸缩计算和存储功能。竞选团队利用云计算的自动缩放功能，能够在活动的末尾快速增加云资源，从而实现让多达 7 000 名志愿者在四天内拨通 200 多万名选民的电话。

有关云计算的担忧和风险评估

云计算为我们带来了诸多好处，但这些好处又有相应的弊端或担忧；因此，在将主要的企业关键应用安装到云端并运行前，评估由此带来的一切风险是十分必要的。

- 安全、数据保密和监管合规性是最主要的担忧方面。许多公司不敢贸然将内部数据寄存在其办公地之外的计算机上，很可能是因为该计算机上还存在其他公司的应用程序。公司还可能担心存储在云端上的数据的实际位置。云端主机的所在国家的法律同样适用于计算机上的数据。欧洲和亚洲的公司曾表达过对于寄存到美国公司的数据同样受到《美国爱国者法案》（*U.S. Patriot Act*）监管的担忧，这种监管权使得美国政府能轻易读取数据。
- 经验丰富的云计算服务用户们注意到，在云端运行的应用程序之间存在很大的性能差异。这是因为许多公司共享资源，周围环境可能就会变得极端繁忙和嘈杂，因此留给某个公司的应用程序运行和传递信息的空间会十分有限。
- 云端有许多引人注意的漏洞等待修复。有时整个云端崩溃，好几个小时或好几天都无法使用。当这种情况发生时，应用程序将保持脱机状态，直到隐藏在其背后的真正问题得到解决。

- 每一个云端外包商都提供独特的服务，以及向计算资源传递信息的独特方式。用户有可能会非常依赖这些应用程序，以至于如果应用和数据没有特别重大的改变，他们基本上不可能停止使用。
- 云端提供商似乎拥有无数台计算机和无数个存储盘来满足用户的需要，但实际上真正可用的资源却是有限的，这些资源被提供商在几千个小时都在运行和停止的应用程序间多路传输。如果所有的客户同时要求提供服务，那么提供商将用尽资源而束手无策。这个时候的云计算就仿佛母亲节当天，或一场强烈飓风过后保险理赔时繁忙的通信信号。主要的云计算提供商和中间支持公司对这些顾虑和其他本质上更为技术性的问题十分清楚。

云计算不仅仅指的是在互联网上作为服务交付的应用程序，还包括数据中心内提供这些服务的硬件和系统软件。从硬件供应和定价的角度看，云计算有以下三方面新的特点：

1. 根据需求提供无限多的计算资源，反应之快足够满足激增的工作负载，因此，用户不用过早提前为云计算资源供应做打算；

2. 免去了云端用户预先提交订购申请，因此，企业可以一开始订购少量资源，等需求增加了再追加订购硬件资源；

3. 允许用户短期按需支付计算资源费用（例如处理器按小时收费，存储器按日收费），按照需要释放资源，因此，用户在不需要使用的时候将计算机和存储器返还给提供商，以便更好地进行维护。

了解云端架构

在了解了云端的术语、命名过程、好处和内在挑战之后，我们现在不妨了解一下其下属架构，这将有助于我们更加便利、自信地利用和布局云端。随着虚拟扩散的技术变得成熟稳定，实现各种服务，例如平台、应用程序、基建和数据库的云端基础设施建设和布局成为可能。

虚拟化技术满足了云计算范式频繁使用服务器的需要。它消除了几乎不占用任何 CPU 时间的应用程序（它们可以和其他应用共享 CPU），和尽可能地利用任何它所能得到的 CPU 周期的计算机密集型应用程序之间的差异。虚拟化技术是唯一最具革命性的技术，它的广泛接受和部署掀起了真正意义上的云计算潮流。没有虚拟化技术，云端的经济性根本无从谈起。

虚拟化技术强化了云端布局

我们可以将虚拟化技术看作是包括客户和整个服务器平台（硬件、操作系统、数据库和存储器）在内的总体优化战略的一部分。平台虚拟化是一种将计算机资源抽象化的技术，该技术使得操作系统与其下方的物理服务器资源分离。与在硬件资源上运行的操作系统（Operating System，OS）不同，OS 利用虚拟化技术与一种名为虚拟机监控器的新软件层交互，该软件层接入硬件，并

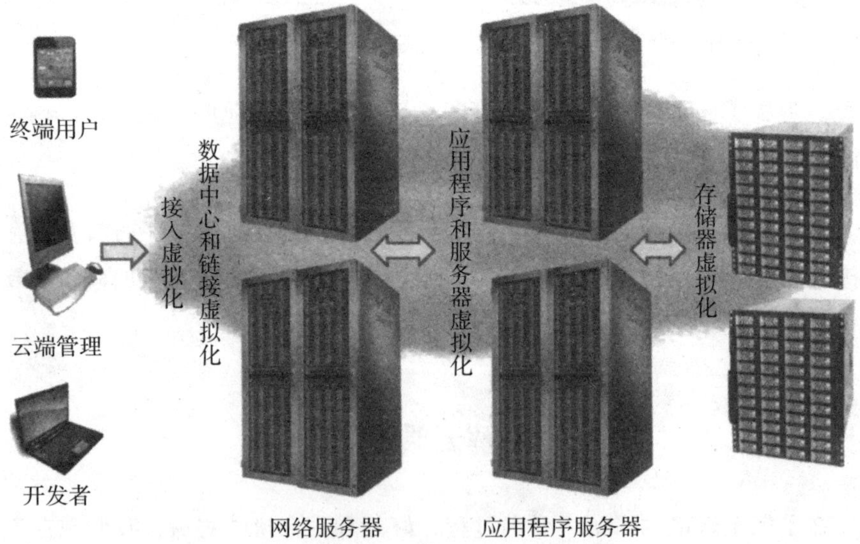

图 3—1　云计算和虚拟化布局架构

向 OS 提供一组虚拟化的硬件资源。这意味着多重虚拟机图片或实例可以在单个物理服务器上运行，可以根据需要生成和运行新的实例，从而为弹性计算资源奠定了基础。从根本上说，服务器虚拟化移除了物理障碍，使技术与技术间相互独立，从而消除了从属关系。它允许一台物理硬件上存在多重独立虚拟操作系统、数据库、存储器和应用程序。这一点使我们联想到 20 世纪 60 年代用来进行分时虚拟化，以便让许多人能够在不互相干涉或交互的情况下共享一台大型计算机的 IBM 主机（见图 3—1）。

虚拟化使得服务器合并

虚拟化推动服务器的合并，为创造规模和弹性经济的云计算布局架构奠定了基础。服务器合并有助于将要求提供硬件的客户比例降到 10∶1 甚至更低。这将服务器供应时间加快了 50% 到 70%，同时将能耗降低了 80%，并且在切断服务器电源的同时不影响应用程序的运行。通过检查服务器的使用情况，我们发现，一台企业数据中心内的普通服务器的使用量通常只有 6%。即使是在负载达到峰值时，使用量也不会超过 20%。在运营得最好的数据中心，每台服务器平均只用到了其最大容量的 15% 或更少。如果这些相似的数据中心全部采用服务器虚拟化技术，那么其 CPU 使用量将提高到 65% 或更高，云服务也因此变得更有吸引力和更具成本效益。虚拟化能够降低资本支出、业务费用以及所有权的总成本。

在提高行业效率和敏捷性的不断尝试中，云基础设施中的虚拟化能合并服务器，从而降低总成本，包括资本支出、业务费用以及所有权的总成本。通过将多重计算机合并到一台主机上能够实现资本支出最小化。一旦合并，业务费用也随之大幅降低，反过来，也降低了所有这些计算服务的所有权的总成本。

今天，许多数据中心内部署的服务器虚拟化平台主要有两种。

1. 主机虚拟化。这需要借助多用途操作系统，例如虚拟化层下的 Windows

服务器或 Linux。采用这种布局的服务器有 VMware 服务器和 Microsoft Virtual Server。

2. 基于管理程序的虚拟化。这种最受欢迎的虚拟化平台又被称为裸机虚拟化，不需要 Windows 或 Linux 服务器等任何多用途操作系统便可运行。这一平台在多个数据中心执行任务，实例包括 VMware ESX 服务器和 Oracle VM（基于 Xen server）。

云服务模型和安全

云计算日趋成熟，越来越被接受为互联网＋时代商业技术战略和布局的主流，那些企业商业计算所涉及的人员往往关注安全、要估计的时间、公共还是私有、锁定、成本及其他问题。对于企业来说，随着云端在世界范围内被越来越广泛地使用，以及越来越多的基本工作负荷从传统的办公地点转移到云上，这些顾虑的出现也是在情理之中。

除非信任和可靠性问题得到满意解决，否则普通用户将不会接受云计算（详见图 3—2）。

基于云端的解决方案满足了多地区分公司的 IT 需要

云计算为在全球多个地区拥有分公司的企业提供多种布局模型，以满足其 IT 需要。上述基于云端的解决方案可以按照一种模型或多种模型的组合进行布局。

澳大利亚政府：将云计算价值发挥到最大

澳大利亚政府内的许多公共服务机构已经体会到政府采用的云服务对提高运作效率和为市民提供最佳服务的重要性。最近，见证了云服务为

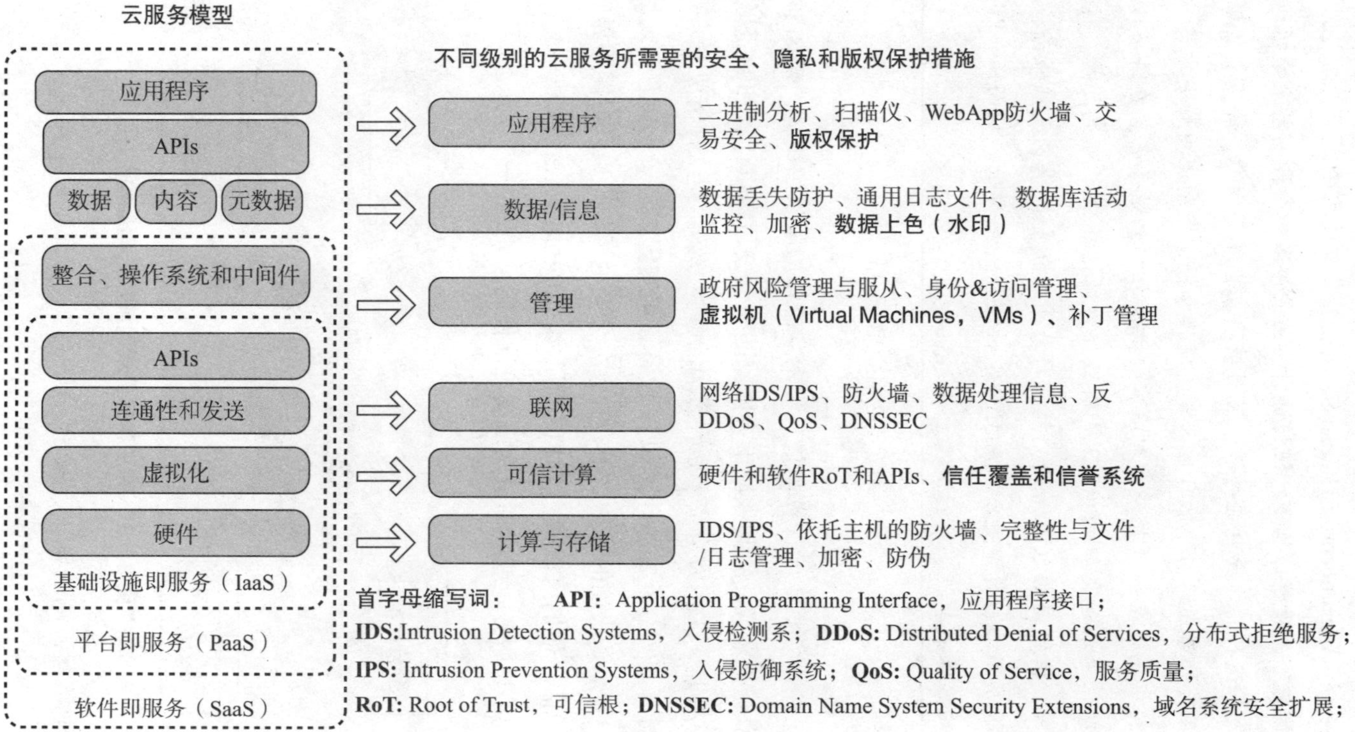
云服务模型
应用程序
APIs
数据
内容
元数据
整合、操作系统和中间件
APIs
连通性和发送
虚拟化
硬件
基础设施即服务（IaaS）
平台即服务（PaaS）
软件即服务（SaaS）
不同级别的云服务所需要的安全、隐私和版权保护措施
应用程序
二进制分析、扫描仪、WebApp防火墙、交易安全、版权保护
数据/信息
数据丢失防护、通用日志文件、数据库活动监控、加密、数据上色（水印）
管理
政府风险管理与服从、身份&访问管理、虚拟机（Virtual Machines，VMs）、补丁管理
联网
网络IDS/IPS、防火墙、数据处理信息、反DDoS、QoS、DNSSEC
可信计算
硬件和软件RoT和APIs、信任覆盖和信誉系统
计算与存储
IDS/IPS、依托主机的防火墙、完整性与文件/日志管理、加密、防伪
首字母缩写词：　API：Application Programming Interface，应用程序接口；
IDS:Intrusion Detection Systems，入侵检测系；DDoS: Distributed Denial of Services，分布式拒绝服务；
IPS: Intrusion Prevention Systems，入侵防御系统；QoS: Quality of Service，服务质量；
RoT: Root of Trust，可信根；DNSSEC: Domain Name System Security Extensions，域名系统安全扩展；

图3—2　云服务模型

社会服务部（Department of Human Services）带来的影响之后，其他政府部门便掀起了一股效仿热潮。任何这种行为的惨败都会阻碍甚至干扰商业经营活动和运行。澳大利亚并非一枝独秀。在世界范围内，许多公共机构纷纷利用云计算来适当降低日常开支、规模和提供定制化的解决方案。

个体机构也已经开始使用私有、公共和社群云服务了。在许多情况下，这些信息和通信技术（ICT）项目都为社区提供了可见利益。这些服务比可行但传统的ICT采购更能发挥货币价值和提供创新的服务。美国社会服务部已部署了灵活性和可伸缩性极佳的社群云，从而降低了客户部门的单位成本。

私有云端

对于已经建立牢固的计算与信息技术基础设施的组织机构，例如IT行业的高新技术企业来说，向其他城市或国家的新分公司提供计算和IT服务的一个较好的选择是，采用完全基于私有云端的解决方案。在这种情况下，数据中心、服务器以及所有重要的计算和IT设备，被安置在位于企业总部现场的企业网络上，置于防火墙的保护之下；如果分公司的用户可以通过网络界面接入企业网络的话，他们可以通过虚拟专用网络（Virtual Private Network，VPN）使用计算和信息服务，或者通过网络浏览器使用，如图3—3所示。

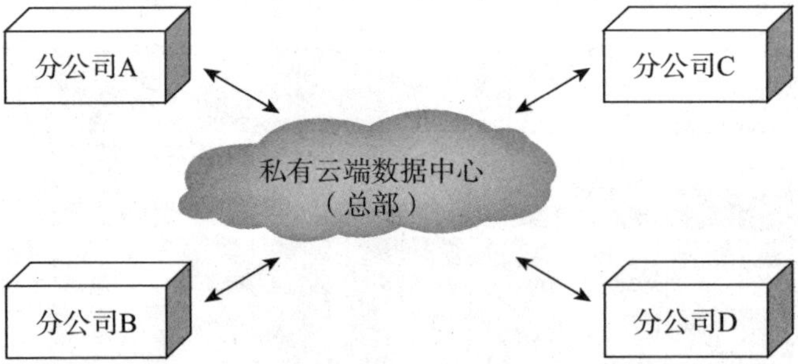

图3—3　基于私有云端的解决方案架构

在基于私有云端的解决方案中，所有的一切都听命于同一个组织机构，因此，这种解决方案赋予了企业管理计算和信息技术基础设施的所有组件的完整的自由和自主权。

澳大利亚国家银行：UBank 对基于云端的服务进行个性化调整

鉴于不同营业单位的数量众多，澳大利亚国家银行（National Australia Bank，NAB）及旗下的 UBank 按标准使用应用服务器的最佳方法是采用私有云端架构。凌驾于所有软件基础设施之上的，是被该银行称为“网络门户即服务”（Web portal-as-service）的另一种以网络门户为中心的平台即服务（PaaS）。

UBank 作为一家企业或一个品牌，创业初期并没有客户。据 NAB 称：“从应用程序层面和底部服务层面来看，这是一种完整的端到端银行业解决方案。”

NAB 向 PaaS 的过渡，让他们敢于将基础设施扩展到新的商业冒险上去，例如 UBank。NAB 计划转变和更新其核心平台，以适应未来的商业模式。在 NAB 信息技术战略家眼中，PaaS 要“简单得多”，也更容易整合。随着银行业务的增加，这种架构更加不会成为 IT 关注点，支持和调整成本也更低。

联合云端

联合云端计算可以被看作是私有云端计算的一种变体。和私有云端计算一样，在联合云端计算中的信息技术基础设施仍然只归组织机构专有，但设备、服务器和服务则分布在总部和分公司之间。当不同的分公司承担不同的任务，且每个分支都需要专用的计算和信息服务时，使用联合云端也许就是必要的了。举个例子，当一家分公司负责数据挖掘时，另一家也许则更加关注服务器开发（详见图 3—4）。

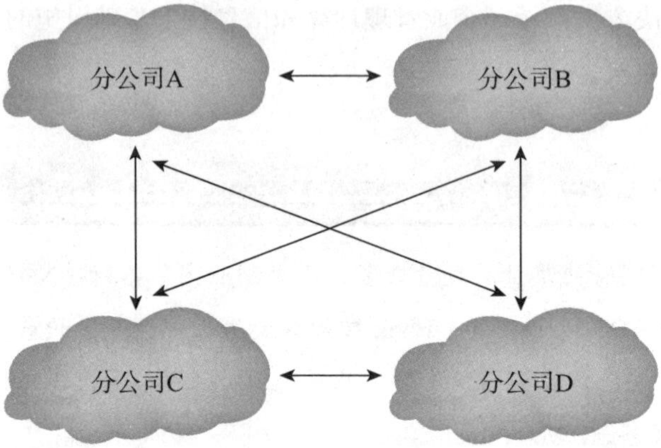

图 3—4　基于联合云端的解决方案架构

公共云端

基于公共云端的解决方案是指，组织机构向公共云端上的提供商订购其所需的一切计算与信息技术服务。这一方案适用于无意建立或没有资源建立自己的计算和信息技术的基础设施的组织，以及小型的新兴公司。通过使用公共云端上现成的计算和信息技术服务，新兴公司能快速使生意运作起来，检验其创意。

即使有哪家公司不会飞，它也可以没什么损失地轻易下船（详见图 3—5）。

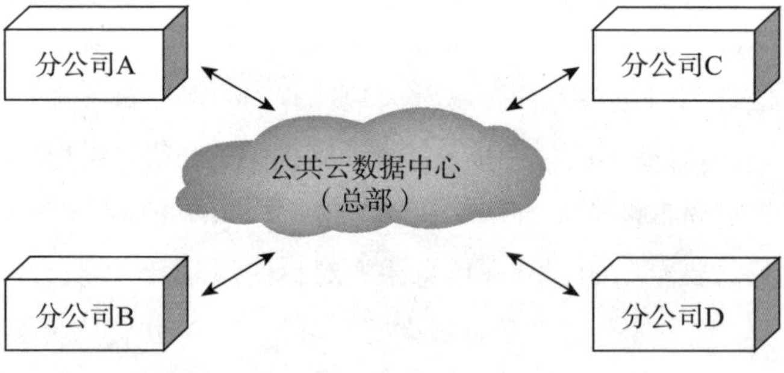

图 3—5　基于公共云端的解决方案架构

混合云端

顾名思义，“混合”云端涉及私有和公共两种云端的特点。混合云端方案适用于某个已经具备满足目前自身所需的计算和信息技术（CIT）基本设施的组织机构，但不愿为了新的业务而投入大量资金和时间将其扩大。在这种情况下，该组织机构更愿意从混合云端上的某个可靠来源获得所需的CIT服务。这种做法能够让企业在新的商业冒险活动运作不佳时快速收手（详见图3—6）。

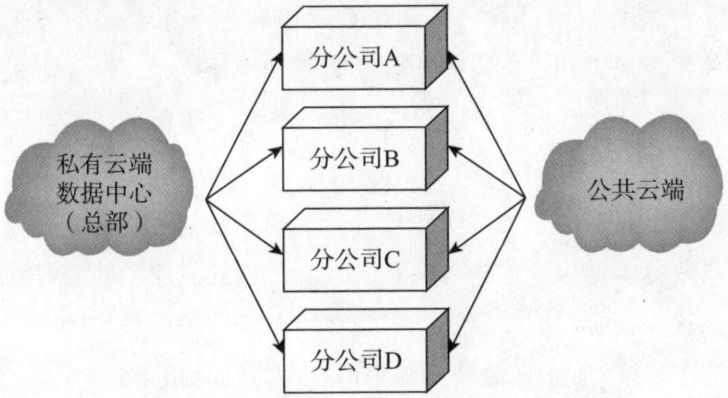

图3—6　基于混合云端的解决方案架构

基于云计算的解决方案的优势

在多地区设有分支的组织机构采用基于云计算的解决方案既有优势，又有挑战。优势如下。

- 云计算为组织机构提供更为敏捷的方案，以满足它们的IT需要。有了云计算，用户能够快速获得经营企业所需的IT服务。云计算特别适合从事宏伟但冒险的投机活动的新公司。通过向第三方购买服务，组织机构能节约资本投入的开支，同时又可节约维护成本，因为计算和信息技术（CIT）基础设施为第三方所有，并由其维护。
- 基于云计算的解决方案可信赖，由值得信赖的云服务提供商提供，如亚马逊、Rackspace、Salesforce和甲骨文。云计算方案规模可根据商业需要进行调节；在需要的时候，可轻易按比例减小。

- 云计算方案提供配备和安装了一切安全工具与技术的高端数据中心，确保最高安全等级。

高管视角：博科通信系统有限公司建筑师潘卡吉·吉哈

我们注意到，云计算已经通过在以前看来不可实现的方式——为提供商和客户提供制胜之道——改变着商业竞争框架，这种方式使迈克尔·波特竞争力分析的经典管理模式变得不那么适用了，甚至可能完全不相干了。

在分析波特模型中的单个组成部分之前，我们不妨通过一两个例子来说明商业竞争框架变化的力量有多大。传统的供应驱动型市场迫使卖方从主要软件公司，例如微软、甲骨文和IBM等公司购买软件，而在新范式下的市场中，客户在白色标签平台上通过网络租用某个软件的功能。大部分中小型企业会先看看软件是否符合他们的要求，通常他们要求将多个供应品的功能整合，云服务提供商则会根据他们的所看所感提供定制化的产品。

波特模式中的组成部分已经失去了与这种新的商业竞争框架的关联性。在以原始设备制造商(Original Equipment Manufacturer, OEM)的形式，借助白标软件提供云端服务的供应商的联营中，不仅有大企业，还有非常小的公司。软件的开发、营销和配送，已经不再是严格意义上的大企业戏码。任何具备软件开发实力的人都能够通过云端（亚马逊、甲骨文、GoGrid以及Azure等），以每月订购的方式销售他们的产品。云计算有十分广泛的客户基础，其中囊括了所有在全球任何地方提供服务的公司。替代性产品[与之竞争的软件即服务（SaaS）或基础设施即服务（IaaS）产品]并不会影响某个公司的竞争力，因为服务是由大型联营集团提供，不会影响其商业运作。同样地，客户议价也不再是问题。传统的客户就产品价格与商家协商，并且按照品牌选择产品；而如今在已经得到很大实惠的前提下，他们只在乎服务质量的好坏和可靠与否，并不过分议价。基础设施提供商，比如那些生产服务器和网络设备的企业受益颇多：云基础设施公司对此类的硬件需求很大。这些提供商不用再像以前那样盯着单个公司推销他们的产品了。

不仅云计算趋势会持续下去，而且我们和整个行业都将云计算看作这一重新定义过的新市场增长的催化剂。尽管对于非常大的组织机构来说，从私有云端转向混合云端，最终再转变为纯粹的云端将是一个缓慢的过程，但一个更大的行业分区——中小型企业市场正在迅速将云计算作为为所有竞争者创造利益的新核心框架。

高管简介

潘卡吉·吉哈（Pankaj Jha）是博科（Brocade）通信系统有限公司的建筑师，从事系统设计、交换 / 路由联网和嵌入式软件开发。

云服务的设计和布局战略

为了创造商业敏捷性，在你（或你的公司）开始拟定云战略时需要了解云计算的内在功能。这些功能为你实现成本优势和组织敏捷性提供机会，从而帮助你取得竞争优势。这七个功能如下所示（如果只有这么多的话）：

1. 管理化的界面；
2. 地理位置独立性；
3. 来源独立性；
4. 可在任何地方接入；
5. 互联网商业设置；
6. 审计控制；
7. 按需变化的弹性。

在享受这些功能的同时，企业应该将他们的信息视为一种资本，并想方设法地生产和利用它们。在拟定云战略前，企业应该思考它们对于上述七个功能的需要程度。企业应根据其需要和成本考虑因素订购这些服务。之所以需要考虑成本的因素是因为每个功能都会涉及技术、工艺、人力和管理的投入。我们建议企业在执行功能前对其进行评估，以从云计算中获得价值。

管理化界面

这一功能建立有组织性、响应不断变化的用户要求的基础设施。其他的服务可以通过应用程序接口（API）使用企业开发和部署的应用服务。在决定使用何种 API 时，允许开发者自由编写应用程序可以产生不同的涉入度，不同的范围包括从应用程序供应中的高涉入度的守门人到低涉入度的调节器。

由此产生了四种 API 管理方案。在开发的共同创新模型下，亚马逊和谷歌等公司对服务采取开发、社群主导的措施。假如哪位开发者希望接入其云计算服务，他需要在亚马逊网络服务论坛上提出请求，亚马逊员工和社群成员都对论坛有所贡献，他们决定其 API 流程是否开放、开放的程度，以及向多少人开放。采用苹果公司和 Salesforce.com 模型的公司需要大规模投资，从而为配置员工和执行模型提供内部资源。

亚马逊和谷歌模型需要企业建立论坛和制定基本原则以便参与其中。企业内部也需要有专家追踪讨论、识别新趋势和作出适当的回复。谷歌和亚马逊所拥护的开放模型提倡无拘无束的创新，但对用户体验的质量没有把关。另一方面，检验合格的模型虽然能保证用户体验的质量水平，但导致开发人员对认证程序感到恐惧。总体来说，为现有的应用程序创建 API 界面，使它们可以满足企业内外部用户的需求，释放了它们的潜能，为合作和创新创造了极大的机会。

地理位置独立性

这一功能能够从任何地方控制某个企业内部的云计算使用权限和信息资产，而无需知道该企业的地理位置。今天，拥有庞大的数据集的组织机构往往雇用专家，他们的唯一工作是找到数据库内数据元的所在位置。这些专家一般受雇于 IT 架构团队，以确保每一个应用程序都遵守内部架构政策，并确保正当的数据访问获得批准。这么做的弊端是，业务部门员工常常感到这些专家延长了应用程序的开发时间，导致企业对竞争压力反应迟缓。

谷歌的应用程序开发则采用另一种方式。谷歌投入巨资打造了一个“待构建中”（built to build）的基础设施。这种基础设施使开发者能够在不知道其准确物理存储位置的情况下建立新应用，使用信息资产的新应用程序，确保应用程序接入正确的数据来源，从而保持高度的数据完整性。当班加罗尔的几位软件工程师着手构建这种基础设施时，他们能够挖掘许多已经存在的功能，如论坛和新闻摘要等谷歌基础设施上已有的资源，重新利用它们创造新的产品。

来源独立性

云计算的来源独立性功能使企业能够控制服务使用，轻松地以低成本更换服务提供商。现有的信息系统开发模型存在将企业限制在某个外包商或解决方案上的风险。云计算根据客户对服务的需要，交付相应的应用程序功能，这样，企业就能轻松地以较低的价格转向提供相同功能的外包商。促使企业作出选择的关键因素是它能够同时读取现有数据和元数据，从而将现有的数据导入新的应用程序。这一原则必须同样应用于企业防火墙内的服务。企业能选择外包商，业务部门同样也有权使用企业内部 IT 服务或与之分离，这也就是我们所说的来源独立性。

使用按照《开放社交基础 API 规范》（*Open Social Foundation APIs Specifications*）编写的应用程序，企业能够读取用户在他们最喜欢的社交网站上创造和存储的数据。在使用这一举措之前，每一个应用程序都需要专门开发，以确保它们能够在社交网站上运行。使用开放社交标准的应用程序开发人员一旦编写出某个程序，就可以在任何符合该标准的社交网站上运行。社交网站可以通过接受许多应用程序在数据上运行的方式获得价值。由于多个应用程序利用用户的数据运行，用户也因此受益于来源独立性。

可从任何地方接入

云计算的这个功能使用户能够从任何平台或设备，通过网络浏览器使用任何服务。第一代网络使超链接将信息串联起来，人们通过点击鼠标便可进行访问。在当前混搭网站大行其道的时代，每一比特的信息都应该能够通过程序访问。此外，人们还希望可以从任何设备访问信息资产。然而，为了避免由普遍的接入权所带来的性能问题，公司不得不采用智能缓存技术，以及提供高带宽连接。

互联网商业环境可以被这样定义：一套支持特定的商业能力或需要的综合应用程序（进程）和工具。云计算关于可从任何地方接入的功能，为决策者提供分析和执行商业决策所需的所有能力。应用程序是通过配置多种满足商业需要的服务（存储系统、处理器等）而编写而成的。EC2 能够保存并再利用所有的配置工作。当日后需要相同的环境时，可从亚马逊服务器上反射出来，并在将来某天调用相同的环境。互联网商业环境与已经长期存在的虚拟机概念相类似。

审计控制

该功能能够追踪组织机构内的用户和信息服务的每一次使用。能够在记录文件上查对某个条目的历史、位置或应用，这对于确保企业受到内外部规定的限制至关重要。对内，也许追踪服务提供合作伙伴的使用十分重要。在其他情况下，安全港合规条例可能会要求企业从世界任何地方审计其数据。

按需变化的弹性

按需变化的弹性赋予企业自服务功能，以根据比例快速、透明、自动地增加或减少所提供的服务。大部分企业按照将承担工作负荷的峰值设计处理能力。因此，大部分时间许多处理能力是过剩的。此外，云计算使用费的定价方案应该满足企业的需要，然而事实证明这一点很难实现。

云端应用布局的五个步骤

我们强烈推荐在确实有效的指导方针的基础上，按照由不同步骤组成的最佳方案部署云端应用：

1. 将初始数据填入云端应用；
2. 提供用户权限；
3. 管理用户权限；
4. 整合应用及其数据；
5. 优化业务流程。

挑战

- 跨多种云端布局提取、变换和加载大量数据；
- 多种系统的连通性；
- 高性能要求。

提供身份管理器

- 从人力资源系统自动检测新员工；
- 为审计和可追溯性服务的审批工作流程；
- 基于角色的配置文件以按照工作职能为用户提供服务；
- 密码政策以设置初始密码和强制进行密码重置。

应对用户权限带来的挑战

- 调节好哪些人有权使用哪些应用程序和有哪些权限；

- 检测多余的权限和不活跃账户；
- 密码过期和检测淘汰账户；
- 自服务账户管理和密码重置；
- 账户到期自动失效；
- 认证审核报告和角色管理。

整合应用及其数据

- 实时提取、变换和加载批量数据；
- 实时采集、变换和更新事务处理；
- 由非侵入式解决方案带来的高性能要求；
- 多种系统的连通性。

云计算的阻碍和机遇

现在，我们来看看以下与云端服务布局有关的各种阻碍和机遇：第 1 条～第 3 条影响云技术的采用；第 4 条～第 8 条影响云计算发展；第 9 条和第 10 条是云计算面临的政策和商业阻碍。克服了每一个阻碍都会获得相对应的机遇，内容涉及从产品开发到研究项目。

1. 业务连续性和服务有效性。有些组织机构担心效用计算服务是否足够有效，因此，他们对云计算持谨慎态度。让人意想不到的是，现有的 SaaS 产品在这方面设立了很高的标准。谷歌搜索引擎以高效著称，甚至是很短时间的服务中断都会另寻主要消息源的接替。用户对新的服务也有同样的期待，但做到这一点还是有困难的。

2. 数据锁定。云计算的应用程序接口（APIs）本质上仍然是提供商专有的，或者说至少还没有被有效标准化。因此，用户无法轻松地将他们的数据和程序从某个站点抽出，再保存至其他站点。不能方便地从云端提取数据，导致云计算不被一些组织机构所接受。用户锁定对于云服务提供商来说颇具吸引力，但却使得客户更容易受到涨价、可靠性问题甚至是提供商歇业的影响或威胁。

这一问题的解决方案之一是将 APIs 标准化，以便 SaaS 开发人员在多个云计算服务商上部署服务和数据，这样，一家提供商的倒闭便不会葬送所有的客户数据拷贝。有人担心这可能会导致云计算市场出现价格竞争，出现底价，并压低利润空间。下面的两个论据可以减轻此类担忧：首先，服务的质量与价格同样重要，客户不会盲目地选择最低价格的服务，今天某家网络服务提供商的价格是其他服务商的十倍，这是因为这家企业更值得信赖，且配合提供其他服务以提高其网络服务的可用性；其次，APIs 标准化除了能减少人们对数据锁定的担忧外，还引进了新的服务使用模型，即相同的软件基础设施，既能在内部数据中心使用，又能在公共云端运行，从而启用混合云计算或超负荷计算，这两种计算方法允许公共云端拾取数据中心（或私有云端）由于暂时工作负荷过重而不能轻松承担的额外任务。

3. 数据机密性 / 可审核性。尽管大部分公司将薪酬单外包，许多公司使用外部电子邮件服务来保护敏感信息，但安全性仍是经常被提及的反对云计算的理由之一。对即将要转移到云端的企业数据来说，美国《萨班斯—奥克斯利法案》（*Sarbanes-Oxley Act*）和《健康保险携带和责任法案》（*Health Insurance Portability and Accountability Act*，*HIPAA*）要求其具备可审核性。云用户面临来自云端内外的安全威胁。在保护云端免遭外部威胁相关的安全问题中，有许多是大型数据中心已经面临的问题。

在云端，安全责任由许多潜在方共同承担，包括云用户、云外包商和用户赖以获得安全敏感型软件或配置的任何第三方外包商。应用程序的安全由云用户自行负责。云提供商则负责实体安全和执行外部防火墙政策。软件堆栈中间层的安全由用户和运营商共同承担；暴露给用户的抽象水平越低，运营商所承担的责任就越重。Amazon EC2 的用户比 Azure 的用户承担更多的技术责任（他们必须自己执行或获得关键功能），而后者又比 AppEngine 的用户责任重。

4. 数据传输瓶颈。越来越多的应用程序正朝着数据密集型方向发展。每太字节的传输成本在 100 美元至 150 美元，这些成本在快速增加，使得数据传输成本成为一大问题。如果云用户和提供商想要将成本降到最低，那么他们必须考虑系统每一层的配置和流量。亚马逊在开发新的云前端服务时，便采用这一思维模式。克服网络传输的高成本问题，还可以尝试传送磁盘的方法。虽然这种方法不适用于每一种例子，但它对延时容忍的点对点传输例子十分有效，例如在导入大规模数据集上就有很好的效果。

5. 性能不可预测性。令人惊讶的是，在云计算下的多个虚拟机能很好地共享 CPU 和主存储器，但共享网络和磁盘 I/O 却会出现问题。因此，不同的 EC2 实例在 I/O 性能上的差别比在主存储器上的差别更明显。针对此类问题的一个解决办法是改善架构和操作系统，以高效地将中断和 I/O 信道虚拟化。

6. 可伸缩存储器。以下三种特性的组合是云计算吸引力的来源：短期使用（这要求按照需求的高低调节规模）、没有前期成本和按需要获得无限功能、按需提供存储器的容量。

7. 大规模分散系统的漏洞。云计算较为棘手的难题之一，是将错误从那些非常大规模的分散系统中删除。常见的问题是这些漏洞不能在较小的配置上复制，因此，调试工作必须在数据生产中心按比例进行。针对此类问题的一个解决办法是，在云计算中发挥虚拟机的作用。许多传统的 SaaS 提供商在开发自己的基础设施时没有使用虚拟机，这既是因为最近流行的虚拟机对他们来说早已过时，又因为他们认为虚拟机一旦出现性能故障，将造成不可估量的损失。

8. 迅速按比例调节。显然现买现付模式适用于存储器和网络带宽业务，两者都是按照所使用的比特数收费。虚拟化程度不同，计算业务的收费方式也略有不同。谷歌 AppEngine 根据工作负荷的增减自动调整比例，对用户按照其使用的周期数计费。亚马逊网络服务（Amazon Web Services，AWS）根据每小时用户占用的实例数收取费用，即使你的计算机处于闲置状态也是如此。针对此类问题的一个解决办法是，在不违反服务水平协议的情况下，根据工作负荷自动按比例快速增减服务以节约支出。

9. 名誉命运共享。一个客户的不良行为会影响其他使用相同云端的用户的名誉。举例说明，由垃圾邮件防御服务建立的 EC2 IP 地址黑名单，可以对哪些应用程序能被有效地寄存到云端产生限制。针对此类问题的一个解决办法是，建立与目前向存储在小型互联网服务提供商（ISP）上的服务（有偿）提供的“可信任邮件”服务相类似的名誉保护服务，ISP 经历了相同问题的一个缩影。另一个法律问题是法律责任的转移问题，云计算提供商当然希望客户而不是提供商成为责任人（例如，承担法律责任的应该是发送垃圾邮件的人，而不是亚马逊公司）。

10. 软件许可。目前的软件许可证普遍对软件所运行的计算机有所限制。用户在购买软件后还需每年支付维护费用。许多云计算提供商一开始依靠开源软件的部分原因，就是商业软件的许可方式与效用计算不匹配。这类问题的首要解决方案是，要么继续推广开源软件，要么商业软件直接转变许可结构，更好地适应云计算。举个例子，微软和亚马逊目前向 EC2 上的 Windows Server 和 Windows SQL 实行现买现付的模式。

围绕云计算解决方案的一些难题和担忧如下所述：经营成本可能会很高。选择云计算解决方案能有效降低资本支出，但企业的经营成本有可能比运行自己的 CIT 基础设施要高，这是因为企业需要为所订购的服务支付较高的费用。如果企业谨慎选择云计算服务提供商，他们可以获得可靠的计算和信息技术（CIT）服务。然而，以下两个因素会导致 CIT 服务不被信赖。

1. 不可预测的企业外部网络中断。由于这部分网络不受企业控制，企业无法采取措施防止此类意外的发生，也无法确保中断的网络能快速恢复。

2. 服务不连续性。选择一家可靠、值得信赖的服务提供商是非常重要的。选择服务商的主要标准是其财务稳定性和是否提供有口碑的服务。随着企业变得越来越国际化，供应链和事务管理也变得更加复杂。随着国内外合作伙伴的地理位置不断变得复杂，对大部分企业来说，业绩的增长和能够进行国内外经营的能力密切相关。

更高效地推动增长

全球贸易和采购正变得日益重要，在该领域，云端解决方案对提高效率和节约成本起到重要作用。与典型的办公场地软件相比，云端技术的主要优势在于为企业省去了 IT 员工和支持上的投入。在云端技术的帮助下，与新的全球合作伙伴进行贸易将变得更加简单和更加经济，企业能够更加灵活地与不同地区的多个商业伙伴进行贸易。在当今商业环境下，企业需要学习采用方法，以更加灵活地响应变化的动态。

然而，面对这种情况，商业越来越依赖全球合作伙伴和供应商层，使得财务总监们管理风险变得困难。大量风险来自于以下方面。

- 贸易伙伴风险。谁是合作伙伴？有没有有可能存在威胁品牌和业务的供应商呢？
- 合规风险。是否按照《萨班斯 - 奥克斯利法案》和其他规定的要求，及时地提供档案和数据文件可见性？
- 财务风险。信用和偿债能力是阻碍供应商的原因，并会因此妨碍业务吗？这笔业务是否盈利和使供应链受益？中国不断增加的成本将影响利润吗？

云计算为展示交易方、交易支付和文件提供了标准的平台。可见性、敏捷性和协作的环境有利于降低与贸易方、合规性和信用度有关的风险。普通消费者产品交易从产品制造到进入商店货架，可以涉及分布在不同地方的 5 到 20 个不同阶段的参与方。这条供应链上所涉及的每一个环节都有可能构成几个风险因素。

私有云端上的数据库服务

对于数据库环境来说，平台即服务云模型（PaaS）能提供优于基础设施即服务模型（IaaS）的 IT 服务。平台即服务云模型（PaaS）为云端提供的是数据库迅速恢复的足够资源，同时还有空间让用户编写他们所需的应用程序。此外，云端规模的一致和精简极大地改善了中央 IT 的管理、安全性和效率。与此相反的是，如果采用基础设施即服务模型（IaaS），大部分的堆栈必须由租户自己建立，这将延长布局时间，导致不一致堆栈的出现，使得管理变得更难。私有云端不失为交付数据库服务的高效方式，它使 IT 部门将服务器、存储器和数据工作负荷整合到共享的硬件与软件基础设施上。部署在私有云端的数据库允许用户在需要的时候，以自服务、弹性调节、按量供给的方式访问，这使其在成本、服务质量和敏捷性方面具备难以抗拒的优势。出于多种原因，私有云端是比公共云端更好的选择。

共享服务

信息技术部门能够使用共享服务来降低成本，满足他们的商业用户的需求，但必须管理好共享服务的许多经营、安全、组织和财务方面的问题，才能确保其有效地发挥作用。合并对于共享服务十分关键，因为这使得信息技术部门能够通过将多个应用程序并入密聚的环境而重建资源。合并不仅仅带来基础设施开支的节省，还简化了管理，优化资源利用，并使遵守安全和服从标准变得简单。

- 合并服务器。减少物理服务器数量，将数据库合并到更小的服务器覆盖区内。
- 合并存储器。通过利用虚拟存储池的可用空间统合存储池。
- 合并操作系统。减少所安装的操作系统数量。降低服务器覆盖区面积并不能总是带来最佳投资回报，但是减少操作系统的数目总体能提高易管理性。
- 合并数据库。通过图解合并减少数据库实例数目。将分隔开的数据库作为略图合并入单个数据库中，从而减少数据库数量以便管理和维护。

- 合并工作负荷。将支持商业情报或经营数据存储系统的多余数据库合并。一旦合并到单个数据存储，这些工作负荷将受益于私有云基础设施提供的附加资源和可调节性。

私有云端和公共云端的安全注意事项

云计算具备便利、弹性、透明、经济性的优点，这些都为云计算提供了广阔的前景。但云计算在为人们带来诸多便利的同时，也带来了一些挑战安全和隐私的问题。从20世纪60年代以来的计算技术发展史，可被视为一段连续不断的计算资源日益专业化和分散化的历史。一开始，我们发明了主机，当时的安全措施是相当简单的。之后，我们又发明了小型计算机、台式机、便携式计算机和客户端—服务器模型，因此，安全问题就变得更加复杂了。蒂姆·马瑟尔（Tim Mather）、拉提夫（Shahed Latif）和卡玛日萨米尼（Subra Kumaraswamy）在他们合著的《云计算安全与隐私》（*Cloud Security and Privacy*）一书中深入地概述了各种云部署模型中信息安全和隐私问题。

信息安全组件

我们需要广泛地考虑基础设施层的三个组件及其在云布局中的多种影响。

1. 网络层。共享的基础设施如虚拟局域网网络（VLAN，私有的和公共的）和动态主机设置控制协议（DHCP）服务器、防火墙、负载平衡器，有点对点加密、外网安全和受到监控的限制。这可能引起域名系统（DNS）、拒绝服务（DOS）或分布式拒绝服务（DDoS）等问题，从而造成域名劫持的威胁。然而，通过部署带有强大身份验证功能的、基于虚拟私有云和虚拟专用网络（VPN）的解决方案可以减轻这些问题的严重性。

2. 主机层。共享的基础设施例如硬件（中央处理器、存储器、磁盘、网络）或软件［虚拟层（例如，Xen）、网络控制台］供应还会产生大量动态节点、基于主机的入侵监测系统（IDS）的补丁和配置管理，以及存取管理的局限。此外，还会产生图片配置漂移和脆弱性、DoS 针对性袭击和标准操作系统服务袭击等威胁问题。然而，我们可以通过这些策略来减少威胁：默认安全、强化图像、关闭操作系统服务、使用软件防火墙、启用日志记录、访问配置、补丁或配置管理。

3. 应用程序层。与数据空间（如 SimpleDB，Bigtable）相比，共享的基础设施如虚拟主机、网络、防火墙（如果托管在 IaaS 或 PaaS 上）、虚拟化堆栈（如 LAMP）和数据库也会在 SaaS、SaaS / PaaS 的布局上存在限制。对于云端布局来说，应用程序层的安全性是非常关键的，特别考虑到拒绝服务（DOS）或服务经济的否定（EDOS）——针对构成服务提供成本的基础的计费模式的攻击，目的是使服务本身破产。

数据安全性和存储

在云端部署期间，数据安全性和存储是其他需要注意的主要问题。

1. 数据衍生

- 为了审计和遵守法规，必须知道数据什么时候被存储在了云端及其存储位置；
- 例如，亚马逊网络服务（Amazon Web Services，AWS）：
  - 存储＜ D1，T1，ex1.s3.amazonaws.com>；
  - 处理 <d2，t2，ec2.compute2.amazonaws.com>；
  - 还原 <d3，t3，ex2.s3.amazonaws.com>。

2. 数据来源

- 计算精度（以及数据完整性）；
- 例如：财务核算：求和（（（（2 * 3）*4）/6）-2）= $ 2.00：
  - 正确，假设美元；
  - 如果是其他国家的货币呢？

缺乏控制的云端

大多数安全的问题源于客户控制和信任的不足（机制）:

- 数据、应用程序和资源所处的位置与提供商绑定；
- 云端负责用户身份管理；
- 云服务提供商管理用户权限控制规则、安全政策和执行；
- 消费者依赖于提供商来确保：
  - 数据安全和隐私；
  - 资源可用性；
  - 服务 / 资源的监测和修复。

身份和访问管理

云管理员的一个关键任务是管理不同的用户群体（员工、承包商、合作伙伴等）的访问权限。越来越多的个人、金融、医疗数据寄存在云计算上，这将需要更加严格的身份验证。在云端上托管软件应用需要进行访问控制，同时也会增加对于有更高保险系数的身份验证的需求，包括从移动设备进行身份验证。

关键的隐私问题是什么

隐私权利或义务与个人数据或个人可识别信息（PII）的收集、使用、曝光、存储和销毁息息相关，包括组织机构对数据主体应负的责任，以及对个人数据的具体行为的透明度。

减轻隐私担忧的考虑因素包括存储、保留和销毁；审计、监控和风险管理以及隐私泄露。

1. 存储。数据聚合带来了新的隐私问题。根据数据存储的位置，以及云提供商本身是否有权查看和使用用户数据这些信息，一些政府可能会决定在搜索数据前不通知数据所有者。今天的一些服务提供商利用他们所提供的服务追踪用户行为，这么做的目的多种多样，例如发送有针对性的广告以改善服务质量。

2. 保留。务必明确规定哪一方应该在云端执行保留政策，和遇到政策例外情况如何应对。此外，保留政策应该就个人数据（即传输至云端的数据）在云端保留多长时间作出明确规定。另外，数据是归使用云服务的组织机构所有，还是归云服务提供商（CSP）所有。

3. 销毁。云服务提供商通常会复制多个系统和网站的数据，他们所提供的便利之一便是使用性不断增加。

- 我们怎么知道 CSP 没有保留额外的数据拷贝？
- CSP 真的销毁数据了吗，还是只是让企业无法访问它们？
- CSP 是否为了自己的目的而长时间保留信息，以便日后挖掘使用？

4. 审计、监测和风险管理。如果关键业务流程转变为采用云计算模式，那么内部安全流程需要进行升级，以便在必要的时候允许多个云供应商参与这些过程。这些过程包括安全监测、审计、取证、事件响应和业务连续性。

5. 侵犯隐私。必须对云服务提供商侵犯隐私的明确政策作出清晰的解读，例如：

- 我们如何知道隐私受到了侵犯？
- 一旦隐私遭到侵犯，我们如何确保云服务提供商（CSP）会通知我们？
- 谁负责管理侵犯通知流程（和该流程所涉及的相关成本）？
- 如果合同条款规定了由云服务提供商（CSP）过失造成的隐私侵犯的法律责任：
  - 该合同如何执行？
  - 如何确定谁是过错方？

虚拟机自省

IBM 公司研究中心采用一种类似的、被称为“虚拟机自省”的方法。它确保在相同物理计算机上运行的，受保护的虚拟机内的安全，客户寄存在云端的虚拟机也在该物理计算机上运行。安全的虚拟机采用多个保护方法，包括对核心客户功能按照黑、白名单分类。

它可以确定客户虚拟机的操作系统和版本，可以在免去对运行状态或完整性进行起始假设的情况下，开始虚拟机监控。

该研究中心苏黎世实验室研究员马提亚·顺特（Matthias Schunter）说道：“与有 50 个客户虚拟机的计算机需要运行 50 台病毒扫描器的情况所不同，虚拟机自省只需一台病毒扫描器，便能提高了其工作效率，”他继续说，“虚拟机自省的另一个优势是不会干扰病毒扫描器的工作，因为它无法检测到扫描器的存在。”在其他的应用中，物理计算机内安装了虚拟入侵监测系统，用来监测客户虚拟机中的流量变化。“隐藏在物理计算机中的虚拟网络是传统的检测器检测不到的，这是因为检测器常常存在于另一台计算机中。”顺特最后解释道。

服务水平协议

云计算协议，统称为服务水平协议（Service-Level Agreement，SLA），主要协调以下关键问题：

- 明确规定基础服务价格，日后若有调整须及时通知；
- 明确定义性能指标和服务中断的补救措施，向顾客介绍日后指标的变化；
- 对安全、隐私和审计问题作出承诺，以消除包括数据和信息（包括知识产权）存储在哪儿的监管担忧；
- 明确划定依据合同将获得服务的附属实体，以及在过渡时期，向被剥夺权利的实体继续提供服务的服务供应；

- 了解日后对解决方案的改变所经历的过程，以及连通云解决方案和客户所使用的其他系统、流程所产生的影响；
- 足够的合同终止和更换提供商条款，包括终止协助和所有数据的恢复；
- 对业务连续性、灾难恢复和不可抗力事件进行规定；
- 对客户数据的使用和所有权作出限制性规定，对云端的常驻客户的知识产权进行限制；
- 在需要时访问和恢复客户数据，了解客户的诉讼保留权和要求电子取证权利；
- 就违反合同和与解决方案有关的第三方索赔的风险进行合理分配；
- 知晓分包商可以为服务提供商利用，和服务提供商利用分包商的情况；
- 对纠纷和破产的影响与解决作出规定（例如，SaaS 产品的软件托管契约）。

知识产权的权利

在 IaaS 的环境中，与借助 IaaS 平台运行的所有应用程序有关的知识产权归客户所有。当然，合同必须包括合理的保密条款，以保护任何客户寄存在 IaaS 平台上的贸易秘密。在云计算环境中获得第三方许可的义务也应当是合理的，提供者自己负责获得第三方许可，以实施解决方案，客户将任何应用程序或数据寄存在公共云平台上，必须征得第三方的许可，这也由客户自己负责。根据所争论的知识产权的不同，SaaS 或 PaaS 解决方案上的知识产权和许可结构则更复杂。提供者将保有自己解决方案的所有权，但对于客户开发的、与使用服务和在 SaaS 平台上开发的应用程序的所有权有关的任何界面或附件来说，任何知识产权的所有权客户都需要考虑。

CREATING BUSINESS AGILITY

How Convergence of Cloud, Social, Mobile,
Video, and Big Data Enables
Competitive Advantage

第 4 章

技术融合打破有形边界

如果你已经看到了第 4 章，那么你一定已经知道了云端、社交、移动、视频和大数据等创新技术和预测性分析学是如何影响你的企业，以及在多个方面为商业敏捷性提供动力的。这些技术让我们能够在本人不在现场的情况下远程履行大多数业务功能。这些技术不仅帮助我们突破了有形基础设施的限制，还大大有利于降低经营成本，帮助我们以最低的成本在全球范围内开展业务。

技术的有效使用

最近，技术和商业模式创新已经不再受到有形边界的限制了。在它们的帮助下，我们得以打破有形基础设施障碍，进行各种工作和学习，还可以购买、出售、交换信息，以及在全球范围内开展贸易。以前，仅仅是参加一个会议这种简单的任务就需要人们在一个城市或多个城市甚至国家之间舟车劳顿，赶往某个办事处，有时甚至需要跨越大洲。现在，有了思科公司的 WebEx、微软公司的 NetMeeting、Join.me 和甲骨文公司的 Beehive 等高科技产品，只要不是非面谈不可的会议，我们都不用每天往返于公司和家之间，也不用为了参加会议而跨国或跨洲地出差了。在全球化的环境中，工作场所几乎不受地界限制，员工可以分布在世界各个地区。

比如在写这本书的过程中，我们就利用了 Join.me 这一高科技产品，分工协作完成了本书的内容。不论我们的地理位置在哪里，我们都经常在实际合作中使用 Join.me，分享和讨论正在创作中的书稿，打破有形的边界限制，提高工作效率。我们保证，尽管我们不能呆在同一个房间里工作，但你所阅读的这本书的书稿是经过了我们的共同审阅的。由于工作需要，我们会去不同时区的国家出差，尽管如此，我们的写作工作并没有受到影响，是技术为我们实现按出版商的预定时间完成书稿的目标提供了效率保障。这个项目的利益相关者，例如创作、编辑和印刷团队都分布在不同的地点，我很肯定，我们只有最低限度地面对面接触,或者说没有当面会谈过。在我们所有效利用的技术的帮助下，这一切都已变成现实。

降低成本，创造优势

随着不动产价格的不断上涨，虚拟化办公场所吸引了许多商务人士的注意。公司的选址可以位于某个特定的位置，但员工仍在不同的地方进行日常办公，例如旅馆、咖啡厅或家里。新的技术产品，如网络 2.0、维基百科、聊天软件、论坛、标签和 RSS（Rich Site Summary/Really Simple Syndication，丰富站点摘要 / 真正简单的整合）帮助工作团队保持有效沟通，开展内容协作。这些技术不仅仅突破了有形基础设施的障碍，还使企业具备商业敏捷性，从而以低成本开展业务，以最低的经营成本在全球范围内扩大现有的企业版图。《世界是平的：一部 21 世纪简史》（*The World Is Flat: A Brief History of the Twenty-First Century*）一书的作者托马斯 · 弗里德曼（Thomas L. Friedman）将我们生活和工作的 21 世纪描述为运动场地已被夷平的时代。全球化在信息和通信技术（ICT）和交通技术创新的作用下，已经为我们扫清了所有的障碍。在这些技术的帮助下，企业将制造和装配外包到劳动供给价格便宜的偏远地区，一开始是印度和中国，从而降低了客户中心、医疗文书、财务、法律、出版媒体和电影领域装配、制造或服务的成本。随后，各个工作领域和各个地点的业务流程外包，或者更确切地说，知识流程外包也因此都得到了发展，从而为平稳地经营企业而提供商业敏捷性和效率保障。

云计算基础设施和迅速崛起的云操作环境（CloudOE）及其主要生态系统打破了有形边界，将我们接入部署在广泛使用的移动设备上的弹性计算和系统应用资源。云计算不仅提供了记录系统（SOR），例如客户关系管理（CRM）、企业资源规划（ERP）和供应链管理（SCM）的使用权限，还通过社交媒体上的社交互动建立参与系统（SOE），通过地图读取地理位置，提供网络语音（VoIP）通话和维基百科，以实现在商业应用的背景下开展实时协作，从而使企业不受有形地理位置的局限而做出正确决策。

境外客户互动中心

我们已经习惯了接到来自离岸地点的推销员推销其产品和服务的直销电话。但当我们打电话给本地的零售商，咨询价格或获得所需服务时，我们会惊讶地发现，这通电话被转接到了境外某地，回复我们的是来自某个金砖国家（巴西、俄罗斯、印度和中国）的客户中心办事员；企业这么做的目的是为了降低直面客户活动的成本，打破一切地理界限。在这些创造商业敏捷性的技术的帮助下，我们将客户关系管理职能转移到了境外办公地点，这已成为被人们接受的常态。今天，企业可以轻松地在云端软件即服务（SaaS）上，以现买现付的模式使用带有网络语音（VoIP）通话功能的新 CRM 应用程序套组，例如 Salesforce.com、甲骨文 Sales Cloud 及其他套组。这些应用程序和技术解决方案使客户中心办事员了解打进电话的客户的详细信息，不论客户处在什么地理位置、处在哪个时区，都能有效解答客户疑问。实际上，时区差异有利于企业客户服务的连续性，可以确保一年中的任何时候，一天二十四小时都有人满足客户的要求。

一些关键的后勤部门打破有形边界，例如薪资、人力资源、财务部门也将业务分配到不同的地点，有时，这些业务被作为外包服务，通过上述技术分配给第三方公司承担。在当前商业背景下，如果不考虑和执行这些技术，不采用这些商业模式，想要在竞争激烈的商业局势下保持竞争力是不可思议的。这些业务流程和模式能够跨行业使用，将它们迅速部署，能够为企业带来敏捷性和可持续性。我们在进行旅店预订、购买机票和医疗服务提供商核对见面日程表、获得自动修复和维护服务或续签保险单时，已经见证了商业局势的这一迅速变化，如果没有这些新兴技术，上述活动根本不可实现。我们注意到很有趣的一点是，这些主要技术的重大创新都要归功于软件设计与布局，这些软件的外包商正积极地采用变化中的范式。主要的软件外包商在海外建立开发和后勤支持基础设施，以降低经营成本，将最优资源分配到技术创新上。他们不仅仅跨行业部署其应用程序，而且也在自己使用，并以此创造优势。为了满足客户对其电子商务交易的需求，亚马逊建立了大型的数据中心，现在，该基础设施以亚马逊弹性计算云端（Amazon EC2）的形式被用来进行计算和存储，相关内容请看第 3 章。

下面我们来看看一些早已采用这些新兴技术，正在协作生态系统中引领创新和创造商业敏捷性的龙头行业部门吧。

亚马逊和易趣商业模式：打破有形基础设施障碍

零售行业中的亚马逊和易趣引领电子商务现象，通过打破有形基础设施障碍的方式，改变了传统的实体企业的商业模式。在线购物是电子商务最常见的形式。它使得顾客通过网络购物，反过来，又使企业主能够在任何时候在线销售。在社会协作的推动下，人们能够在全球通过任何设备，一天二十四小时访问部署在云环境中的电子商务门户。该门户的使用权限不仅打破了有形障碍，还扩大了决策流程范围，使决策过程更高效，具备高度可预测性。

亚马逊的商业模式

Amazon.com 是为了进行电子交易而设计的网站，消费者对于该网站舒适的购买流程感到满意。亚马逊一开始是靠卖书起家的，随后靠卖其他产品打开了市场缝隙。企业和个人在亚马逊网站上将他们希望出售的产品以列表的形式列出。直到商品卖出前，或直到卖家决定将产品从列表中手动删除，商品条目都可以一直保留在网站上。亚马逊的商业模式和策略是，挣取其网站上卖出的每一个商品价格中的一小部分比例（类似于佣金）。

这种策略的简易性使亚马逊能够利用一种创新的商业模式，提升其业务水平。

易趣的商业模式

与亚马逊的商业模式相类似，易趣利用依托网络的技术和平台，在网络上构建了在线面对面交易社群。卖家和买家聚集在一起，卖家可在网上列出待售商品，买家对感兴趣的商品进行竞价，所有的易趣用户都能完全自主地浏览所列出的商品条目。商品按照主题分类，每一种商品都有相对应的拍卖类型。在其网络界面的帮助下，易趣既有传统面对面交易的简化版本，又有全球化版本。这种交易过去采用宅前旧货出售、收藏品展示、跳蚤市场等形式进行。网络界面使得卖家只需花几分钟登录就能将待售条目加入列表，同时方便买家对商品进行观察。

浏览商品和参与拍卖竞价并不需要支付费用，买家需支付的费用如下所示。

- 当一件商品显示在易趣网上时，需要支付不可退的登录费，费用多少视买家就某一商品给出的开叫价格而定，通常为 0.30 美元至 3.30 美元不等。
- 为了推销产品而选择附加列表选项时需要支付费用，例如对某条目进行加粗或突出显示。
- 卖方拍卖结束后需要支付终价（即最终销售价格）费。价格通常为最终售价的 1.25% 到 5%。

在拍卖结束后，如果某位买家的出价超过了卖方的最低售价，那么易趣将以电子邮件的形式通知买卖双方，随后，买卖双方自行完成交易。

易趣成功地利用这些技术，为自身创造优势，在电子商务领域占据领先位置。

亚马逊和易趣成功地利用这些融合在一起的技术，在电子商务的战场上树立起了一个又一个富有传奇色彩的里程碑，引领着跨行业部门的企业开拓道路，进行转型，以求生存、兴旺，并取得可持续性竞争优势。在当前的技术风暴龙卷风中，不用互联网装饰店面，不通过互联网向客户宣传、进行交易，企业就不可能取得他们渴望的成功。除此之外，为了在当今艰难的经济形势下求得生存，许多企业不论是老牌企业，还是新的初创企业，抑或是跨国企业，都在想方设法地利用这些新技术提供效率、降低成本。

虚拟支持消除了有形边界

客户服务和支持无疑是商业领域中其他广泛利用这些新兴技术、通过打破有形基础设施和地理位置边界来优化成本的部门。有了虚拟网络应用程序的帮助，企业能在任何时间、任何地点，将业务范围成功扩展至以前不可及或无利可图的地域市场。即使是小公司现在也能利用这些技术，向远程客户和合作伙伴提供服务。通信技术（网络语音和 Skype）和网络支持功能的使用能减少或免去差旅劳苦，将停工时间降至最短，从而优化了客户服务和信息技术人员的效率。

更重要的是，这些完全打破有形基础设施和地理界限的技术，在最近为客户服务和支持工作带来了巨大的变化。我们打电话给客户支持服务台时，真的不知道接听我们电话的人身在何处。这通电话根据转接人所在的时区，可能会被转接到遥远的印度、爱尔兰，有时是菲律宾。

今天的客户帮助服务台需要更好的管理方式，以应对企业如今的实际动态，例如：

- 移动和远程工作者使用大批计算设备和操作系统，其中包括智能设备；
- 用于客户帮助服务台业务的预算越来越少，然而企业对帮助服务台的效率和服务质量要求却越来越高；

• 形式多样，但更严格的安全、合规性命令要求企业按地区或国家管理数据。

有了解决方案，企业找到了更好的检修、修理、管理和维护其系统的方法。银行则利用多种网络工具为客户提供支持，例如聊天工具、远程控制工具、网络语音和视频软件。这些解决方案帮助经理们通过网络虚拟追踪客户服务。这项功能的使用免去了由拜访客户所在地而产生的高昂支出以及长途通话费用。在如今艰难的经济环境下，必须将卓越的客户服务作为企业屹立不倒的支柱。提供高技术个性化的客户服务从来就不简单，更别说显著降低经营成本，提高客户满意度了。新一代支持解决方案使企业与客户沟通更加人性化，提高了企业关注度水平，从而改善客户保留和忠诚度。

甲骨文所提供的高级支持确保了关键任务 IT 环境

甲骨文高级监控和解决服务为整个信息技术堆栈（从服务器到应用程序）提供监控和解决服务，这有助于将关键任务环境的工作时间最大化。甲骨文高级客户支持服务系统的专家们提供全天 24 小时监控和关键任务支持服务，帮助企业在通过监控和解决服务控制成本和风险的同时，持续优化其系统和交付更高的服务水平。

如今，复杂的 IT 基础设施要求企业具备网络、服务器、应用程序和存储器的专业知识。然而，面对紧缩的 IT 预算，企业很难继续雇用 IT 专家管理多种 IT 产品的复杂环境。

甲骨文高级监控和解决服务采用知识产权、工具和最佳做法来持续优化 IT 环境。优化服务由两个主要的关键任务系统服务组成：

1. 高级监控。预测性监控对系统进行全天候 24 小时主动式监控。这些服务利用甲骨文专有技术，覆盖复杂的 Oracle、Sun，支持从网络层到应用层的第三方系统。监控服务主动通知潜在性问题，帮助企业确保工作时间和提供高水平服务，使工作人员能够集中于核心商业业务。

2. 高级解决方案。解决服务包括主动式监控，利用以信息技术基础设施程序库（ITIL）为基础的流程和专业技术知识，进行系统管理和事件解决。由专门的技术专家团队提供主动式和预防性维护服务。

主动式监控和解决服务是通过由当地专家组成的全球网络，和位于美洲、欧洲和亚洲的完全顺应灾备的控制中心提供的。针对企业的解决方案是唯一具有不同选择的方案，包括打破一切有形和地理界限的完全远程解决方案和完全的现场解决方案，或者是在合适的时候将二者结合。

教育：跨越有形边界

教育是能够利用这些新兴技术，例如云端和协作技术，打破有形的边界，延伸到遥远地区的另一个领域。从许多方面来看，教育是不受时间限制的。它的目的是拓宽学习者对于事物如何运作的理解，提供能力与技能，使学习者成长为成功的个体。然而，仅仅和十年前相比，今天的教育已经发生了巨大的变化。在这些改变的背后，技术是主要的推动力，但其他相互融合的资源也在重塑着我们的思考、传递知识和学习方式，这些资源包括：

- 对于教育成果和制度问责不断增加的关注度；
- 以学习者为中心的学习工程——承认不同的人有不同的学习风格和获得教育的路径；
- 对于终身持续型学习的需要，和教育触及非传统学生和残疾人士变得越来越重要；
- 全球化趋势和我们的学生毕业后将面临竞争更激烈、更快节奏和更受信息驱动的社会的客观事实；
- 迫于经济压力减少教育支出，高等教育和私立学校需要增加收入。

正是这些力量重构了教育，使今天的教育混合了传统元素和由学生自定进程的实时在线学习模式。知识传授则在虚拟的直播教室进行。教学工作可以以“边做边学”项目为基础，使学生为在连通的、随时连线的世界开始个人和职业生活做准备。从正式的、有组织顺序的课程、职业发展，到随时开始、非正式的问题解决会议和非例行会议，不论以何种形式，教育都可以成为连续体。

许多部署在云平台上的技术解决方案，例如 Blackboard、Edmodo、Huddle、Moodle 采用协作教育的模式，只要有网络端口，哪怕是再遥远的地方的用户都能轻松接入并使用。OpenStudy（http://ope nstudy.com）是唯一的打破有形和地理基础设施界限、有着正确方向的学习平台和有效举措，在该网站上学习相同内容的学生之间开展协作，提出问题，相互帮助和相互联系，不论他们身处何地，处于哪个时区和社会机构都可以进行。这是为了让世界变成一个无需区分学校、地点或背景的大的学习团体。

现在美国的主流大学已经加入到了这项打破一切有形的界限，提供免费在线公开课程的倡议当中，让全世界的学生 / 学习者只需网络端口就能学习。

MOOC：打破教育的有形界限

尽管很多年前网上就出现了免费在线课程，但如今这些课程的数量和质量都发生了变化。这些免费的网络课程让学生获得了过去只能在梦中才能得到的高水平教育。教育也因此改变了面貌。2012 年 3 月 4 日，他马尔·列文（Tamar Lewin）在《纽约时报》上发表的一篇题为《大众教学推倒大学围墙》（*Instruction for MassesKnocked Down Campus Walls*）的文章中写道：“在过去的几个月里，世界上成百上千位积极性高涨却又无法接触精英大学的学生将公开网课视为在不支付学费、不取得大学学位的情况下，培养复杂技能和获得高薪工作的途径。”

尽管大规模开放式网络课程（Massive Open Online Courses，MOOCs）是最新的趋势，但不是所有人都认为学校应该开设。2012 年 3 月 6 日，约书亚·金（JoshuaKim）发表在《高等学校内部参考》（*Inside Higher Ed*）上的文章《为什么所有的大学都不需要 MOOC》（*Why Every University Does Not Needa MOOC*）认为提供免费课程对于个别大学毫无意义。

由于 MOOC 是自愿参加的课程，不参加或进度滞后也不会受到惩罚，因此课程的完成情况会出现问题。尽管学生可能获得了非凡的教育体验，但他们并不会因此获得相应的毕业证书。

对于那些渴望获得免费教育动机充分的人们来说，以下十个网站能提供最完整的 MOOC 信息。

1. Udemy 免费课程。Udemy 是一个供人们教授或参加在线课程的网站。Udemy 网站的口号是“我们的目标是人人都能向世界级专家学习，颠覆教育，使其平民化。”《纽约时报》报道，Udemy“最近宣布了一项新的学院项目，即来自达特茅斯大学、弗吉尼亚大学以及西北大学等的获奖教授们将提供免费在线课程。Udemy 的共同创始人戛根·比亚尼（Gagen Biyani）宣布包括该项目之外的几个付费课程在内，已有超过十万人注册其课程”[https://www.udemy.com/]。

2. ITunes U 免费课程。苹果公司的免费应用“让学生在一台设备上读取所有的课程资料。通过该应用播放视频或音频讲座，阅读电子书和查看演示文稿”[www.apple.com/education/ipad/itunes-u/]。

3. 斯坦福大学免费课程。从量子力学到互联网的未来，斯坦福大学提供多种多样的免费课程。斯坦福的《人工智能导论》（*Introduction to Artificial Intelligence*）课程取得了巨大成功。根据 Pontydysgu（www.pontydysgu.org）网站的统计，“来自 190 个国家的 160 000 名学生注册了斯坦福大学的《人工智能导论》课程，报告完成课程的有 23 000 人”[http://see.stanford.edu/]。

4. 加州大学伯克利分校免费课程。从有形学概论到人类情绪，伯克利提供多种课程。详见伯里克分校网络广播和 RSS 摘要 [http://webcast.berkeley.edu/]。

5. 麻省理工学院（MIT）免费课程。详见 MIT RSS MOOC 摘要 [http://ocw.mit.edu/help/rss/]。

6. 杜克大学免费课程。杜克大学在 ITunes U 上提供多个课程 [http://itunes.duke.edu/]。

7. 哈佛大学免费课程。从计算机科学到莎士比亚，学生能够获得免费的哈佛教育。“通过参加课程获得职业发展，充实自我，修得学位学分。哈佛大学在秋季、春季学期或课程密集的一月份开办课程。无需申请” [www.harvardedu/faqs/free-courses] 。

8. 加州大学洛杉矶分校（UCLA）免费课程。欢迎参加每年教授超过 220 堂课的写作及其他课程 [https ://www.uc laextension.edu/page s/search.aspx?c=free + courses] 。

9. 耶鲁大学免费课程。通过 Open Yale，该校提供由本校的杰出教授和学者教授的免费公开导论课程。该项目的目的在于使所有渴望学习的人们都能使用教学材料 [http://oyc.yale.edu/]。

10. 卡耐基梅隆大学免费课程。卡耐基梅隆大学标榜“没有老师，没有学分，不收费” [http://oli.cmu.edu/]。

可汗学院：深刻影响教育

随着新技术的出现，教育的面貌正在迅速地发生改变，教育冲破了一切有形的界限，造福全世界。全世界任何有网络端口的人都能免费向最智慧和聪明的人学习知识。

2004 年，家住美国马萨诸塞州波斯顿的对冲基金分析师可汗（Sal Khan）为需要深入学习数学的表亲提供辅导。一开始，可汗把他利用虚拟黑板教授单位换算、讲解解题思路的过程拍成短且集中的教学视频，随后，这些视频渐渐增加到超过 5 000 个，组成了一个教学视频库，库中还提供 100 道由学生自定进程的练习题和测评量级，用以分析学生的学习进度，所有视频和练习均免费提供。他在 YouTube 上通过网络分享视频，通过一种与课堂和教科书完全不同的方式，解释不同的数学和科学话题，帮助学生更好地理解，从而形成了自己的可汗学院（Khan Academy）。

从制作这些教学视频之初，可汗就自称为可汗学院的老师。可汗学院之所以非常受欢迎，是因为学生和家长发现可汗的教学资源非常有用，是在他们自己对数学和科学的基础性理解上的一种补充。

医疗保健服务行业将服务外包

不仅仅是在教育方面，这些技术同样也为保健服务分区提供帮助，该行业的许多企业都开始向外包型保健管理解决方案寻求替代性战略，以管理其办公职能和部分管理、财务和 IT 部门。为了保证经营和临床品质，支持赔偿和利益关系者管理，保健提供商需要寻找新的商业模式。病例和政策管理、会员注册、开发票和收账、提供商关系等服务可以从外地远程提供，打破有形边界和时区的障碍，降低成本，创造敏捷性和效率。新流程模式的出现能够帮助企业在提高经营效率，优化现有资源的同时，控制成本和集中精力发展企业。

保健服务提供商有策略地将业务流程外包给境外专业化服务提供商，这一做法能够降低经营成本，将日常管理开支降至最低，并使利润最大化。有许多的前台服务，例如病人登记、行程和预约管理、资质审核、转诊病人管理、预约确定、增补预约提醒和行程安排，都是由经过专业培训的境外地区员工高效完成的；业务流程外包（Business Process Outsourcing, BPO）服务提供商正在打破有形界限。事实证明，后勤服务例如医药费结算、应收账款管理、不信任管理、病人声明、趋势分析和报告是能够优化经营效率的商业模式。

组装：苹果公司在中国的外包

制造业很久以前就被分包到了海外，打破地理位置上的障碍，这使得美国国内一片哗然，许多人认为美国人的工作被印度和中国抢走了。上文中引述的《纽约时报》中的文章指出，当奥巴马总统问史蒂夫·乔布斯就业的问题时，乔布斯坦言："这些工作岗位回不来了。"富士康公司和苹果公司订立契约，在中国南方的城市深圳代为其组装 iPhone，该厂雇用了 23 万名工人。富士康公司院内建有银行、超市、书店、消防队、公安局、医院及许多其他设施。有时人们称之为"iPod 城"。如果在美国建立同等规模的 iPhone 工厂，苹果公司每年仅工人工资就需要多支出 250 亿美元，即使是用苹果 2010 年的全年利润 140 亿美元也不够承担。

面对新出现的技术所带来的革命，企业需要集中力量进行研究和创新，以出现更多像苹果、Facebook、谷歌和特斯拉这样的公司。

制造业外包：利惠商业有限公司

我们都知道，目前利惠商业有限公司（Levi Strauss & Co.）所销售的产品分为 Levi 's、Dockers、Denizen 和 Signature 四个品牌。其产品远销 110 多个国家的 55 000 多个零售区位，其中包括 1 900 家专卖店。利惠商业有限公司由来自巴伐利亚的移民施特劳斯（Levi Strauss）于 1853 年在美国旧金山市创立。

为了生存和继续发展业务，利惠公司改变了其商业模式，将制造业外包。公司关闭了许多设在美国的制衣厂，打破有形边界，将制衣业务外包到海外，这样，他们便能集中精力进行创新，以满足客户的要求，打造敏锐的反应力。

旅游与酒店分区：打破有形界限

随着技术融合（云端、社交、移动、视频和大数据）继续多元化，旅游和酒店业也受到了影响，为客户提供参与度更高的服务：无论客户在任何地方，只需在任意设备上点击某个按钮，就能通过预订机票获得酒店、包价旅游和租车的打包服务。此外，今天的客户还要求获得个性化的体验：提供实时信息，通过语音、在线、邮件、短信和聊天媒介进行协助。

Expedia、Travelocity、Orbitz、Kayak、CheapoAir、Bestfares、MakeMyTrip.com、Cleartrip、Carlson Wagonlit Travel 是许多提供一流服务的旅游和酒店门户网站中的一部分，这些互动性门户网站打破了有形界限，为所有需要预定旅游和酒店的人提供丰富的网络体验。我们不再需要跑到实体咨询点来完成这些准备工作了，我们可以利用智能设备在任何地方和任何时候进行。

MakeMyTrip.com 就是一个例证，十多年来，该公司冲破了地理边界的限制，依靠主要技术快速发展的旅游和酒店业。公司成立于 2000 年，旨在为印度旅行者提供在同一网络环境中即时预定综合性旅游和酒店的打包服务。MakeMyTrip.com 旨在通过安排支持人员提供 24 小时服务，为依赖领先技术实现的互动性客户参与提供保障，并以此为基础提供一系列的最优价值产品和服务。有了基于云端布局的更高的客户参与度，该公司的业务范围已扩展至海外，打破了一切地理界限；今天 MakeMyTrip.com 在包括美国、澳大利亚、欧洲、中东以及非洲在内的全球亚裔移民社群中尤其受欢迎。

利用全球资源进行软件开发

毫不夸张地讲，任何时候，我们都不需要在某个办公点专门成立一间软件开发团队工作室。事实上，主要的软件开发工作全部利用分散在全球的资源完成，打破有形的地理界限，优化成本。将 IT 开发资源的作用最大化，是许多大公司普遍需要解决的问题，特别是那些有着信息集中型商业模式的企业，例如金融服务、电信、高科技和制造企业。优先级和工作负荷在团队与团队、部门与部门、项目与项目间持续波动。

这些技术的融合也在各方面促进了软件的全面开发。云基础设施帮助全球 IT 团队向合并的虚拟基础设施上的某个团队提供相对应的开发资源，使开发团队不必为了确保每个实验室的服务器和存储阵列都有正确的软件版本和更新，而在多个地点进行不同的设置。

移除建筑、工程和建设行业壁垒

通过利用这些新兴技术和部署云基础设施服务，建筑、工程和建设行业能够最大限度地发挥项目协作作用，更加敏捷地经营业务，降低经营成本。我们都知道，由于经费、时间不足、团队地理位置分散以及读取信息的困难，成功交付任务一直是建筑专家们面临的挑战。

建筑师和建设工程师们将能够查看由云服务提供商所提供的内容存储器托管和管理的设计图纸、计算机辅助设计（Computer Aided Design, CAD）文档和合同。最近，领先的在线存储服务提供商 Box 推出了一款名为“Box One Cloud”的应用程序，以更好地服务其建筑、工程和建设行业的客户。客户不受任何地理障碍的限制，能够在任何地方、任何时间，通过任何设备远程访问该服务，从而创造商业敏捷性和效率。工地工程师和建筑师利用现场智能设备，读取存储在云端的所有可存取内容，以帮助他们进行实地视察以及工料测量、校验和校正等其他工作。

在这些技术（云端、社交和移动）的帮助下，建筑师能够在任何地方远程绘制建筑绘图，参考由结构工程师同样远距离绘制的结构图；图纸的执行由工地工程师负责，他和建筑师、结构工程师开展实时积极协作，进行施工作业。

许多大型的工程项目都是利用由鹰图（Intergraph）、欧特克（Autodesk）和本特利（Bentley）所提供的云布局模型精密软件完成的，这些软件的采用为该行业分区创造了商业敏捷性。

我们将在第 5 章中继续研究这些技术力量，深入挖掘利用强大的协同工具，提供更高效的任务管理能力的协作管理的力量。我们努力指导企业如何使用先进工具帮助自己采用新的协作管理模型实现转型，促进企业中不同的利益相关者行使各自职能。所有这一切的唯一目的就是创造商业敏捷性和更高的效率。

技术融合：走进“5 级龙卷风”，感受完美风暴的力量

云、社交、移动、视频和大数据技术融合的共同作用决定了互联网 + 时代商业的前景、任务和战略，对内，这种共同作用能够用来协调职能资源，对外则被用来开发具备相容核心竞争力的贸易合作伙伴的潜能。通过这种方式，我们就能利用互联网商业价值链发展营销主导的生态系统，在该生态系统中，总体的力量大于部分之和。

相应地，首席信息官办事处（www.oocio.com）的创始人和《首席信息官的知识体》（*The Chief Information Officer's Body of Knowledge*）一书的作者迪恩·莱恩（Dean Lane）创办了《CIO 方略》（*CIO Insights*）杂志。他将目光聚焦于 CIO 如何利用成功的 CIO 所必备的素质——对于技术融合的理解——来为互联网商业输送 IT 商业价值的。

通过云端实现转型、协同和创新

（本节由首席信息官办事处迪恩·莱恩所著）

技术已经成为许多人生活中极其重要的一部分，它成功地影响着人们的职业和个人生活目标的达成。这些技术不仅让人们渐渐地拥有更多选择和在日常生活更加灵活使用，也开始渗透到职业生活，这使得职业生活与个人生活的分界线变得模糊。人们希望能够自主选择所使用或操作的技术，也越来越希望将同一个技术应用到生活的各个方面，而不仅仅是工作和在家中。

实际上，国际数据公司（International Data Corporation，IDC）利用优利系统（Unisys）所进行的一项分析显示，95% 的信息技术人员工作时会使用至少一个自购系统。分析还发现 IT 人员“承认在一天中会使用四种客户端设备和几个第三方计划，例如在线站点。”Unisys-IDC 的研究还显示，IT 人员在工作时实际使用的设备，与他们的工作单位的预期有着令人不安的出入。举个例子，69% 的

IT 人员声称访问了与工作无关的在线（云端）站点，可只有 44% 的用人单位预估到了这一情况。

对于 IT 人员来说，他们需要的是了解信息技术的用途，并在目标和企业要求之间创造平衡。毫无疑问，云技术也对企业造成了风险，比如安全和合规性风险。然而，经过正确的设计和技术改造后，云端也能够为组织机构带来许多的效益。利用云技术，客户和员工可以更便利地联系到彼此，更便捷地交换信息，这些同时发挥作用的功能使云技术受到人们的青睐。值得注意的是，对组织机构来说，他们能够获得、分析、审查和使用并从中受益的数据量的背后蕴藏着巨大的经济效益。各个组织机构需要使自己的 IT 部门和其他职能部门开展合作，才能够从中受益。在某些情况下，为了彻底实现平衡，也就是说减少风险和增加效益，意味着在工作单位使用某种消费者技术，有时又意味着提供保持客户和专业人员情绪高昂的备选企业。

信息技术革命

技术架构的面貌正在被企业的员工改变着，他们通过使用自己的技术架构替代品购物和学习，借助各种各样的知名消费者技术改进和程序替代品在单位完成工作任务。这些改进和替代方案正在调整和减少着从前的工作环境限制。精通技术的员工和客户将相同的成功、易使用替代品和计划应用到工作、家庭和两者之间的任何地方。利用自由市场上可买到的智能手机、iPad、网站和即时通信工具，人们对于大千世界无所不知，通过云端成功地在工作和家庭生活中保持连接状态。加速这一局势发展的是不断变化的永久在线氛围，和任何时间 / 任何地点的可接入性的使用需要，这一需要一开始改变的是支持和服务要求。

这种以云端为基础、由消费者驱动的 IT 架构已经颠覆了传统的 IT 类型的集体领导。这是一种在未来几年内将刺激企业增长，引入全新的商业生产力设计的新的成功经营方式。然而，不幸的是，大部分企业还没有准备好从这场以云端为基础的生产力增长中获利。

IDC公司最新的一些Unisys研究表明，新型“iWorkers”的行动、目标与他们的雇主应对、保护和支持这场革命，并参与其中的能力之间存在差距，这种差距令人忧虑。由于灵活性和互联性的要求，工作合同上会要求员工使用高科技设备，因此员工转变为“iWorkers”并不是难以实现的变化。尽管“iWorkers”对于设备功能非常熟悉，也善于发现技术创新背后所隐藏的价值，但他们却对安全风险、管理问题以及将大量客户端小装置和计划投入到工作环境中所带来的额外的管理需要所知甚少。当企业采用这种新范式时，就意味着利用新的连接方式提高生产率。此外，也会为企业参与竞争提供制胜的竞争优势。那些执行这种范式、促进这些变化产生的IT组织机构将赢得“提供灵活、敏捷的工作环境的当代组织机构”的名声，就和那些不愿顺应这些变化的老牌企业一样可靠。

然而，大部分组织机构仍然停留在使用旧有的不停顿、指挥控制IT类型的阶段。这种类型非常利于应对风险和管理支出，但与尖端IT类型相比，有时会阻碍组织机构产生即刻效益。与为提高生产力而设计的信息技术相比，这种类型还缺少进行改进的长远考虑。

为了驾驭这种新生产力架构的全部力量，公司需要将其信息技术活动升级，以便：

- 管理和支持人们所熟知的客户技术；
- 保护重要的信息和可选方案免遭网络黑客、恶意软件袭击等其他普遍存在的客户威胁；
- 根据客户需要为其提供与供货商交易时使用的应用程序操作；
- 据估计，再将必要的修改加入IT架构之后，上述成品应用程序能使生产力翻四番，需要对该增额进行管理；
- 吸引新进企业的员工带来技术创新并保持下去。

采取主动的姿态，实施这种由消费者驱动的信息技术带来的新式云端架构的公司会发现，用户的接受为他们带来了不可思议的益处，同时，员工更加投入和成功，交互式前进得到加强，甚至还能实现成本规避。

信息技术消费化的根源

任何将消费化现象的产生仅仅归于技术本身的看法都忽视了重要的一点。真正的改变，以及为什么这种改变渐渐脱离信息技术选择的原因在于企业自身。20 世纪 50 年代是带有军人风格的“公司人”企业的时代，这是由于数量庞大的有着军事训练经验的第二次世界大战士兵涌入企业员工的队伍中。20 世纪六七十年代的公司不仅仅从个体员工中获得经济效益，也受益于各种各样的协会。这一趋势促使企业的结构变得更加简单，中层专家更少，而员工力量更大。

管理专家爱德华兹·戴明（W. Edwards Deming）的管理方法使该类型的企业变得惊人地系统化。他的“六西格玛”技术，以及工人的共同所有权和丰田（Toyota）的“任何人都可以离开安装线”的观点是企业经营的新方式。20 世纪 90 年代和 21 世纪初期，集中管理层不断被掏空，这是因为兼职工作、承保工作和计划中的战略工作的可选方案（在个性化赋权文化几乎不存在的组织机构内）的出现。

这种渐进式的过程最终让组织机构只保留小部分知识型工作者，因为他们能够自我思考，使用自己的感受和知识创造受益，提供客户支持、商品类型或履行其他职能。

住在愚人天堂的 IT 人员

大部分信息技术和企业领导都在愚人天堂里管理云端范式，这使领导们感到不快。尽管 40% 的信息技术选择创造者允许员工通过云端在自有设备上获取企业信息，但最新的 IDC 研究显示，通过这种方式获取企业信息的员工所占比例为 70%，这意味着许多组织机构并不能真正控制环境中所发展的、他们正在管理的东西。IDC 的分析还表明，个人运行设备正在或将要继续增加。

IDC 的其他研究显示，IT 部门有时会和在组织机构内已经发生的消费化技术创新脱节。让我们来看看一个 IT 部门与用户之间关于谁为移动电话服务付费的方针的看法分歧案例。IT 部门认为，企业决定其通过向客户分发黑莓设备而赋予的商业接入权限的范围，同时为此支付费用。其他移动手机技术的用户将会自己承担开支，或把由此带来的花销返还给企业。换言之，IT 组织机构将黑莓视为自身预消费化状态的体现，而其用户则将其他个人提供的技术视作提高生产力的路径。

互联网 + 世界的信息技术

信息技术的消费化是由云端主导的，它要求许多 IT 企业思考，就像一开始软性原则要求的那样。此外，还需要信息技术和企业员工及其事业部门共享管理所有权和技术创新选择。因此，正如消费化模式是由不确定的职工利害关系所推动的那样，想要研究消费化的最好方法是在职工技巧的基础上对此采取相应的管理措施。

就技术创新层面来说，探究它的最好方法是采用引导的方法，而不是企业限制，指导员工达成正确的目标，同时适当激发独立性和想象力。在终点阶段，仅仅耕种信息技术这颗独苗，会让企业走向死胡同。与此相反的是，信息技术应该把技术创新想象成有着好几层的“洋葱云”。最外面的雇主导向层应该是多面的，随时随地准备适应不同的个体；核心信息技术流程应该是连贯的，并尽可能受到保护的。举个例子，在允许任何与你的程序大纲相符的云应用程序进入的同时，应增加验证层和安全措施，以保护系统内真正易受影响的在线功能。即使是你允许工作人员将工作团队转移到云端，并从 iPad 上接入，这也并不意味着相同的人员能够访问你的 HR 信息资源。

坏消息是，不是所有的技术创新都能够被用来处理这种分层洋葱法。详细的优先权管理意见很少被纳入普通商业信息条目或技术，甚至在云应用程序和小配件中更少见。还需要记住的一点是，云端并不是一个新事物。第三方服务提供商提供的薪酬支付服务最早开启了这一先河。在互联网的作用下，数据无止境地增加，云端也不仅仅局限于数据处理的功能，而是上升到了新的高度。

企业不仅仅是云发展的见证者，更是这一新力量的巨大受益者。回想一下当时人们的普遍看法，以及云端如何受到严格的控制。自备计算资源的终端用户曾一度被认为具有威胁性，可结果是，情况也并不是这么糟糕。随后，人们开始想方设法（更确切地说是不得不）以安全的方式利用云端的新功能。现在，请用相同的思维来看待最新的技术变革潮流。

云端带来的安全挑战

总的来说，IT 组织机构在企业信赖的网络，或成功有效地采取了恰当安全措施的虚拟专有网络（VPN）上运行个人电脑和笔记本电脑。现在，在自带设备（BYOD）模型下，客户利用个人电脑或移动设备，在企业信赖的环境之外作出信息技术选择。可信区域外的信息技术选择对可信环境内的信息技术选择的替代性作用仍在持续中，不久之后，信息技术分段将包含若干企业预置型和备用设备的选择。

信息技术从可信区域内向区域外的转移提高了企业总体开支，但云端的这一功能扩大了信息技术在这些公司内的使用。总的来说，大约在 1970 年，信息技术就已经开始使集中系统工人的环境变得自动化。看看旧有的收发件箱和它们是如何被外包提供商所取代的，有时连短信或即时通信都能被取代。消费化 / 自带现象迫使信息技术将功能覆盖面扩大到组织机构内的所有客户。为了创造新的生产力，许多一贯不用云端（例如科学家、顶端收入者等）的客户，现在也拥有设备和程序的使用权了。

有的人可能会把云端运动描述为一种进步，但这一描述仍然差得很远。外包商和其他人用“落伍”形容那些不愿完全采用云端技术的组织机构。尽管如此，考虑到大部分上规模的公司不愿意更换正常运行的设备或工具（例如世界上许多公司还在使用主机），目前，很难看到企业立刻更换掉其信息技术结构的一部分。这意味着，信息技术企业需要提供企业预置型和备用设备信息技术选择，与此同时，备用设备信息技术选择的灵活性、性能和功能以递增的方式逐渐增强。但无论这种云端模式和混合化对信息技术来说代表着什么，组织机构目前正面临管理和遵守安全规定的严峻挑战。为了应对不断增加的需要，同时还要保护公司数据，IT 部门必须具备端对端知识，对客户、规划、服务器和设备进行管理。这有助于 IT 部门确保企业得到恰当的保护，同时又保持灵敏度，为应对不断变化的商业条件提供解决方案。通常情况下，要做到这一点，需要获得企业预置型设备、服务器和规划。现在，相同的安全功能必须应用于可信环境之外，和不受 IT 部门直接管理的信息技术。

因此，正如 PC 管理（例如抗病毒等）市场的价值已达数十亿美元，与此相当的云端和手机管理市场最终将得到发展。一个为客户供货和个人登入企业预置型系统——例如 SAP 和 PeopleSoft——服务的广阔市场也以差不多的方式存在着，可以肯定的是，今后肯定会出现巨大的软件及服务解决方案市场，客户的单次登入便可访问许多系统。

采用传统的依靠企业预置型推动的安全模型的组织机构，例如赛门铁克（Symantec）、迈克菲（McAfee）和冠群电脑有限公司（Computer Associate）能否为了保护信息安全，适时地将安全模型转变为消费化和云端方案还不得而知。此外，诸如谷歌和 Salesforce.com 这样的新型云端组织机构能否提供上述功能，或一个或多个专营小公司能否培养出必要的能力和开发出必需的产品也同样有待观察。同时，IT 组织机构目前正在寻找企业预置型信息技术安全的可选方案，研究一组备用设备信息技术安全替代方案的个人最佳类型解决方案，同时，也在探讨他们是否能正确使用其中的一个解决方案，比如，用来保护 PC 和移动电话设备。

知识和功能的缺乏导致备选设备信息技术替代方案的安全得不到保障，这种潜在缺陷的存在，会阻碍企业获得部分经济效益，即使是在生产力被自带的设备、规划和服务改善的情况下也不例外。老牌的组织机构、新云端组织和许多风险资本支持的小企业正在应对这些问题，这些问题最终又将提高自带云端信息技术团队的效率。

商业智能在云端的使用改变了竞争局面

正是商业智能在云端的使用，促成了 CMO 和 CIO 的联盟。这将是 CIO 和业务部门领导的第一次合作。越来越容易获得的数据使得企业能够深入观察消费者行为，辨识销售机遇，在免除巨额 IT 基础设施投资的情况下，做出紧跟数据动向的决策。

CMO-CIO 联盟是 CIO 和组织机构的其他商业部门主管更好地合作的绝佳机会。实际上，具备正确的云端专门知识的 CIO 能帮助推动收入的增长和降低成本——这些成就给其他商业部门主管留下深刻的印象，为后面的合作创造了机会。

然而，随着越来越多的公司从企业预置型向云端商业智能转移，挑战也由此产生。下面就是 CIO 在评估云端商业智能时，所需要仔细考虑的几个最重要的问题。

1. 交付可信数据。为你的企业获得可行方略的关键在于，将截然不同的数据资源融合到云端智能解决方案中。不幸的是，不准确和不可靠的数据会使结果产生重大偏差。不管是客户关系管理（CRM）系统中的客户联系人信息，还是利用企业资源规划（ERP）工具生成的库存报告，CIO 都要正确测验和验证算法，设置正确的算法问题以求得正确结果。

2. 考虑混合模型。商业智能是没有饼干模具式的固定实现方法的。虽然，比起企业预置型解决方案，越来越多的企业倾向于云端商业智能解决方案，但室内硬件仍然有其重要性。例如，提取有价值的客户情报或利用大量高度敏感的数据，进行传统的金融趋势分析的公司，需要使用企业预置型商业智能系统以控制和保护数据。其中的秘诀在于在适当的位置部署新一代基础设施，以促进多渠道构建商业智能。

3. 保护你的数据安全。安全问题一直围绕云端和商业智能解决方案。好消息是公司能自主掌控安全问题。首先，组织机构必须分清哪些数据能安全稳当地寄存在云端。其次，必须确保云端商业智能提供商通过防火墙、最新安全补丁、密码保护和安全管理服务进行网络分割，从而保证企业预置型设置的数据安全水平同样能在云端实现。

4. 选择建立正确的基础设施。管理云端战略并不是轻松的工作。这也是为什么 IT 主管必须建立必要的基础设施以支持云端商业智能。这要求 CIO 和 CMO 一起设计并相互传递整合计划，从而将企业数据和从多方搜集来的大数据无缝转移至新的云端系统上去。为了确保新一代基础设施不仅支持云端商业智能，还支持商业目标，CIO 必须和 CMO 及其他业务线主管一起努力。

5. 加强变化管理。通常情况下,大部分云端商业智能工具都未被充分利用。考虑到企业云端商业智能投入的时间和金钱，这实在令人惋惜。幸运的是，通过广泛地对 CMO 和其他员工进行商业智能工具的使用培训，这一问题可以得到改善。正确的变化管理，和教导员工如何做好准备，从商业智能系统的功能获利同样需要预先规划。总的来说，充分利用诸如云端商业智能的技术能帮助企业节约开支，从而将省下的资金再投资，用于发展业务或战略项目。

对 CIO 的影响

使用云端和市场上出售的个人设备，例如智能手机、笔记本电脑和其他设备，能够使员工更高产和更高效，但这些设备也束缚住了许多 IT 部门。当每一位销售代表使用他们自己的 iPad 阅读企业邮件和进行客户关系管理时，在幕后的 IT 部门工作人员，却在为处理交织在一起的个人设备和企业详细信息而感到力不从心，更困难的是，他们还要确保所有的数据和操作都符合政策规范。

在观点分析的指导下，750 位 IT 专家进行了一项前沿研究，研究显示，许多 IT 方法的云端和消费化都没有计划，管理和安全措施建议也不明确，在这些问题面前，云端和消费化进程举步维艰。

尽管云端和消费化对企业员工有所裨益，但研究显示，对大部分 IT 部门来说，它们却有些棘手。大部分（82%）的受访者表示他们担心个人设备在工作中的应用所带来的最大问题是程序存在安全漏洞（占 62%），其次是客户企业数据可能丢失（占 50%）、员工在家中有可能剽窃知识产权（占 48%）以及是否符合相关规定（占 43%）。

正如任何发生在企业内的变化，云端和信息技术消费化将首先发生，信息技术本身也会发生巨变，以促进个人设备在工作中的使用。可以肯定的是，这一变化还将持续很长时间。

结论

总而言之，往好了说，人们会发现云端越来越受到欢迎，它会使你的生活更加有趣。即将到来的信息技术服务一览表上的终端用户栏上是什么样，目前还不得而知。但是可以肯定的是，最基本的服务将不得不支持采用成本效益策略的多个移动设备的无线连接，为了全方位确保安全，连接信息随处显示。如果你在监管行业，那么愿上帝保佑你。

如何面对这些对 CIO 所产生的影响？答案只有一个——改变，顺应变化。保持冷静和理智。你很清楚你的一举一动关系到企业的走向。操纵未来的产品正在向你走来。这些产品不仅将挑战传统的规程，其中的一些还把速度控制按钮卡在了“全面启动”的位置上。

第 5 章
协作管理的力量

前面四章下来，你应该已经意识到我们在一个既真实又高度互联网化的商业环境中工作，这个环境中不再有地理位置界限的存在。互联网和云技术解决方案让我们能在任何地点、任何时间、任何设备上工作。本章中，我们将列举并介绍一些在商业背景中被用来进行有效合作、优化成本和促进收益增长的主要工具。

不管是企业业主或经营行业的管理者，抑或是部门经理，都需要回答一个简单的问题：你是如何履行日常职责或做出与企业关键议题有关的决策的？决策是由你一个人做出的，还是在团队成员共同研究的基础上做出的？在如今动态的环境中，我们需要探究传统的管理方法是否能够为企业带来足够的价值，这些价值的实现需要具备商业敏捷性、适应性以及生命力。在生态系统主义背景下，我们就影响力日益增强的客户和合作伙伴的重要性进行过讨论。尽管个人能力、知识水平和经验有所不同，但管理人员或企业领导者们各自独立地行使职责并不是明智的做法。在过去，企业领导的通常做法是，完全依据直觉和经验做出决策，但今后将不再如此。在多地点办公、多文化交互和广泛分布的商业环境中，协作已经成为游戏的代名词，有效协作所产生的力量不容小觑。

协作能促进更好地执行和有效决策

协作管理的力量和协作工具的使用对促进商业敏捷性的形成所起到的作用不容低估。在瞬息万变的商业环境中,企业高层中的领导权为企业指明道路,帮助找到可选择的方向,划定团队在不同的影响范围内所做出的决策界限。强有力的领导者将决策权交到拥有更有关联性、更有用和更真实信息的企业普通员工手中。协作管理促进多方共同认可的工作步骤的形成,同时,又确保这种步骤不被破坏,不论这种破坏来自周围环境的改变,抑或是执行步骤的人所为。履行这种责任的协作管理并不是进行决策,而是促进步骤的制定,在步骤需要更新的时候给予提醒。

任何曾在大规模组织机构内工作过的人都知道,即使每一位员工的工作效率都高,每一个团队都有很高的生产力水平,也无法保证该组织机构作为一个整体能高效运转,并实现其目标。为了使企业具备高生产力,关键不仅仅在于个人和团队通过高效率的工作"做对事情",还在于作为一个整体的企业"做对事情"——建立恰当的团队、做出正确的决策、合理分配资源,同时高效协调企业内的各项活动。

大部分组织机构因以下原因中的某个或多个而导致其企业生产率欠佳,从而给企业造成很大损失:

- 组织机构内彼此不连通,许多部门的职能在无意的情况下相互抵触;
- 现有的信息没有被分享和再利用;
- 人力资源没有被用在最需要的地方;
- 多个团队为解决同一个问题而重复劳动。

通过自动化业务流程实现的智能协作,不仅能够改变重要商业活动的进程,还有可能对企业的财务状况产生深刻影响。不论是简单的电子邮件交流、有形或虚拟会议、特别工作组,或是大规模项目,这些商业活动从根本上说都是协作性工作。事实上,协作可以被定义为在业务流程没有预先决定某一项工作该如何进行的情况下，在员工之间进行的工作。协作有许多种形式：分享信息、头脑风暴、解决问题、就最佳实践进行商议、创新、活动协调、目标统一，等等。协作填补了业务流程各环节间的空白，是黏合组织机构内部的胶水，也是使机器保持运作的润滑剂。

让我们来设想一下一个动态的商业环境吧！在这种环境下，员工借助协作工具和系统通过协作高效地完成和执行任务。例如，在一个销售场景中，英国的史蒂夫从一位潜在用户那儿收到了一份征询方案，要求他在四周内回复。在初步研究方案之后，史蒂夫知道自己需要向团队里的不同成员寻求信息和内容，这些成员分布在不同的时区、国家和城市。这种情况听起来是不是很耳熟？史蒂夫分辨出哪些关键成员能对方案征询有所贡献，能提供所需材料。为了方便与团队成员协作完成方案征询，史蒂夫一开始就创建了一个维客网页（Wiki Page），并将征询方案文件上传。然后，他请每位成员查看方案。在维客网页上，史蒂夫和他的团队能远程查看、上传和编辑内容，打破地理位置和时区差异的限制，最终在规定的时间内提交了征询方案回复。

在本章中，我们将评估和研究在这种动态的商业环境中，创造商业敏捷性的不同协作工具的力量。协作工具普遍被称为网络 2.0 技术，这种技术正在快速改变着用户对企业系统的期待。今天的知识型工作者普遍被电子邮件和电话会议压得喘不过气来，同时又对手边的应用程序不能直观地给出答复而感到沮丧。然而，通过使用高度定制化的应用程序和诸如博客、维客和社群的协作服务，企业赋予员工使用情景中的信息和内容的权利，从而优化了员工、信息和应用之间的联系。

协作管理的力量

企业 2.0 是一种快速出现并迅速被越来越多的人采用的新范式。“企业 2.0”一词由麻省理工学院（MIT）教授安德鲁·麦克菲（AndrewMacAfee）第一次提出。意思是和其他员工、团队成员、客户和外包商轻松地沟通和协作。首字母缩写词“SLATES”代表着搜索（search）、链接（link）、来源（authorship）、标签（tag）、扩展（extension）和信号传导（signaling），这些都是企业2.0中的关键要素；这些要素主要由网络2.0技术、增加的社交活动，以及促使企业和员工、合作伙伴和客户开展协作的商业文化驱动。网络计算技术已经经历了至少两次变革：第一次变革浪潮指的是网络1.0的到来，它为企业将产品和服务信息传递给内外部消费者提供了平台；目前的技术已经前进到了第二次变革，即网络2.0。同时，我们已经见证了网络3.0变革的开始，这是一场关于语义网络和个性化的变革。在网络3.0变革的背景下，生产新信息的是计算机，而不是人。

丰富的网络2.0技术，例如维客、维客百科、博客、标签、链接、论坛和丰富站点摘要/真正简单的整合（RSS），显著地提高了员工和全球虚拟团队、合作伙伴和客户合作的效率。社交工具例如博客和Twitter为人们通过智能手机和其他智能设备向网络发布内容提供了新维度；企业范围内的联网、内容和音频协作是企业2.0的第二个驱动力，推动该技术从以数据为中心的模型向以员工为中心的应用转变。网络2.0使企业能够收集和传播越来越多的情报，社交应用将数据带给有需要的员工，使同事之间能够在虚拟环境中实时协作；企业2.0的第三个关键在于新出现的商业文化，这是企业在采用该技术时最重要的部分。社交应用的基础是人、步骤、技术，这使得获得高层管理人员参与和支持变得重要起来。与此同时，高层管理人员可以通过聊天、论坛和博客从员工、合作伙伴和客户那里获得实时反馈。该技术消除了组织机构内的一切壁垒和官僚做派，使其透明化。

为了部署和成功执行企业2.0，需要对所有的上述工具和人工制品加以整合，并在极其安全强大的平台上运行。

在企业范围内的团队协作中使用维客

一个解决此类问题简便易用的协作软件是维客，其操作简便，即使是不懂技术的员工也能快速上手。维客是一种支持以谈话方式创造知识和进行分享的有前景的新技术。它包含一组通过协作创建、迭代改良的网页，外加管理这些网页的软件。受到苹果公司超级卡片（HyperCard）编程环境的启发，沃德·坎宁安（Ward Cunningham）于 1995 年编写了第一个维客软件，用以管理波特兰模式知识库（Portland Pattern Repository）的网页内容。与之类似的一个最著名的网站是维基百科（Wikipedia），它是一本在线百科全书，任何有意向的人都可以对其进行编写和维护。维客是一个网站，上面的每一个网页都能被任何有安全接入权限和通过认证的人在网络浏览器上分享和编辑。

交谈式知识创造已经成为组织机构创造知识时所最常采用的方法，这些公司主要在在线或虚拟社区中使用该方法。在交谈式知识创造过程中，个人通过一问一答的对话方式创造和分享知识。知识创造的交谈模型同其他模型有所不同，其他模型通过信息的抽象化或聚合创造知识，类似于数据或文本挖掘。

对于任何在线社群来说，讨论区是关键的在线交谈式知识交换形式与核心技术。主要的在线社群平台，例如 ezboard、Yuku，管理着几百万个社群的发言讨论。即时通信工具，包括网上寻呼（ICQ）和美国在线公司（American OnLine，AOL）即时通信，通过提供免费服务来普及使用。即时消息采用多种交谈方式，可以是一对多，也可以是多对多。

维客的独特性不仅在于软件本身，还在于协作成员对软件的使用。它使得协作者能够集体创作网络文本。维客使用一种简单的标记方案，通常是 HTML 的简化版。维客上的内容在发布前不会被编辑审阅，正文也不会被调整。创建和编辑维客网页的活动必然简单容易。维客作者们在启用了网络功能的表单域里输入她或他想要发布的注释。作者可以使用纯文本，通常他们还会使用简化的标记语言，尽管更复杂精密的手段（例如，TikiWiki）也允许使用 HTML。维客还配备了公共资料库（例如，数据库服务器）、运行维客软件的应用程序服务器，以及为网页提供服务并促进网络互动的网络服务器。因此，任何时候用户都可在任何有网路连接的地方访问维客，维客也只使用一个公共知识资料库。这样，维客便可以让多个用户能够在任何时候、任何地点协同创作同一个集中存储的知识产品，同时，维客还能有权查看和使用整个工作成果。维客上的基本信息单位是网页。一旦有知识观和维客网页上的内容不匹配的情况出现，用户既可以将内容分至多个网页，也可以将多个网页合并到一起对其进行调整。

维客是一种强调其在知识动态改变或知识观点相异的领域发挥协作能力的群组软件。我们可以在企业中轻松地执行和使用维客进行以下 15 种工作。

1. 任务清单。维客帮助你创建最有效率的清单——任务清单。

2. 项目管理。维客不失为规划和管理项目的一个好方法，覆盖从构思到完成的全过程。分配任务、制定时间表、添加注释、粘贴图片以及合并其他媒体——所有执行项目所需要的元素，它都能做到，没有比这简单的组织方法了。

3. 操作手册。诸如用户和操作手册之类的文件可以在线创建，然后根据变化进行更新，这样任何人都能在任何时候查看到更新的版本。如今一切都在快速地变化着，以至于一本印版手册刚印完发出去就已经过时了。

4. 检查单。维客可以被用来创建检查单。

5. 规划活动。会议、婚礼、外出会议、派队——维客是规划各种各样的活动的完美工具。多个用户可以访问活动计划，创建检查单、添加备注、创意、图片、联系人信息等更多内容。

6. 创建客户工作日志。根据日期、进展速度和其他备注，外加完成某个项目所花费的时间或所完成的项目数，跟踪客户工作。

7. 追踪发货清单。维客能帮助追踪给客户准备的发货清单，跟进工作进度、日期、速度，以及发货清单的提交时间、交货期以及应付款日期等其他信息。

8. 注解和片段。网络工作者常常需要作注解、从网页中提取片段和保存图片，有时，追踪这些内容并不容易。有了维客，这些内容都可以被保存在同一个地方。

9. 目标。维客能帮助设立和评估目标。

10. 联系人。使用维客添加联系人信息既简单又快速，你都可以在任何时候、任何地方方便快捷地调出联系人资料。

11. 工作空间。除了注解、片段和图片，维客还能保持文章、报告等类似文件完整不分散。

12. 常见问题。维客能帮助发布常见问题解决方法，以省去客户的频繁致电。

13. 协作。作出和追踪改变，必要的时候协作者可以还原成初始版本。

14. 参考。维客帮助你快速查询到定期引用的列表、文献、编码、用法说明等参考资料。

15. 万能软件。选择使用维客的一个最重要的原因是，它能够执行以上这些任务，而且还不止如此。维客是多功能的——功能比其他在线工具都多。

新技术，例如网络 2.0、维客、网聊、论坛、标签和丰富站点摘要（RSS）技术，使团队间能够进行有效沟通和内容协作。许多以这些技术为基础的软件应用都在尝试应对这些挑战，以不同行业分区的不同消费者为目标。

中央桌面：有效团队协作的强大工具

中央桌面（Central Desktop）是这一细分市场的许多软件解决方案之一。这一软件由于被奥巴马竞选团队用来管理选区负责人（在美国全境的特定选区负责动员投票并散播竞选消息的志愿者）而得到关注。尽管选择正确的软件似乎取决于若干因素和企业内团队的偏好，仍有一些指导意见适用于所有的情况，例如：

- 安装简便；
- 用户账号（你所作出的全部修改都与名字自动连接）；
- 通过电子邮件和 RSS 订阅网页改变信息；
- 网页记录和修正保存；
- 文件附件；
- 网页编辑锁定；
- 易记忆句法。

中央桌面称其网页（www.centraldesktop.com）有以下特点。

> 中央桌面为新一代商业团队在任何时候、任何地点互动、分享和管理其日常工作提供完全基于网络的技术平台。中央桌面花费4年多的时间，在用户的直接反馈的基础上构建了协作软件平台；该平台具备企业级功能，在不需要企业具备解决方案资源的情况下就能运行。中央电脑股份有限公司（Central Desktop Inc.）由艾萨克·加西亚（Isaac Garcia）和阿尔努尔夫·徐（Arnulf Hsu）于2005年在加利福尼亚州帕萨迪纳市创建，是一家以软件即服务（SaaS）为基础提供社交技术平台的私人公司。

在该平台的帮助下，某个团队可以极其轻松地实时创建工作空间，并上传需要和组员协同处理的文件。利用该平台的网络会议和声频会议功能，你也可以和客户或合作伙伴通过声频、分享桌面和远程演示文稿进行协作。该平台整合并集中了Skype（支持音频功能）、Yahoo!、MSN Messenger、AIM、ICQ和Jabber等所有沟通功能，还提供整合Microsoft Outlook的可选功能。为了与虚拟团队协作，你可以在安全的工作空间环境内实时在线创建、编辑和保存文件和电子表格。

中央桌面还提供文件历史和修改的追踪功能。它广泛的搜索功能帮助用户进行全文和文件搜索以实现快速检索，不论检索范围是一个文件、一条对话线还是不同的工作空间。由于这种应用程序是以软件即服务（SaaS）为基础的，不需要任何本地安装或设置，因此，用户可以随时预先使用，从任何地点访问工作空间。尽管用户可以在智能手机上通过移动浏览器访问该应用，但目前接入端口仍然拥挤且技术上并不支持。鉴于智能手机，例如iPhone和黑莓（BlackBerry）设备的运用和使用率快速增加，中央桌面需要解决这一问题，并将移动访问功能整合进去。

中央桌面是适合进行项目协作和管理的理想工具。你可以创建出各种特征集稍微不同的工作空间。这些好用的工作空间包括维客工作空间、项目管理工作空间、公共工作空间（无需登录）、用户论坛工作空间、企业博客工作空间、数据库工作空间，这些工作空间允许使用基于网络的前端收集数据，这一点不论是对一般的数据收集，还是调查和客户问题都非常有用。我认为中央桌面最强大的一部分是报告模块，该模块能够创建关于中央桌面上管理的一个或任意工作空间的所有数据的客户和特别报告。这对于任何工作，不论是执行状态报告还是日常的项目管理，都能发挥作用。

中央桌面是最佳轻量解决方案之一，特别是对于项目管理来说。你可以轻松建立任务或工作清单，从而将不同的任务划入相应的完成阶段。和其他的产品不同，中央桌面的用户可以指定某一任务水平的完成期限和优先级，这对于管理哪怕是最简单的阶段任务都尤为重要。文件管理界面很有趣，你可以在熟悉的文件夹等级内进行设置，这有助于管理许多文件。对输入输出的文件进行登记以控制版本，在文件被讨论时收集关于它的一切评论的功能也非常有用。项目显示板简单易用，能提供大量信息。总的来说，我认为中央桌面唯一缺少的是更加复杂的项目管理特征，例如任务相关性以及更加昂贵的解决方案具备的资源均衡特征。

思维导图：协作性构思能力的有效工具

由思维导图公司收购的 Spigit，是为一部分将持续不断的创新变为日常工作的组织机构提供的、其平台所需的创新性协作解决方案之一。它为员工和客户分享构思和以此展开协作提供社群和丰富的特征组。管理人员可以看见那些将成为下一个创新的构思。按照其网站（http://www.spigit.com/）的要求，Spigit 将社交软件的协作工具和以下传统企业工作流程、可量化指标相结合，从而缩小了创新差距，例如：

- 通过集中的创新活动、以开放式基础寻找构思；
- 利用社群成员的贡献、评估和互动驱动创新前端；
- 和一套社交软件工具协作：论坛、维客、博客、审阅、投票和添加标签；

- 利用社交网络上观点的多样性对构思进行快速再定义和扩建；
- 发掘最佳构思，追踪构思组合，通过分析学和行政管理找出关键贡献者；
- 该应用是利用基于角色和事件的、为企业建立的工作流程，它整合了内部系统和应用程序端口（API），具有高配置性。

将负责构思的同事和管理人员的目标相结合，这既为组织机构带来变革机遇，也带来了重大挑战。员工每天都会产生关于新企业、产品、流程改进的构思。让其他人协同创意、发掘最有价值的构思是加速内部创新的新的有力方法。

InnovationSpigit 是为了内部创新社群而建的企业平台。它将新出现的社会协作同传统工作流程和分析学相结合。

InnovationSpigit 的特性有以下几点：

- 直观和有吸引力的用户体验；
- 支持图标、视频、文件附件和链接的可配置构思模板；
- 贯穿构思阶段、基于角色的要求和构思进步标准的工作流程；
- 一套完整的社交软件工具：论坛、博客、维客、社交档案、活动流和标签；
- 在所有的贡献中寻找最佳构思的高级分析引擎；
- 显示实时活动、热点和员工贡献更新的显示板；
- 供员工买卖构思想法的构思交易市场；
- 通过内外存储器奖励积分作为参与得分；
- 通过 LDAP/ 活动目录和单点登录进行企业认证；
- 网络平台、门户网站、内部网和其他应用程序的内嵌 Innovation Spigit 小部件；
- 具备完整的应用程序端口组以深化应用整合。

IdeaSpigit 特性包括：

- 定制化的网站皮肤，以烘托企业品牌；
- 客户通过自注册便可访问，简单方便；
- 用于简单文本构思或更高级的媒体支持的可配置构思模板；
- 能够捕捉人群情绪的轻量投票和评级；
- 每个构思和网站宽度都有讨论区；
- 在所有的贡献中寻找最佳构思的高级分析引擎；
- 通过常用社交媒体网站可选择性地分享构思；
- 为不同的企业建立多个社群；
- 举办参与性活动吸引特定领域的人加入和构思；
- 显示实时活动、热点和员工贡献更新的显示板；
- 完整的应用程序端口组，或与其他应用软件和网站相整合。

获得这些特性是一项挑战，为了实现这一目标，大型企业正在考虑采用企业级解决方案以满足关键指标，例如开放标准、技术平台和架构、方便使用、安全、所有权的总成本、定制和适应不断变化的商业需要的灵活性、最短的学习曲线和培训期、更短的执行以及整个应用都在门户框架下。整个企业的布局必须考虑将内容资料库和硬件、数据库和应用程序的虚拟化相结合，从而避免故障时间和数据冗余。

甲骨文网络中心：企业的用户体验工具

网络中心使得获得所需信息和与他人就企业应用和业务流程的必要修改进行协作变得简单。它为开发各种各样的网络、门户网站和复合应用提供了单独的现代化框架。此外，它还提供组合器和工作空间，以使现场管理人员将门户网站的动态、外观和触感高度个性化，从而满足客户的需要。网络中心直接整合了甲骨文企业商业词典（Oracle’s Enterprise Business Dictionary），其综合性架构中已预先融入了应用程序、内容和丰富媒体、业务流程和商业智能应用程序。有了综合性网络中心工具和服务组合，终端用户和IT部门便可以构建和部署新一代协作应用和门户，发挥每一个应用和门户用户的创造力和智慧，改善内外部业务流程，从而有效融入真实的环境并高效地协作。

企业级协作软件正在努力地将所有的这些工具和特性融合到程序组内，置于灵活的框架和结构下。甲骨文网络中心程序组就是涵盖了所有这些技术，例如维客、标签、RSS、网聊、论坛、公报、白板、呈现技术和工作空间等，整合了其他的小工具例如Outlook、智能手机等的企业级解决方案之一。所有的部门和虚拟团队级协同应用都将被纳入企业级协同应用程序中，以更好地对其进行管理，提高安全性能。因此，大型组织机构需要采用企业级的解决方案。

用户能够在甲骨文内部体验到越来越多的维客、博客和内部网门户服务，这使得管理该服务、确保该服务和其内容资料库的安全成为内部IT团队所面临的难题，这也大大增加提供独立的服务器、数据库和备份恢复的成本。因此，像网络中心这样的工具，为整个企业在安全的平台上建立布局提供了综合性解决方案。

企业的知识型工作者总是忙着开始向前发展，或完成某个程序、任务或企业工作流程，其中包括需要定期、持续履行的职责。可能是准备介绍一位新客户、更新销售预测机会、解决客户关系管理中的客户服务纠纷、财务总账对账或带领某位新的团队成员快速上手项目。许多受企业应用或记录系统驱动的活动从本质上来说都是协作活动，任何对理想流程（这一概念一般在安装和设置特定的企业应用时便已形成）的偏离都需要协作。这种协作发生在应用程序之外，一般不会被完整地记录或不在同一个地点进行。这意味着后来在探究决策作出的原因、例外何时会再次发生，或识别何时需要对流程或政策作出修改时将没有参考可查。如果是发生在活动流中，每一个条目都会被浏览，且协作分工会像邮件一样被收件箱拦截（如果所涉及的个体心血来潮的话）。社交网站帖子、音频和即时消息讨论往往会永远消失。

在没有以前和持续的讨论记录的情况下，参与者就没有足够的背景信息进行研究并做出决策，特别是在决策很快将付诸实践的时候。最轻的后果是，企业花费大量时间培训新的利益相关者。最糟糕的情况则是，决策制定时缺少组织机构其他部门所有的关键信息。现有的软件型协作解决方案也要求用户在决定下列沟通方式是否是进行讨论的合适机制或团队前先进行沟通——拨打电话、发送邮件和发微博。这一点和理想的面对面互动完全相反，面对面互动时，用户可以按照需要或要求使用额外的人员、声频、文本、文件、演示文稿和白板。这导致用户需要一次又一次地重演或重新安排讨论，直到集齐了所需背景、历史记录、工具和人员为止。

企业已经开始转向效仿消费者社交工具的参与系统（SOE）了，该系统为企业员工花时间传达、参与、寻找和提供专业知识，拓宽网络以改善工作可交付性和提高个人的企业参与，创造了有利环境。传统的记录系统则和参与系统相反：个体员工认为参与对他们的价值不大或没有价值，因此对此兴趣有限，企业也把他们看作是一种负担。传统系统的优势是记录系统的数据易于维护，并提供了管理和企业视角，一旦发生重要的变化和更新，整个组织机构内的相关员工，或者说有可能是陌生的员工会第一时间得知。记录系统和参与系统紧密且有计划的互动具备上述潜能。

企业需要的是一种运用企业协作的解决方案，它体现了带有消费者风格的最佳社交模型，保留背景和历史记录，允许企业按照需要进行参与者设置，为特定沟通提供合适的媒介。这种方案还必须保留电子邮件、即时通信和短信服务的便利和流动性，并且必须在紧密结合企业应用和软件基础设施时流动接收帖子。必须涵盖记录系统内外，把协作和背景相结合，同时将背景的关键记录数据输入协作应用程序中。否则，就有可能变成另一个有着自用例外设置（项目管理应用就因该缺陷而声名狼藉）的企业工作流程应用，或另一个收件箱——企业需要处理的另一个协作数据库。

加拿大抗癌合作组织

加拿大抗癌合作组织（Canadian Partnership Against Cancer）是一家由加拿大联邦政府创立的独立组织，目的是加速向所有加拿大人实施癌症控制措施。该组织是由癌症专家、慈善组织、政府、病人和癌症幸存者及其家人组成的合作组织。

加拿大抗癌合作组织正在寻找统一的知识管理平台，以管理大量癌症相关信息，并与不同的实体进行协作，促进减少癌症发病率和改变癌症控制现状的总体任务的完成。

网络中心空间（WebCenter Spaces）这一新的技术平台支持广泛的用户群，其用户群包括各种各样的当地实体，从而形成和定制协作社群以支持本地工作，联系其他团体。这一特性保证了网络中心空间具有企业 2.0 的功能，包括博客、维客和讨论区，以满足客户的需要。

作为一个组织，我们唯一的目的就是通过帮助有关方面协调改进癌症系统，减少癌症对加拿大人的影响。甲骨文网络中心使我们能够快速地安装并使用综合的工具组，在人群中建立联系，让我们能更有效地对抗癌症。

韦恩·罗伯茨（Wayne Roberts）
加拿大抗癌合作组织信息技术总监

甲骨文社交网络：基于云端的企业级协作系统

甲骨文社交网络（Oracle Social Network）通过基于流的对话解决协作差距问题，设计这种对话的目的是从员工、企业应用和业务流程中收集信息，以促进企业内和跨企业的个人用户和团队之间的协作。作为一种参与系统，个人可以为了集中追求业务目标，在甲骨文社交网络上协作、联网、促进决策制定和更新数据，偶然发现信息和专业知识。

第 5 章

协作管理的力量

甲骨文社交网络具有将交流、协调和社交功能整合到同一个工具的独特属性，是能够嵌入企业应用的独立式工具，通过前后关联的协作优化生产力。甲骨文社交网络跨越企业的界限将企业和供货商、合作伙伴和客户相连，让社交联网没有干扰。

通过将企业应用、业务流程和内容社会化，甲骨文社交网络促进了社会化商业的形成。通过提供将应用程序、流程和内容和员工连接并使它们彼此联系的协作和联网平台，甲骨文社交网络吸引个体的参与，而不像与此相反的另一个系统那样要求员工作出行动。这种系统允许知识的跨企业传播，而不是增加已失信息库的数据。

在甲骨文社交网络上的协作以形式、结构和内容演化的背景为基础，演化是适应不同协作的特殊需要所必需的。在此背景下，甲骨文社交网络提供丰富的工具组以供选择。这些工具能促进沟通、协调、内容管理、组织、制定决策和分析的进行——涉及协作的所有重要方面。每一个协作交互的演化方向各有不同，因此，其所使用的甲骨文社交网络工具也随之变化。有些交互的演化会跨越好几年的工作，发展范围涉及分散的庞大团队，也有的交互可能只涉及很少的员工，甚至有的交互一个都不涉及。不论如何，所有的协作背景都是由相同的组成部分构成，使用相同的概念，以相同的方式开始。使协作交互平稳地逐步上升所应遵守的原则是只使用你需要的工具和结构，这样，你就能将协作的复杂度控制在你需要的范围内。

大部分沟通只有极其短暂的保存期限，也就是说，几小时甚至几分钟之后就会失效。但由于我们不知道沟通何时需要转变为协作，我们最好提供这种隐藏的可用功能，让对话往需要的方向发展。

整个甲骨文社交网络的核心能力是实时互动和存在信息，这种能力给参与者一种社会参与感，赋予应用程序以生命，这一点就连今天的消费者应用都无法做到。尽管实时沟通以聊天的形式体现在联网应用当中，甲骨文社交网络内的每一次互动无需刷新就能实时发生和反应。个体用户能够看到更新流程、参与数量、朋友和同事的关注点以及流行群组和主题，但他们仍然能够利用所需和最新的全部信息推动决策的制定（虽然减少了延迟）。

甲骨文社交网络帮助商业用户使用从人力资源系统和私有社交网络上搜集的信息，在自己的企业内或跨企业寻找合适的人并与之协作，这些人包括供应商、合作伙伴和客户。它使商业用户利用广泛的协作工具进行彼此协作，包括个人档案、群组、文件共享、同步浏览、编辑、即时消息、电子邮件和网络会议。甲骨文社交网络与甲骨文融合应用（Oracle Fusion Applications）、商业智能、业务流程无缝结合，使用户能收到来自这些系统的实时信息摘要，快速有效地协同解决商业问题，包括从甲骨文社交网络上更新应用和业务流程。

甲骨文社交网络的设计初衷是让移动用户时刻保持连接状态，通过为iPhone、iPad和安卓设备以及便于使用的现代化浏览器界面等各种设备提供本机应用，以使移动用户参与商业对话。甲骨文社交网络还通过可配置保有量以及确保可追溯性的审计政策，为每个企业和用户提供虚拟和私有协作，从而满足企业的安全、隐私和信息保护需求。

甲骨文社交网络帮助销售人员识别潜在客户、建立有效团队、制作有说服力的演示文稿、解决客户服务和合同纠纷、利用共同的机会和合作伙伴协作，以及和客户建立长久的关系。

甲骨文社交网络帮助营销团队策划出更有创意的营销活动，正确地定位客户和合作伙伴，和销售团队协作，找到最佳的营销思路。

甲骨文社交网络帮助人力资源专家和如管理人员协作进行人力规划和职工安置，制定有效的薪酬方案和福利计划，设定目标和驱动更有效的人才管理流程。项目经理和项目团队可以使用甲骨文社交网络制定有效的项目规划，进行任务合作，解决问题和改变要求，追踪和更新项目进程。甲骨文社交网络还向用户提供个性化的可配置报警，让他们在了解动态的同时过滤掉多余的无用信息，从而能够关注重要信息。

企业在协作平台和技术解决方案方面有无数个选择。对于想进行互联网转型的企业来说，那些建立在云端采用横向扩展模型的解决方案是最合适的选择。

CIO-CMO 协作联盟

互联网企业的发迹史的共同特征是关系管理成为创造商业敏捷性的核心竞争力。让我们来看看在挖掘信息技术的商业价值时，首席营销官（CMO）和首席信息官（CIO）之间的关系是怎样的。商业敏捷性成熟度是 CMO 和 CIO 之间在互联网企业管理上合作关系的最佳实践标准。

相关用例和“CMO、CIO 通过合作获得协作营销敏捷性”方案一同呈现。这一商业价值主题是利用 CMO-CIO 联盟的创新战略，围绕以协作营销最佳实例为基础的大数据分析展开的。商业敏捷性成熟度线路图利用平衡计分卡作为描述和评估合作差距的框架,为企业营造了从记录系统向参与系统演化的环境。该工具可被用来判定如何审查与大数据管理相关联的内外部协作活动，从而推动规范分析的产生。总的来说，这是管理互联网企业，使其获得商业生态系统的竞争优势的关键成功因素。CMO 的方略重点在于 CMO 如何借助他们对这些交互融合的技术的理解，通过他们偏好的媒介更好地和客户沟通，通过共同兴趣吸引潜在客户，以及利用信息建立更牢固、更私人和更持久的关系。

以下 CMO 方略由布莱克·伊曼（Blake Yeaman）提供，伊曼是一位经验丰富的营销和信息管理老手。布莱克有着几十年担任 CMO 和咨询师的经验。下面是他跟我们分享的、自己在霍恩布洛尔股份有限公司（Hornblower, Inc.）担任市场部总监期间所获得的经验教训。

霍恩布洛尔股份有限公司的营销技术应用

关于营销自动化和数据的一项有趣研究，是来自酒店业的一家中型企业——位于旧金山市的霍恩布洛尔股份有限公司。从 2004 年到 2012 年，该公司短途巡航宴会业务的年营业额从 2 700 万美元升至 4 000 多万美元。2012 年该公司在加利福尼亚州的七个港口和纽约市共运营 20 艘轮船。

问题

霍恩布洛尔公司面临的主要战略调整有以下几方面：

1. 让客户用餐愉快，提高回头率；

2. 用有限的预算提高营销效果；

3. 获取实时数据进行决策；

4. 缩短销售周期，降低销售成本。

所以真正的问题是如何复制现有客户的良好体验，寻找到与这些客户类似的潜在客户。

水上宴会体验可以是一种优雅的场合的体验，这也是霍恩布洛尔公司的关注点所在。在豪华游艇上边享用高规格的美食，边远观壮观的景色，这一定非常有吸引力。尽管这种体验被认为是一种游客体验，但霍恩布洛尔公司约 75% 的顾客是本地人。客户满意度也非常高，大约在 90% 左右。

也许霍恩布洛尔公司所面临的最大挑战是缩短客户回来再次消费的时间间隔。客户第二次光临距离首次体验的时间间隔平均为两至三年。管理人员相信，如果这一周期缩短至一年，那么公司的收入会发生巨大变化。

永远让每一位客人满意，这在过去和未来都是霍恩布洛尔公司的任务。这个理想并不容易实现，它要求公司听取和了解客户需要，解决一切可能出现的问题，以及改善业务流程以减少经营难题。

霍恩布洛尔公司的业务分类较多。客户可以从不同的角度领略霍恩布洛尔带给他们的航海魅力。有些当地人出去庆祝结婚纪念日或生日；有的人则带外地宾客体验本地特色；还有的人被邀请参加婚礼、公司活动或高中毕业舞会。然而，尽管大多数客户都有非常奇妙的体验，但如果他们是去参加公司活动或婚礼的话，他们是不会想到可以带着自己的另一半去参加巡航宴席的。

因此，霍恩布洛尔贵公司的主要挑战是将其业务种类的多样性传递给客户，以刺激客户更加频繁地光顾。

现状

霍恩布洛尔公司在 20 世纪 80 年代早期的成长阶段就具备了自然而然的长远眼光。当时他们使用最新的技术设计了非常先进的计算机系统，该系统可以支持销售、客户关系管理、经营需要、会计、员工数据和管理人员报告。20 世纪 90 年代，霍恩布洛尔和其他企业一起步入了互联网世界。第一个系统版本主要还是信息系统，其布局和设计都采用网络 1.0 的格局，在电子商务方面的作为非常有限。该系统捕捉的信息与原始的系统非常不同，尽管该系统也有信息分享方式——主要通过和前一天数据进行每日同步实现。

现行的系统、原始核心计算系统和网站，在 21 世纪早期继续为企业提供竞争优势，执行这些系统的布局、支持和许可成本都非常低。然而，随着互联网技术的发展，例如云端、软件即服务应用程序、社交媒体和大数据技术，现行的系统暴露出了它的不足，也阻碍了企业增长潜能的发挥。

行动计划

为了在缩短回头客间隔和找到新客源方面取得突破，霍恩布洛尔公司决定改变现有技术，使其具有预见性。这将重塑客户和公司的交易方式，以及销售和管理人员捕捉商机提供体验的方式。

1. 通过对现状和将来状态进行差距分析确定业务成熟度：
    a. 审核在现有状态下收集的公司数据；
    b. 匹配决定性的关键绩效指标和对流程起关键作用的数据；
    c. 建立数据仓库以收集上述关键数据；
    d. 以这些数据为基础进行样品报告；
    e. 识别将来状态所需功能。

2. 使网页现代化，从而提高品牌规格，并使客户和企业能够具备以下能力：
   a. 客户
      i. 能够轻松找到所需产品；
      ii. 在可能的情况下直接在线购买；
      iii. 让他们意识到有丰富的产品类型和地点供他们选择；
      iv. 能够用移动设备访问网站。
   b. 企业和区域营销部门
      i. 无需技术支持便可维护网站；
      ii. 在本地即刻开展和宣传促销活动。
3. 在企业内部培养管理和营销分析的能力：
   a. 首先，雇用专家制订计划；
   b. 之后由专家培训内部骨干来接手计划。
4. 追踪所有广告和营销活动细节，计算它们一年内为企业创造了多少收益。围绕高收益活动重新制定预算；
5. 执行新的客户关系管理（CRM）系统，建立新的数据仓库，以收集来自二十多个内外部唯一客户信息源的所有客户数据；
6. 将 CRM 用于：
   a. 发起和追踪营销活动；
   b. 生成实时管理信息；
   c. 让销售部门更加了解他们的客户和潜在客户。
7. 登录社交媒体：
   a. 在 Twitter、Facebook、Foursquare、“高朋团购”（Groupon）等所有大容量社交工具上创立企业账号、投放广告、创建活动；
   b. 让内部员工负责浏览客户帖子，恰当及时地回复；
   c. 使用信誉管理工具，在需要的时候作出反应。
8. 使体验可视化：
   a. 客户可以在网站进行虚拟旅游；
   b. 制作短视频来填充旅游网站例如：Expedia 和 Travelocity。

实验：冒险

云端软件及服务产品的创新每天都将引人注目的新方法推向市场，因此企业必须从某种程度上说服客户他们的商品物有所值。要做到这一点，就需要采用意大利面测试法。你得抓一把技术方案砸到墙上，然后看看哪一个方案会黏在上面。有不少的解决方案都无法兑现它们作出的承诺，这就需要企业有容忍失败的耐心，耐心地走完学习这些新技术领域的学习曲线。有的技术可以轻松纳入通往未来状态的解决方案生态系统中，有的则需要经历长期客户应用程序端口的开发。

由于大部分公司预算有限，必须把资金集中投入到能纳入其他解决方案和开发者比较有前途的方案上。在许多情况下，一个成本相对较低、效果显著的解决方案需要安装新的硬件，投入人力资源成本，派专人执行，这很快抵销了该方案的预期投资回报率。解决这一问题需要在一开始搞清基线度量标准，评估该方案对业务的影响，从而做出定量决策。这便是权衡我们所能实现的目标和我们已经到了哪儿的平衡计分卡法。

在软件即服务和云计算技术出现初期，这种反复实验法是唯一能够发现可行方案的方法。这种方法需要高层管理人员的耐心和理解。最终，一种有效的新技术组合的出现成为唯一符合霍恩布洛尔要求的方案。当移除不怎么有价值的组件，将成功的组件安装在该方案之上以后，ROI便开始增长了。企业需要营造鼓励创新和提倡企业家主义的商业文化，而不是指责犯错。利用焦点和快速决策分析创造强大生态系统。

技术融合

为了创造更好的客户服务，霍恩布洛尔公司需要整合几种技术。其关键在于，弄清如何利用生成的信息做出及时和有意义决策，从而产生更好的客户服务。

如上所述，那时候云计算技术才刚刚出现。在强大的定制型内容管理系统（CMS）的支持下，霍恩布洛尔公司建立了自己的典型网站，这些都是在基于云端的服务上实现的。

在线电子商务店铺也是利用主要的电子商务后端交易系统，在云端布局开来的。所有的这些交易都纳入旧有的操作系统。

2006 年，当社交媒体出现的时候，霍恩布洛尔公司意识到是采用新的社交技术的时候了，于是他们派专人在社交媒体上发表内容和即时回复社交媒体帖子。霍恩布洛尔公司尝试了几个基于云端的声誉管理工具，并最终确定了其中最主要的一种。但是，每个月都有新的工具进入市场且都需要进行评估。有的时候，现有的工具往往会被更强大也更便宜的工具代替。

随着移动产业将智能手机，特别是 2007 年出现的 iPhone 带进我们的生活，霍恩布洛尔公司也在他们的网站信息创建了移动视图，方便客户连接网站和购买。这家公司还开展了以云端为基础，以地点为驱动力的移动促销活动。

为了满足客户的可视化体验需求，公司网站被设计成大胆地利用摄影有效宣传的样式。不过，客户还需要企业将与产品有关的视频内容放到网上。霍恩布洛尔贵公司采用了两种方法：第一，拍摄产品视频并投放到官网和第三方旅游网站；第二，在云端的基础上设计有吸引力的虚拟旅游，从而让客户能够更好地了解可供他们选择的旅游产品。

所有上述新技术都产生了数据的新形式。现有的系统根本无法捕捉这些数据。霍恩布洛尔公司采用新的客户关系管理系统并捕捉了客户在上述新媒介上制造的一些数据。此外，该公司还建立了数据仓库，以从所有的这些系统中收集数据，使分析报告能够在不同的系统上完成。

技术和数据拼图上的图块这么多，新的技术又不断地涌现，如果需要的话，完全可以取代单个元素。传统商业已经出现虚拟化的一面，这为霍恩布洛尔捕捉和留住客户提供了新方法。

匹配市场营销和信息技术

市场需求变得依赖于新兴技术，旧有系统的整合也对经营起着关键作用，市场营销已经成为新技术在企业内部的首要用户，也因此成为企业内部最苛刻的信息技术客户。这就要求CMO和CIO紧密配合。CIO需要了解战略的预期方向，了解IT团队可能需要哪些技术开发、布局和支持。

系统的变化速度和复杂度为IT团队带来了挑战，他们忙于管理和在系统运行时间操控公司的其他基础设施。每两个月开一次会传达任务项，并对其进行主次区分是非常有必要的。或许最大的挑战来自于以何种方式整合旧有的数据和激增的新数据，以让CMO识别收入增长和创造客户满意度的机会。

一份CMO理事会（CMO Council）在2013年发布的题为《大数据最重要的作用：使CMO和CIO结盟》（*Big Data's Biggest Role: Aligning the CMO &CIO*）的报告准确地诠释了霍恩布洛尔所面临的挑战："营销人员都认同现在没有人缺少数据了；事实上，数据似乎无处不在，对许多人来说，收集数据非常有吸引力，以至于他们的数据资料库已经负载到无以复加的地步。与利用依据事实的决策工具为企业提供燃料相反，组织机构陷入了'分析瘫痪'① 的状态。在当今数据无处不在的时代，难怪信息技术和营销高管们会集体感到压力。"（见报告第4页）

报告还指出，尽管企业将战术和技术相匹配，但IT团队对给予客户优先地位感到不适。也许这是因为IT团队从一开始就将注意力集中在内部客户，而非外部客户。

实际上两者在信息技术团队的关键方向、战略，甚至是其在技术进步中发挥的作用和数据在组织机构中的关键性等问题上的意见基本一致。真正缺少的是企业作出指示，以客户中心定位组织机构的核心价值、目标和方向，为CMO和CIO的合作扫清障碍，使二者紧密围绕在驱动以客户为中心的企业的数据周围。

"营销人员和IT团队之间的关系是纯粹的合作关系，双方在制定战略和弄清彼此在技术和信息方面的牵涉度上是平等的伙伴关系，"花旗

① 分析瘫痪（Analysis Paralysis）是指程式开发初期，进行系统分析，常会因为太过执著于控制所有可能的变化及意外，从而造成大量时间的浪费，裹足不前，陷入无尽的（假设–测试– 推翻 –分析–再假设）空想循环。——译者注

集团北美营销运作和战略部主任保罗·卡丁（Paul Kadin）说道，“在做出下一步行动的是什么的结论前，需要公平地听取双方的观点。”（见报告第 5 页）

报告指出 CMO 的职责首先在于使用公司数据，而 CIO 则需要为 CMO 提供该数据的使用权限：

“在企业实现以客户为中心的目标的过程中，营销人员将自己的职责定义为客户参与战略的首席设计师。有一种观点认为，市场营销已经准备好承担对聚合数据——在信息技术的帮助下从企业各处收集而来——进行分析并形成可行的智能，用来在整个企业内部驱动以客户为中心的触点的工作了。

从市场营销的角度来看，洞察力和竞争智能的所有权归 CMO 所有。然而，CIO 应该乐于和愿意抓住市场营销运作和评估平台的进步，同时努力优化技术平台的安全性和实用性。”（见报告第 6 页）

报告中描述的这种 CMO 和 CIO 之间的联盟关系已经在霍恩布洛尔公司得到实践。在快速发展和变化的背景下，企业需要将思想、共同承诺和 CMO 对现有的企业其他单位的 IT 需求的尊重相结合。折中、焦点和承诺是至高无上的。

经验教训

尽管新技术不断出现，但未经证实的技术和行业标准仍然不断涌入。企业采用多数技术和行业标准时抱着试试看的态度，评估和促进结果的产生。技术永远都在变化和向前进步当中，因此，此时发生的变化会大大影响将来的技术生态系统重组。想要在这种流程中平稳行进，需要注意以下几个方面。

- 一开始就使所有的高管结盟。由于 CMO 和 CIO 的结盟能起到很好的作用，让所有高管层人员合作，就能让这一关键的企业转型更加顺利，使其成为战略计划的一部分需要高层的指示和支持。高层的协调和支持是至关重要的。

- 实事求是地制定内外部资源和技术预算。这些支出可能超出你的预估。请将原始预算翻倍。把一切开支都计算进去，剔除无法给企业创造利益的浪费时间的单位的开支。
- 让解决方案形成的各个阶段的所有利益相关者站在一条线上。所有利益相关者都必须感受到解决方案有属于他们的一部分，且方案的整体效果良好。方案的制定和持续执行涉及IT团队。方案的制定及其特性的设定需要涉及销售领导力。销售团队需要在和客户实时互动时使用客户关系管理工具。必须授予销售人员以权力，不可阻碍销售流程。业务部需要参与到与提供何种产品、如何获得订单以及如何依据品牌和市场战略提供高质量服务有关的决策中来。市场营销需要动员所有利益相关者的参与。还需要定义参与规则。我们最容易忽视的一点是所有的利益相关者都需要定义系统的报告或在制定方案前的系统组合。
- 要清楚地知道在完成了方案制定流程后，你想要实现的目标。依靠某个专业的数据架构师所提供的服务来做到这一点。没有建筑师，你是无法建成建筑物的。你的数据就是最有价值的商业资产之一，向专业人士投资。
- 将数据和报告作为目标，以此为开端。这么做的目的是在从多个系统上收集的精确数据的基础上推动决策更快地制定。依赖不同系统的千篇一律的报告来作为信息来源，无益于照着事实拼凑数据。
- 识别出你的关键数据。哪些数据对于关键绩效指标起到关键作用？每一个特定的数据元素是从哪儿来的？霍恩布洛尔公司有超过25个不同的数据组，来自技术生态系统内的孤立系统。需要对这些数据组进行数据审计，以确定关键数据的来源、存储在何处以及如何获得。下游用户在从源头获取关键数据并使用的过程中常常会使数据发生错误，这些用户所生成的报告应该反映相同的信息，然而报告的结论却不同。审计过程将发现容易出错的多余步骤和人为操作。如果不同系统间的关键数据可以直接访问的话，就可免去上述审计流程。

- 创建数据仓库。这就是在创造大数据。仓库可以是小规模简易型，也可以更加复杂型，这取决于你为了生成所需报告而捕捉的数据。这么做能够将所有有关的数据元素集合起来，条理清晰地整理出来，从中寻找到提升业绩的机会。将你在数据审计的过程中发现的关键数据储存起来。一旦数据被存储进数据仓库并敲上了时间戳，那么它就成为了一个不变的数据点，关于它的报告也具有了一致性。
- 将撰写原型报告作为第一步。确定利益相关者为了做出决策而查看信息的方式，是通过在计算机中查找、每日电邮、持续显示板还是其他方式？如果在刚起步阶段就不能依赖任何嵌入式报告系统，解决这些问题，那你在展开新的综合性生态系统时，就能巧妙地利用由此带来的强大数据，同时还能有效利用工程资源。
- 从一开始规划系统的转换。在销售淡季开始的时候转换，不要选择旺季。将现实执行嵌入系统。一些单元可以早些上线，但更复杂的单元需要整合现有的系统并获得现有系统的支持。数据传输必须仔细规划。旧有数据包括哪些？需要哪种数据规范化和数据净化？在转化前，需要制订好用户培训和调遣计划。员工在过渡期间如何完成自己的工作？最后，做好新旧系统的对接工作。这花费的时间可能比你的预期要长，但总会完成的。

在第 6 章中，我们将进一步扩展讨论移动性以及移动智能设备的使用为目前的商业环境所带来的改变和变革。非常感谢苹果公司的乔布斯，他创造了 iPhone 和 iPad，同时颠覆了整个技术融合的新概念，这些技术有语音通信、电子邮件通信、视频通信、音乐、导航、支付以及其他可以在一台设备上实现的功能。这种技术超过了过去的所有发明创造，为许多不可思议的创新应用和设备用途的产生创造了机会，这些新发明将进一步加速商业敏捷性的形成。

CREATING BUSINESS AGILITY

How Convergence of Cloud, Social, Mobile,
Video, and Big Data Enables
Competitive Advantage

第 6 章

用移动技术驱动商业敏捷性

全书到现在为止，马上就要进行到一半了，相信书中的商业模式、商业流程、新型交付和部署平台、全新的协作工具和技术，对诸位的业务进行改造的应用，以及帮助各位创建商业敏捷性的引人入胜的范式转移必然对各位有所启发。在本章中，我们会更加详尽地探讨移动、移动设备管理（Mobile Devices Management，MDM）和移动应用管理（Mobile Applications Management，MAM）。

手机只能用来打电话的日子已经一去不返了。现在我们可以用智能设备查看邮件、收发信息，还有各种其他用途，比如搜索各种网站信息、音乐、视频和很多商业应用等。毫不夸张地说，我们兜里随时都装着一台小型电脑，在当下这一动态和不停变化的商业环境中，它能提供我们需要的敏捷性。在过去几年里，我们的生活方式已经发生了惊人的变化，我们越来越依赖这些智能设备为我们提供一切，包括商业交易、通信、娱乐、购物和休闲等。

在过去十年中，我们见证了移动领域的智能革命。移动设备的数量从十亿台增长到五十亿台，翻了五番，连接人数也正以惊人的速度从 4 亿人增长到了 20 亿人。这种空前的连通性也创造了各种势不可挡的可能性，包括通信、协作、社交和电子商务交易。移动和移动智能设备改变了人们的生活方式、工作模式，还有做生意的方式。移动技术彻底改变了我们目前的工作方法。移动为企业提供了两个至关紧要的优势：独立性定位和个性化。过去的十年见证了互联网的快速发展、云计算的产生以及移动硬件和服务的成本降低。因此，移动技术已经变成了一个可行的或者说至关重要的经营商业的方法。像苹果电脑这种取得巨大成功的企业已经能够从根本上改变消费者体验，从而迫使其他企业改变经营方式，同关键部门互动并彼此协作。

智能设备的采用已经呈高速发展，而企业也已经依赖移动设备同员工进行超高速连接，以促进商业的敏捷性。电话、讯息、电话会议和视频会议、电子邮件、音乐、摄影机以及访问公司网络的入口至少已经是耳熟能详的手段了。这些智能设备上用来解决常见问题的应用列表也以相当可观的速度增长，比如用作手电筒、远程终端、付款认证磁卡译码（Square）、导航，等等。最近，Facebook 花 190 亿美元收购网络信使（WhatsApp），这一举动让很多电信服务供应商纷纷猜测下一次变革和各种服务汇流的情景。

家用电子产品与智能设备的融合

过去只提供音乐播放、视频或音频通信等特定功能的家用电子产品（CE）设备，现在越来越多地开始提供多种功能，连接互联网获得信息、进行通信和娱乐。这就导致不同类别的产品特征和功能的重叠，不仅仅是移动分类，其他像数码电视、机顶盒等 CE 设备也同样如此。因此，整个 CE 类目都变成了一个常常被称为智能设备的更大的类目。在移动分类中有三个主要的平台：智能手机、平板电脑和笔记本电脑。In-Stat（www.in-stat.com）搜索预测，相比整个移动市场 8.7% 的增长，移动“电磁平台”类目在 2015 年将会有 25.7% 的复合年增长率（Compound Annual Growth Rate，CAGR）。

“移动技术是驱动所有这些智能设备的技术，它代表整个电子产品市场增长最快、最大的分区，”首席技术战略家吉姆·麦克格雷格（Jim McGregor）说，“即使在计算机领域，过去总把提高性能当口头禅的 CPU 销售商如今也开始把目光聚焦在移动计算的绩效效率上，开始使用由此产生的产品带动其他计算形式的进步，包括台式电脑、服务器和内嵌应用。移动市场的创新主要由四大因素驱动：更丰富的内容、访问通信和内容的网络入口、启用这一入口的增加的宽带以及新的技术。”

高管视角：美国易安信公司免费网络同步工具事业部总经理基图·帕塔尔

面对移动、社交、云、大数据和视频的发展趋势，我们社会内部的模式正在经历着一场彻底的重组。文化、行为、工作、技术使用、如何开发软件和消费者如何使用软件——所有这些无一不在经历着变化。

如果我们更进一步思考，显然有先见的商业领袖们现在有着大量的机会大显身手。想要成功驾驭一流生产力和敏捷水平的重构，就必须以识别这个变革中的世界的根本价值为立足点。价值就像是指南针，即使是在迷失方向的时刻，它依然会指向正确的方向。

设计就是这种经久不衰的价值之一。如何对其进行创造、作用和预测，会让企业从彻底的失败反弹回成功的执行。

就像杂货店中的货架空间一样，视线从膝盖水平高度移动到眼睛位置马上就会影响购买，同样设备屏幕空间也是如此，界面构图会改变用户的行为。尤其是在一个设计优秀的应用程序环境中，以及用户对设计质量的预期提高之后，设计价值向前发展会起到相当大的作用。

同理，在大数据背景之下，集中精力将一套数据准确地可视化的作用要远远大于忽略这一重要步骤。显示生产线续签率迅速恶化的可视化数据比直接从订单追踪工具中获取数据的数据栏的反应更快。

这种设计的反思已经出现在移动企业的软件领域，诸如此类的事，有一天我们回头看时，一定会大吃一惊。

在第一波移动软件开发浪潮中，创新仅仅是将旧的功能加入到新设备。在这一过程中，经常会丢失根本功能。如果能在手机上浏览一份文件，却不能编辑，你想想这有多沮丧？当时的设计仅仅是把你的台式机的基本功能笨拙地塞进了你的手机或平板电脑里。

第二波浪潮让移动设备跟台式机并驾齐驱。在新的存储器中重构功能，而且增加了我们最喜欢的小工具的功能。越来越没有研发团队将下一个创新的目标定位在将计算机软件手机化了。但这时的设计依然不过是平行的成就，是独立应用程序开发这位司机搭载的乘客罢了。SharePoint 现在已经进入云了？有意思，不过没有解决我的问题。

现实情况是移动技术本身是新设计的基准线，仍然干净利落地和存留的计算机概念隔离开，不受其支配。移动终端是超集形状系数，所有功能都必须由此而来，以此为基础进行考虑。

说得更明白些，就是仍然有不同的形状系数共存，每一个都能找到其适合的用途。移动技术的使用“也”、“首先”或“只”和计算机或平板相关，每种情况都有另一个单独目的的方法。在驱动导航时“只”用它，在语音通话时“首先”使用它，在电脑上写入文档，然后在移动设备上通过电邮批准时“也”使用它。

但是只有移动设计的第三波浪潮才能点燃想象的空间，迸发出各全新的解决方案。如果我们尽情释放想象，那么我们看待价值的方法将以惊人的方式改变世界只是时间的问题。

生产率是设计以外的另一种即将蔓延和压倒其他影响企业改变的因素的价值。如果能够正确地执行，这一价值可以通过缩短完成任务的时间、去除因为低效而浪费的时间、增加抽象思维的时间等多种方式展示自己。

来思考一个例子：还记得“拍照”是什么意思吗？就是你带着摄影设备，买胶卷，设置相机设置，最后还得等着把照片洗出来这样一个耗时又反常的过程。

但如果把“拍照”想成“分享瞬间”，不但能让那些低效消失了，还能打开新世界的大门。现在到处都是把捕捉到的图像传播给大众的设备。各种应用让拍照和分享癖变得更加容易。社交媒体也为所有人提供了一个可以随时分享照片的地方。

如果我们把生产率优先作为核心价值，从移动执行的角度使用它，同样的事情也会发生。现在，移动终端的很多技术属性还没有挖掘出来，比如接近、定位和个性化等。但是我们已经看到，新的分区正在迅速地从第三次移动设计的浪潮中脱颖而出，以下都暗示着未来的走向：

- 零售商不需要客户排队就可以处理信用卡支付；
- 空乘人员只要拿着设备在走道上走一圈就能记录用餐订单；
- 人们再也不用费劲地打开话机打电话了；
- 高管们通过手里的设备分享演示文稿。

现在是到了做打算的时间了：还有什么其他方式可用来减少脑力劳动者浪费的时间，提高他们交易的速度，提高他们分享价值的能力？

没错，尤其是在信息社会发展的其他大趋势中，移动平台本身提供了新的设计灵感。那些利用和争取设计和生产率价值的领先者们，从这些浓密的大趋势森林通过的道路是最畅通的。我们还不知道这一大潮将如何影响以及影响我们生活的哪些方面，我们可优先使用这些持久的关键价值，从而稳定地创造商业敏捷性。

高管简介

基图·帕塔尔（Jeetu Patel）目前正在管理 2012 年被美国易安信公司（EMC Corporation）收购的免费网络同步工具（Syncplicity）的业务。在此之前，基图是美国易安信公司的 CTO，负责云、大数据、移动和协作战略的长期战略规划。

我们一直关注移动技术作为创造和改进现有商业、促成互联网商业以及驱动商业敏捷性的手段。过去十年见证了在云、社交、移动、大数据以及第 5 章中所讨论的协作力量等方面的颠覆性创新和商业模式。掌上移动技术的能力是独一无二的，它们能够提供个性化、定位服务，并且不依赖时间。苹果电脑通过将声音和数据通信、数码照片和视频影片、娱乐以及游戏与操作便捷和丰富的用户体验集为一体，从而颠覆了移动通信市场。所以，移动可以通过无限的可能性驱动商业敏捷。移动技术和智能设备正在影响着我们的社交、文化和商业模式。

“移动不仅仅是在移动设备上的便利销售，还是在存储范围内为客户提供所有他们需要的信息，提供更好的体验，”湿海豹（Wet Seal）首席信息官乔恩·库博（Jon Kubo）说，“我们现在能看到这样一个趋势，零售商们都设法把工具塞到客户手里，把基本权利交给客户。客户喜欢在购物体验中被授予权利。”

澳大利亚商业分析学会（Australian Institute of Business Analysis）全国总监布旺·安赫尔卡（Bhuvan Unhelkar）将移动商业（m-business）定义为通过应用适当的移动技术和流程促成企业内部和外部商业活动的演化，从而形成移动企业。他认为移动商业从根本上是想通过不依赖地点和时间的方式同客户和合作伙伴进行交流。通过这种方式，他们可以为客户提供全新的、有价值的服务和产品。而且，移动商业还想开发移动的地点和时间的独立性，以改进内部业务流程。根据移动技术的动态性和瞬时性的性质，移动企业可以同客户、合作伙伴、其他外部合作伙伴和内部利益关系者保持密切的甚至持续的联系。

2011 年秋天，甲骨文公司开展了一项消费者对不同销售渠道的购物体验的看法的调查。2 169 名美国和加拿大地区 18 岁及以上的消费者参与了这次由独立的服务公司进行的在线调查。调查分析了他们用来获得更多产品信息或完成产品或服务购买的渠道，包括电脑、移动设备、实体商店、商品目录和客户服务代表等。这次调查还获得了客户使用这些渠道体验的数据，以及他们是如何将社交媒体融入到在线商务活动中的。

报告显示，移动商务是不同渠道之间的一个至关重要的纽带，尤其是对 18 到 34 岁的消费者来说。拥有智能手机的消费者中有 27% 每周使用手机搜索或浏览产品的次数大于一次，而 2009 年只有 13%。因为智能手机能够完成实体或在线购买、提供特价优惠、在客户进店时通知零售商，所以它们变成了跨渠道体验的通用平台。

18 到 34 岁的消费者比其他年龄段的人更愿意使用智能手机在店内或线上

支付。零售和移动服务供应商首先要做的，就是让手机成为安全的支付设备。

随着安全手段的改进，应用也会突飞猛进地增长。批发商和零售商应该积极地学会通过手机以客户建立联系的难得机会，为客户创造更加无缝和更加个性化的跨渠道体验。以下是消费者对是否会使用手机进行店内支付，以及他们对移动设备的安全性的看法的回答：

- 在拥有智能手机的人群中，25 岁到 34 岁的消费者中有 44%，18 到 24 岁的消费者中有 30% 的人正在或很快将会使用手机进行支付，但这一比例在 35 到 44 岁的消费者中降到了 22%，在所有消费者中降到了 9%。
- 使用者中，52% 的人会使用智能手机在店内支付，因为这种方式比从钱包里掏钱或者使用信用卡更快捷也更方便。
- 安全考虑是阻碍使用的因素之一，全球有 25% 的消费者担心如果他们在店内使用手机支付会被人盗取支付信息，68% 的消费者普遍认为用手机存储或传送信息不安全。
- 在线购买方面，18 到 34 岁拥有智能手机的消费者中，45% 每周都会有几次使用手机在线购买产品，这一比例在其他年龄较长的消费者中降到了 6% 以下。
- 11% 的美国消费者每月至少一次使用智能手机在线购买产品，而加拿大的调查对象中只有 5%。

移动网络越来越成为个人同商家互动以及获得更多产品和服务信息的基本接触点。

高管视角：Bitzer 手机公司联合创始人、加利福尼亚大学伯克利分校教授纳伊姆·扎法尔

当一些公司在问“我为什么需要移动技术”的时候，先进的公司则问的是“我们如何利用移动技术做些不同的事情，以便改进生产率和降

低成本”。而这正是移动技术在企业中扩散的必然结果。相比客服中心或者昂贵的印刷宣传册，当使用网络和移动设备将可搜寻信息传播给客户、合作伙伴和员工时，能够为企业带来巨大的成本收益。

在工作中应用移动技术就如同 20 世纪 90 年代中期将互联网引入到企业中一样引人注目。互联网一开始进入工作场所时，人们以为这只是一时的流行。但后来证明这种想法错了，因为使用这种高效及时的方式传播信息，为企业带来了巨大的成本收益和竞争优势。

移动技术进入工作场所可能比互联网当年所造成的影响更为深远。在这二百年里，我们每天穿上制服、跟交通斗争，进到大楼里上班。那栋大楼特殊的地方就在于那里面包含所有的数据，所有的人都在那里。如今，员工再也不需要进到办公室才能获得信息和与人交流了，因为大多数任务都可以通过电子邮件、视频会议、电话、协作工具等来完成。移动技术用于工作场所之后，工作的定义将会被永久改写。

我们知道很多大公司的远程员工高效地发挥着作用。在很多情况下，人们根本不知道自己的领导在什么地方，但是他们可以通过电话会议、视频会议还有其他协作工具来完成工作。这就是为什么虽然企业的生产率和利润一直在提高，失业率却并没有降低的原因。我们已经学到了最高效的生产方式，而这种高效正在改变工作的概念。

移动改变工作流程

我们来想几个使用移动技术改变人们工作方式的例子。当保险代理人和约翰逊夫妇谈话的时候，他们还在家里，保险代理人不但能跟他们交谈、了解他们的需要，还能在他的 iPad 上给出合适的报价、解释细微的差别、让他们在家里就能签订合同。保险代理人这种做业务的新范式可以帮助他们在一天内达成多笔业务。如此经济的方式让其他保险公司或服务行业代理人不得不去使用这种模式。

再试想一下处理交通事故索赔的时候，核算员能够拍照、算出正确的成本构成、结账、让人们直接在交通事故现场在 iPad 上签字，然后让公司直接把索赔的金额转入他们的账户。今天这也已经变成了可能。

医生可以通过视频会议为全世界的病人提供咨询。有了移动设备，医生无需再大老远地去到每家医院，病人也不需要在路上花上一周时间从偏远村庄赶到医院去看医生。这些都是深远的变化所带来的经济效益，这就是移动技术能做到的。

所需要的移动基础设施

需要哪些建筑模块才能让这一切变得可能？需要的建筑模块包括认证、数据安全、用户体验、访问应用的能力，以及让不同的应用互相获取数据的能力。Bitzer 手机公司已经把其中的很多模块放在了一起。再发展下去，我们会看见所有这些都会变得像互联网一样，20 年前还没人使用，而如今已经无处不在。这就是移动技术的未来，它将彻底改变你对工作的想法，以及支付工作酬劳的方式。

新的工作方式

教育是另一个正在彻底被改变的领域。今天，全世界教师的职责都是备课、教学、在教室里启发对话，还有管理社交方面的工作。学生们需要从教师那里获得大量知识，而教师的质量却参差不齐。

现在设想一下，你可以获得斯坦福、加州大学伯克利分校、麻省理工、哈佛、布朗还有许多其他同类院校的最优秀的课程内容。无论你身处乌干达、澳大利亚或者南美都可以享受这些内容。现在老师只需要花费过去一半的精力，就可以集中精力与学生们进行社交互动，而且只需要看一眼数据分析，就能知道哪个学生在什么地方有问题，应该如何帮助他们。所有这些只需要一台移动平板。今天这也变成了可能，现在人们就在采纳和广泛地应用这种形式。可汗学院现在用 60 门语言授课，免费提供 5 000 多部视频，可汗学院还提供分析和教学工具帮助在教室授课的教师。这还只是个开始，我刚开始在新生教育平台（Novo Ed Platform）同同旧金山的加利福尼亚大学一起教授第一堂 MOOC 课——关于新风险企业投资的时候，全世界已经有 6 000 名学生注册了该课程。

将移动技术应用到企业中

如果员工不能每天方便地获得信息和数据，对企业来说会有极大的弊端。但移动访问又会让信息技术团队每天都面对安全问题这个挥之不去的幽灵。不过，今天的市场上已经出现可以解决所有这些问题的新的技术解决方案，只要使用云和移动，所有这些都将变得更容易。因此那些没有尽早使用移动、没有问问自己怎样才能做得更好的公司将会处于严重的竞争劣势当中。

那些没有把钱投资到公司所有的电脑或手机上的企业，已经在其投资回收率上有清晰的显示。过去公司提供这些设备是为了控制数据网络和使用权限，以及确保安全。而这些限制在今天已经没必要了。随着自带设备（BYOD）趋势的发展，你在获取和控制数据时能够得到企业级别的安全保障。现在移动设备上的安全容器能够达到的安全水平，可以媲美甚至超越由 IT 团队严格控制的早期网络的安全水平。

在安全需求被满足之后，我们就可以集中精力利用数据和应用了。那些不能钻研使用数据的公司会在竞争的原野上受到严酷的惩罚。公司需要关注如何提高生产率和降低资金和运转费用，而移动技术势必成为这一课题的重要组成部分。

高管简介

纳伊姆·扎法尔（Naeem Zafar）是一位连环创业者，在 2013 年，他将自己在企业移动领域中的 6 个启动项目出售给了甲骨文公司。自 2005 年他就开始在加州大学伯克利分校教授创业学，并出版了 5 本作品。他在布朗大学和明尼苏达大学获得了电气工程学位。

移动性让生态系统更强大

在第 1 章中，我们讨论了商业生态系统的概念，通过提供利用协同商务的协同作用原理运行的可持续竞争优势模型，来开发和执行受社交商业技术驱动的客户体验管理策略，从而构建以客户为中心的价值链。智能设备的移动性让人们可以轻易获取各种内容，而信息强化了商业生态系统，又提高了敏捷性。任何公司的消费者、员工、商业合作伙伴都可以在智能设备的移动性的帮助下轻松收获巨大的利益。

让我们来看一下在企业中部署移动性给商业带来影响的案例。

赋予劳动力更多权利

移动和移动技术授予销售、服务、车间、零售店、餐饮、卫生保健、银行、旅游等各种行业的劳动力更多权利。我们经常可以见到不管是什么行业的销售或服务人员带着平板电脑或 iPad 向客户展示自己的产品或服务，或者仅仅用来抓取事实或获得提供某些服务的授权。

让销售团队更加智能化

移动提供了强大的系统，比如客户关系管理（CRM），它能够让销售人员比之前更加高效地工作，帮助他们随时利用触手可及的所有资源同客户进行远程面对面的对话。在智能设备的帮助下，销售团队变得更加智能化、更加高效，无论他们是从事市场营销环节（预测、使用客户智能进行无约电话、潜在顾客开发流程、电子邮件营销等），还是处理询价（RFP），提交报价、客户介绍或展示等。现在他们仅仅需要通过智能设备从云基础设施获得所有资源来执行这些任务，云基础设施在第 3 章已经讨论过了。

大多数龙头企业的客户关系管理（CRM）系统都可以通过云基础设施提供，只需使用智能设备就可以访问，比如甲骨文销售和营销云、Salesforce.com CRM、微软 Dynamics、Sugar CRM 和 SAP CRM 等。移动不仅仅让销售团队变得更加智能化和高效率，帮助他们实现销售额，还帮助客户获得商业需要的合理解决方案，从而极大地缩短了销售周期。

让服务团队主动出击

移动还帮助服务人员在智能设备和 iPad 的协助下为客户提供主动性服务，他们只需要进入记录系统，就可以马上看到准确的资料。服务在云上部署的综合客户关系管理（CRM）系统保证了调度保修和日常服务，从而帮助服务人员更加智能地获得之前的故障和维护服务历史资料。例如，如果我们开车去给车做定期保养，一家信誉良好的汽车制造商的服务咨询师拿着 iPad 走过来，调出汽车的历史详情和维护记录。根据所输入的内容，服务咨询师记录了接下来要进行简洁、顺畅又愉快的体验，难道我们不应该感谢现在的移动和智能设备吗？

创造通信和客户互动的新模式

智能设备改善了生态系统的可及性和通信。客户、员工以及合作伙伴可通过不同的方式获取所有不同的信息。移动为生态系统的用户提供了更多可用资源。例如，一位乘客在乘坐出租车去机场的路上无需拨打航空公司电话就能够获取飞行时间的信息。通常通过智能设备上的条形码就能在机场打印登机牌，过安检登机。同样，用智能设备获取运动比分、医疗信息以及其他信息也变得日渐普遍。在机场、宾馆、餐馆、学校还有大学周边快速增多和随处可用的热点连接，为信息获取、消费和执行重要任务提供了更大的敏捷性。

高管视角：Mindmatrix 创始人和 CEO 哈邦德·凯拉

移动的催化剂作用

Mindmatrix 公司使其销售和市场营销团队能够通过直接和间接渠道，使用线上、社交、移动和线下媒介相结合的无缝对接，与客户和潜在客户建立关系，进行远景规划。通过使用 Mindmatrix 收入增长平台（Mindmatrix Revenue Growth Platform），销售和市场营销团队能够以更少的支出换来更多的销量。越来越多的人使用网络驱动的移动设备，对此，我是这么理解的：只要动动手指就能够获得以往销售人员和渠道人员途中的信息，这也强化了这一变革的力量。因此，现在的公司开始与被信息“武装了”的潜在客户打交道了。对于公司来说，要赶上这些潜在客户，就必须能够实时通过多重渠道吸引他们；移动设备让人们只要触动指尖就可以获得所有信息，比如销售和市场营销的信息，而这些资源通过 Mindmatrix 服务可以更加个性化地传到客户手中。Mindmatrix 给销售和服务人员添加了敏捷性，帮助他们对客户和潜在客户进行可行的跟进行动，移动在这里起到的就是催化剂的作用。

以位置为基础延伸目标客户群

智能设备还能提供位置显示功能，使营销人员能够在特定的位置实时定位和交流产品及服务的信息。比如，我们走进一家商场，并且在 Foursquare 网或谷歌定位上报到，这些服务的所有用户就会知道我们在商场里。商场里的商家就会针对我们，通过发送简单的提醒消息推荐他们的产品和服务。这就为营销和广告领域打开了目标通信的新大门。商家可以通过该服务发现商店附近的目标客户，客户也可以由此获得产品和服务的优惠信息。

移动促进众包服务

现在的智能设备（比如 iPhone 和三星）都有非常强大的内置工具，比如照相机、录音机，还有进入包括社交媒体在内的各种应用的入口（比如：Twitter、Facebook、LinkedIn、Skype、Viber，还有很多其他能够众包的工具）。很多爆炸新闻故事首先是通过在事件现场用智能设备拍摄的照片或视频等方式更新到 Twitter、Facebook 或者 LinkedIn 上的。积极的新闻记者也会参考 Twitter 或众包新闻来鉴别可靠性和真实性。

在智能手机的帮助下，政府机关将犯罪现场的罪行拍照或摄像上传，以此来向公众寻求帮助，打击犯罪和报告突发事件。社区监控是一个伟大的监控举措。Nextdoor 就是门户服务一个极好的例子，我们可以在上面更新、报告或上传在居民社区内观察到的任何发现，然后向官方提出建议。智能设备使我们能够智能移动，随时捕捉道路、小径、路灯或异常行动和行为，并立即实时报告。

移动强化卫生保健服务

移动网络和智能设备同社交网络、云技术平台以及大数据分析的结合，为实现病患不仅能够在医院和诊所而且可以直接在自己所在的社区接受医疗保健这一目标奠定了坚实的基础。移动正在变成患者、医师、供应商和付款人的核心属性，让他们能共同努力获得更便利的医疗保健服务，取得更好的成果。最直观的患者授权就是移动和社交网络相交叉。患者现在常常用智能设备积极地参与线上论坛和博客上与健康相关的讨论。Patientslikeme.com 就是其中一个社区门户，它现在拥有 150 000 名用户，分享和讨论 1 000 多个健康问题的病情、症状以及治疗信息。

更有趣的是，患者已经开始使用智能移动管理自己的健康了。社交和移动健康应用的数量每天都在增加。比如耐克腕带 、Abvio 计步器、走步器还有轨迹，全都是基于移动平台具备 GPS 能力的智能设备。控制慢性疾病的应用数量也在显著增长。例如，患者可通过互联网和智能设备获得血糖信息，然后他们的保健提供者可以提供相应的指导和纠正护理。还有更先进的设备，比如直接连接到智能设备的血压袖带，它可以测量血压，如有异常，可以立即把读数发给保健提供者。

移动开发架构

为了给开发人员提供更强健的企业级开发平台，甲骨文公司最近引入了一个由甲骨文应用开发架构移动、伯克利数据库和精简移动构成的移动企业应用平台。ADF 移动和 JDeveloper 可以帮助开发者迅速地将企业应用扩展到移动设备上。这些移动设备使用伯克利数据库进行可靠的设备/本地数据管理。甲骨文精简移动服务器在Web Logic服务器的中间层运行，为甲骨文数据库服务器应用和移动设备提供连接。这可以为数据中心提供自动和双向的同步，并对设备进行强健的远程管理。

Medtronic通过在企业实施移动手段获利

Medtronic凭借在心血管、神经、肌肉骨骼疾病、慢性健康问题和外科手术的医疗设备及治疗方法等方面的医疗保健服务的技术创新，登上世界领先位置。首先，它引入了电池驱动的心脏起搏器这个在今天拯救了无数条生命的设备。而现在它正在使用iPad系统将最先进的医疗技术传输给全世界的内科医生和患者，开创了另一项重大的创新。抓住当前信息技术取得进展这一机遇，Medtronic得以建立文件和演示文稿的分享系统，通过视觉效果丰富、互动性强、使用简便的移动平台阐释复杂的高科技产品。这种解决方案必须是一个非常方便进入的系统——只需要遵守Medtronic现有的安全政策，基本不需要或只需要很少的培训即可使用。

“我们的使命是减轻疼痛、恢复健康和延长生命，”Medtronic神经调节机构的市场营销和药物传输系统总监林尼·波曼（Linnea Burman）说，“我们每天都在努力帮助更多的患者使用我们的治疗方法。我们用iPad跟临床医生交流；这可以让我们的讲述变得形象生动。销售代表可以迅速调出信息，通过图像讲述令人记忆深刻的故事。”

为每一位员工配备iPad，让Medtronic拥有了一个向医疗保健专家、个人患者和患者倡导组织展示和讲解其有创见的医疗技术的理想平台。“iPad让我们能够比从前更快地向客户传达信息。”Medtronic的首席信息执行官迈克·亨吉斯（Michael Hedges）说道。

自2010年起，位于明尼苏达州明尼阿波利斯市的Medtronic采购了大约13 000台iPad，并为内部使用的移动应用创建了自己的应用商店。通过和一家同样位于明尼阿波利斯市的甲骨文合作伙伴鱼缸解决方案公司的合作，Medtronic 的 IT 员工扩展了其基于甲骨文网络中心内容的文件管理和分配系统。这个用于 iPad 的移动内容管理系统连接到 Medtronic 的以甲骨文网络中心为基础的后端系统，让现场销售人员能够通过受众指定的内容或主题，为客户提供即时精确的产品和治疗信息。

新一代应用如何利用移动平台

在制造和开发新应用时，要时刻将能够延伸到移动平台和设备上的移动性铭记于心。甲骨文公司的新一代融合应用组件就是基于这种远见通过应用移动开发架构打造的。它通过紧密的设备服务整合和移动优化的用户界面，提供跨平台的丰富的设备移动功能。ADF 基础应用让开发者们可以快速直观地开发应用，一经完成马上分配到各种设备和渠道，从而使业内企业能够满足频繁变化的移动要求。

Fusion Tap 是甲骨文融合应用组件的移动应用模块的集合，让移动工作者随时随地具备生产能力。通过将信息驱动方式带入移动应用模块中，Fusion Tap 能够帮助移动工作者通过一个普通的基于例外的工作表知道他们需要做的工作，通过嵌入式分析就能获得他们需要的内容，以及为了获得解决问题需要联系什么人。

融合移动销售通过使用苹果 iPhone 和蓝莓手机进入甲骨文融合 CRM 中，帮助团队用智能手机瞬间接入应用，分享重要的客户、联系人和机会的详细情况，从而进一步提高销售团队的生产率。通过移动技术，员工可以将时间更加高效地利用在客户身上。现在员工不管在哪里都可以通过智能手机远程访问客户关系管理（CRM）、自服务等企业应用。员工可以更好地了解内部库存，根据客户需要的变化及时作出反应。移动客户关系管理（M-CRM）必须通过为客户提供价值来创造紧密的客户关系。客户需要可靠、快速的服务，那么

CRM 提供这样的服务就能让企业获得更多的客户。CRM 这一系统为企业提供了直接与客户和用户联系的能力，因此在移动商业中至关重要。此外，在移动客户关系管理（M-CRM）中同客户的个性化互动也极有价值。整个技术、软件、人和再造的商业流程的结合都集中通过 CRM 提供价值。

企业移动平台

企业移动平台对企业变得越来越重要。随着智能设备用户的广泛增加，大企业不得不制订计划和政策鼓励员工自带设备（BYOD）。员工被鼓励携带自己的设备上班，他们就需要有访问公司应用和数据的权限。这就要求企业必须提供安全访问数据和应用的身份和访问验证。一家企业的移动平台必须同时应对移动设备管理（MDM）和移动应用管理（MAM）两大问题。

主要的技术供应商如 IBM 公司、甲骨文公司、惠普公司和 SAP 公司都制定了全面的战略，为企业提供移动解决方案、引入强大的移动平台。目前甲骨文公司收购了 Bitzer Mobile，而 IBM 公司拿下了 Fiberlink，用以强化自带设备（BYOD）的措施。

甲骨文移动平台是一个帮助开发者提供用来编写跨平台、多渠道、多设备的应用的综合性强大平台。它能够在整合企业和移动设备的数据和服务方面提供辅助，能够通过利用身份和访问验证服务，在企业和移动应用的所有层面统一提供安全信息。最重要的是，该平台不仅够在云上，还能够在办公场所对多向交付进行部署和管理。通过收购 Bitzer，平台增加了自带设备（BYOD）安全能力，使员工可以自带设备，通过单点登录进入同他们设备上的个人应用分隔开的所有企业应用。

移动部署架构

随着对移动和访问商业应用的需求的增长，公司正在改变他们做生意的方式。随着企业网络进化为以无线为中心、以云为基础和以移动应用驱动为环境，移动解决方案提供者开发了名为移动设备管理（MDM）的全面产品和服务组合，用来解决这个市场问题。这种解决方案让企业能够：

- 管理和控制用户库存；
- 控制和优化企业移动的支出；
- 确保企业基础构架的安全；
- 监控和管理使用；
- 管理应用和安全；
- 实时管理用户和访问。

移动平台部署在商业方面的考虑因素

将移动平台部署到企业前，应该着重考虑以下因素：

- 对待内容载体和即将提供该内容和服务的商业合作伙伴的不同方式；
- 对载体和合作伙伴关系的定价模式；
- 与移动内容有关的所有权、隐私和安全问题；
- 确认和使用客户定位信息进行促销的许可；
- 基于移动网络技术及其覆盖范围的服务质量；
- 和位置服务供应商的协作和服务水平协议；
- 移动服务内容开发和管理战略；
- 管理因采用移动技术而造成的商业模式和组织机构的变化；
- 管理因采用移动技术而造成的同顾客和供应商关系的变化；
- 开发为客户创造价值的移动应用；
- 整合线上线下内容和服务，以便为用户提供统一的观感；
- 使用外联网和企业内部网让顾客和合作伙伴进入移动商业要求的动态的决策制定程序中；
- 处理与动态变化的商业流程相关的质量和测试问题；
- 确保企业遵从相应法律法规，尤其是在全球移动的大环境下。

移动增加了实时协作（第 5 章内容），促进了员工、客户和合作伙伴生态系统之间的无障碍和通信环境。甲骨文社交网络通过在个人、企业应用和商业程序中捕获信息的串流对话解决了协作的缺口问题，从而促进了企业内部和企业之间的个人用户和人群的协作。作为一个参与系统，个人既可以在追寻的商业目标中，也可以在偶然发现信息和专业知识中进行协作、建立关系网、推动决策以及更新数据。

移动可以在企业内部强化知识管理，使其更加强大、可靠和容易获取。从如何搜索客户、如何获取信息到如何进行同事间协作，移动技术迅速地延伸到我们行动的方方面面。终端用户可以随时随地更新重要文件或添加新文件。

保护智能设备很重要

使用智能设备在带来巨大利益的同时，如果不能通过安全措施和严格的政策进行保护，也会为企业带来严重威胁。在今天的企业中，智能设备既可以普遍用来随时查看公司邮件和文件，以及通过虚拟网络（VPN）通道访问公司应用，还可以通过这些设备访问公司联系人数据库及信息库，有时候甚至可以访问重要的财务信息系统。在这种情况下，就必须对敏感的商业数据采取隐私保护措施。这些设备登录到企业系统之后，可能会被其他没有授权的人随意进入。比如，无授权用户无法查看公司邮件、联系人数据库和财务信息，还有确保这些设备不会被他人利用。

公司保护服务器、工作站以及其他 IT 系统和服务已经成了惯例，而保护智能设备的安全也应该提高到最重要事项的级别上来。智能设备有一些必须要防护的重要安全威胁。最常见的第一个威胁是设备丢失或失窃可能造成的公司信息泄露；第二个威胁是未授权者使用这些智能设备可能导致公司信息的不当使用；第三个威胁是专门针对这种设备的恶意软件。

身份是重塑企业的“5 级龙卷风”技术的核心。再次重申，高德纳公司认为这是改变商业的根本力量。协作已经变成了商业的主流，企业现在不仅将社交平台用于联系客户，而且也将其用于联系企业内部员工和机器。员工可以在任何地方通过移动设备访问商业应用和数据。信息不再局限于同一个系统中，不同系统中的信息正协同地发展着，软件即服务应用继续得到广泛的接入和采用。

互联网企业现在必须把身份作为管理和保护社交、移动、信息和云带来的变化的关键成分。这些力量将数据和通道推到了防火墙之外，企业必须解决因此造成的安全和管理问题。对于需要处理云应用和员工通过移动设备远程访问应用的信息技术来说，过去的身份及访问管理（IAM）软件已经无法提供可行的解决方案了。

虚拟企业需要的是身份解决方案，用来管理延伸到传统的防火墙网络之外的环境。云基础身份及访问管理（IAM）为互联网企业内部提供了可视性，对可能跨越多个商业生态系统的虚拟企业合作关系共享的 IT 环境进行控制。在企业信息技术发生变化的世界里，要靠商业管理解决方案来解决新的身份和安全问题。除此以外，云驱动的身份及访问管理（IAM）的可扩展性和灵活性，也使互联网企业能够对不同身份场景的自适应动态作出反应。

商业在变化，企业需要云身份及访问管理（IAM）解决方案才能胜任。随着企业不断地向云靠近，员工持续走向移动，通过云解决身份问题是有道理的。身份及访问管理（IAM）是具有竞争力的社交和移动虚拟企业的云基础设施即服务（IaaS）的根本元素。

高德纳公司预测，到 2017 年，将有半数企业推行员工自带设备（BYOD）政策，其带来的潜在威胁有：

- 虚拟企业网络被写入病毒或恶意软件；
- 违反针对访问或处理专利信息的企业数据管理规则；
- 违反政府或行业相关规则访问和使用受限数据。

高德纳公司还预测，到2020年，将基于属性的访问控制（ABAC）作为保护重要数据资产的主要途径的企业，会从2014年的不足5%提高到大约70%。在市场上有很多用来避免这些威胁的技术解决方案，企业需要对其进行谨慎的评估和部署。

WidePoint公司就是一个使用新的云基础身份即服务（IDaas）这种数据保护和安全技术创新的例子。根据WidePoint的经历，该服务将数字证书分配到移动设备上用来保护分享的数据，同样也能用来更好地管理笔记本、平板和智能手机访问公司数据的权限。

WidePoint产品使用了云移动汇流，并且可能提供大数据保护。身份即服务（IDaas）芯片证书服务能够：

• 在虚拟企业网络和移动或在家办公的员工使用的设备之间，创造安全的虚拟私人网络（VPN）连接——无需专有软件客户端；
• 确保员工只能将敏感数据下载到已授权、适当配置和受保护的设备；
• 对丢失、失窃或离职员工的设备进行远程撤消证书；
• 在以自主访问控制为基础的用户名和密码的虚拟私人网络（VPN）解决方案以外执行多级信息安全政策；
• 根据用于建立连接的不同的自带设备（BYOD）为虚拟企业中的员工、咨询师和贸易合作伙伴分配不同级别的权限；
• 使用基于属性的访问控制（ABAC）帮助互联网企业在多个商业生态系统中灵活管理多个虚拟企业的全球团队。

WidePoint首席技术官丹尼尔·图瑞希尼（Daniel Turissini）解释说："我们曾经建立过基于300万用户的联邦政府授权的认证基础设施，这种独一无二的专业资质让我们能够开发和为市场带来成本低、可扩展和易于部署的服务，解决企业在把IT基础设施延伸到云的过程中所面临的问题。"Wide-Point首席执行官兼主席史蒂文·科马（Steven L. Komar）补充道："我们在通信生命周期管理和身份保证解决方案方面有长期和经过考验的专业经历，因此我们能够提供独一无二的服务，更高水平的安全是我们为商业和政府市场提供的托管移动解决方案组合的一部分。身份即服务（IDaas）芯片证书不仅能够提高工作者的生产率，而且还能够为企业独特的安全政策和相关的合规要求提供补充，并通过这种方式为客户提供额外的安全性。”

除此以外，基于属性的访问控制（ABAC）的身份即服务（IDaas）数据保护和安全技术也可能是大数据混合云端多共享的安全挑战的解决方案。这种方法将所谓的数据湖作为数据存贮结构。博思艾伦汉密尔顿控股公司（Booz Allen Hamilton）委托人彼特·古尔瑞（Peter Guerra）解释说：“我们建立了一系列大数据平台帮助顾客注入任何类型的数据，保护每个单独的数据要素安全地进入平台。我们管这个结构叫做数据湖。”

传统的数据仓库和新出现的数据湖的区别反映了记录系统（SOR）转化成参与系统（SOE）的问题。因此，仓库僵硬的预分析处理数据结构被流动的大数据流元数据标记所取代，大数据流在流入数据湖的过程中被收集和存储。身份即服务（IDaas）基于属性的访问控制（ABAC）方法可以根据安全需要和执行方面的考虑，用于固定离散数据或整个数据湖。

Mobotory：商业敏捷策略在行动

乔恩·史蒂文森（Jon Stevenson）是Mobotory这家年轻高科技企业的CEO。通过利用与主要合作伙伴的关系，以及建立全球搜索虚拟企业，它正在快速地成长为一家互联网企业。这种商业敏捷战略使Mobotory在全世界的不同行业中成为许多商业生态系统中的重要成员。

Mobotory公司“5级龙卷风”技术融合颠覆了其目标活动市场空间，为大规模活动管理提供移动企业解决方案。这种解决方案建立在集安全、保卫、运营、工程设计、生产和广播电视物流管理应用为一体的核心应用发动机模块结构的基础之上。

这是一个建立商业敏捷性的故事。

我们为什么要创建这个公司

在为一家运动客户创建信息移动应用的时候，我们得到了访问体育赛事运作团队的权限，我们发现他们的运营方式依然是几十年前的老样子，于是我们想做点什么去克服这种还在用纸、无绳电话和模拟系统的技术局限。所以我们就创建了企业操作系统（eOS），用来进行无缝的实时同步协作，跟踪信息流，为终端用户提供简易操作办法。

是什么让我们与众不同

我们设计了从地面到移动环境的企业操作系统（eOS）。这种原生程序可以方便地进行信息获取和导航，通过手持设备就可以进行互动，这是一种白标签解决方案，任何拥有简单整合模块的行业都可以轻松定制。

企业操作系统（eOS）能为你做什么

为了让您掌控活动，我们提供采用了可靠网络结构设计的易使用的移动平台。我们的企业操作系统（eOS）是一个整合的移动软件组合，你几乎可以在当地实时运作活动的各方面。

我们理解你每天都要面对的挑战。意外的改变、混乱和困惑都是不可避免的。如果没有合适的工具，用成堆的稿纸、会议日程表、地图来记录公司员工、老客户、供应商以及停车位，很快就会让你陷入无尽的折磨之中。

我们的企业操作系统（eOS）是活动管理的新一代演化。这是一个简单直观的应用，可以让你和你的团队无论在何地都能获得和分享信息，根据信息作出反应。不再让问题给你的活动制造更多麻烦，让你在比赛前、比赛中和比赛后都有优势。它的无缝通信和信息流让你能够积极地管理风险，更快地解决问题，降低运营成本。

使用企业操作系统（eOS）可以确保你的数据既安全又方便获取。

在幕后，这个敏捷的平台是建立在安全的私有云技术之上的。通过内置安全和基于角色的访问控制巩固数据中心，和在共享基础设施上部署工作负荷。我们的智能网络和构架为你提供可以信赖的连接。而且，企业操作系统（eOS）可以和你现有的硬件和软件投资共同工作。

企业操作系统（eOS）的中央数据库能让你的历史数据为你工作，同时还能为你保护时间、资源和公众形象。你的团队通过企业操作系统（eOS）录入的文字、图像和视频数据，减轻甚至防止因为意外事件而产生的法律风险。在活动中和活动后，通过企业操作系统（eOS）分析模块回顾关键指标以了解你的运营细节，使用这一信息改进和推动管理。

企业操作系统（eOS）的特征和好处

该系统有以下特征：

- 在事件发生的时间和地点管理事件；
- 通过灵活可靠的网络基础设施保持连接；
- 捕捉视频、照片和文字；
- 安全存储数据用于未来参考；
- 使用地图和列表视图跟踪问题；
- 使用虚拟命令中心；
- 接收现场活动脚本更新；
- 使用简单直观的界面；
- 现场通信；
- 通过个性化的任务分配进行快速反应；
- 无纸化一般信息结合现有的 IT 基础设施。

该系统所带来的好处如下：

- 更好的响应协调；
- 实时态势感知；
- 流线型通信；
- 更高效的人员部署；

- 降低事故频率和严重性；
- 降低保险成本；
- 更好的诉讼保护；
- 减少负面宣传；
- 优越的主顾和合作伙伴活动体验。

企业操作系统（eOS）模块结构的构成

企业操作系统（eOS）的核心特征集由以下可交替模块构成：

- 事故报告。在事故发生时通过图片、视频和文本对问题进行有力、可靠的记录；
- 安全组件。通过交互式的鸟瞰方式观看活动，保持态势感知。
- 任务管理。更加有效和全面地对你的团队的工作流进行分配、跟踪和存档；
- 联系。通过电话或邮件一键接通；
- 活动脚本。创造你自己的剧本，没有纸张的限制，实时进行更新；
- 信息。在任何设备上用指尖一点就可以获得所有关键任务的信息和文档；
- 记录。记录其他临近备用设备观察到的信息，以便实时或未来使用；
- 命令中心。在任何地方都可以创建你自己的运营中心；
- 停车。可以让你360度查看现场的停车场，包括指定的停车位置和停车费；
- 分析。通过评估活动中和活动后的关键指数了解你的行为方式；按照活动映射你的进步。
- 客户定制化。调整企业操作系统（eOS）的外观和风格满足你的需要；
- 安全的数据库。IT系统拥有通过内置安全进行的高级加密和基于角色的访问控制；

- 实况报告。实时记录和分享新信息；
- 基础结构。我们提供运行企业操作系统（eOS）必要的硬件和软件；
- 执行。我们会尽快帮你启动和运行；
- 网络体系结构。A 安全的智能网络和技术结构的云解决方案确保你能够建立和现有的硬件和软件基础设施共同工作的可靠连接；
- 粉丝模式。粉丝们可以通过电话或短信一键式访问活动安全，还可以直接将事件报告给中央系统。

我们听从你的要求，可以为你提供客户定制的附加模式，以满足你的独特环境。

我们成功的关键

我们了解客户的企业，我们知道如何使用移动技术解决他们每天所面对的挑战。我们和企业合作开发了白标签解决方案，向他们的客户发送许可，以及直接处理事件属性。我们的团队在运动、娱乐、工程、软件和法律方面的多种背景经验让我们能够和客户一起合作，创建一种我们的合作伙伴正在使用的可靠、易于使用的解决方案。

我们的成就

我们推出了企业操作系统（eOS）正式版本，核心特征是为我们的合作伙伴和客户的行业解决问题，我们已经和多家公司一起将白色标签企业操作系统（eOS）的许可协议授权给他们的顾客。除此以外，企业操作系统（eOS）已经于 2011 和 2012 年成功地被应用到大量的活动中，包括节庆杯（Fiesta Bow l)、洞察杯（Insight Bowl）和伦敦夏季奥运会，以及 2013 年罗马教皇弗朗西斯（Pope Francis）访问巴西。

2013 年 7 月 22 日 ~29 日，罗马教皇弗朗西斯访问里约热内卢并参加第 28 届世界青年节活动，这对于巴西联邦警察在全国范围内部署的企业操作系统（eOS）解决方案来说，是一次全面的现场测试和评估。联邦警察和我们建立了合作关系，使用企业操作系统（eOS）来监控教皇此行的重大活动。其目的是在问题出现时立即作出快速反应，比如火灾逃生或检测和预防道路拥堵、事故或犯罪等。现在我们正和联邦警察共同制定能够用于 2016 年夏季奥运会的方案。

在第 7 章中，我们会更详尽地阐述“5 级龙卷风”技术和社交媒体的融合，尤其是其通过倾听各行各业的利益相关者（客户、合作伙伴、员工和独立咨询师）在他们的商业生态系统中的声音来以多种方式促进互联网商业的开展。

CREATING BUSINESS AGILITY

How Convergence of Cloud, Social, Mobile, Video, and Big Data Enables Competitive Advantage

第 7 章

社交网络技术促进社会化商业转型

如果你正要读这一章，那可能你已经开始思考这些颠覆性技术是如何融合到一起，为你提供你需要的所有资源，让你的业务在正确的决策方向下快速转变，为你创造可持续的商业竞争优势。近年来，我们已经见证了在通信、协作和新型社交媒体上的主要范式的转移，这迫使我们所有人学会倾听声音并对其作出反应。在第 2 章中，关于商业敏捷性中的多维度评分，除了预测分析和认知性智能中个人档案、生活方式和参与关系之外，我们还介绍了通过“倾听我们自己的内心判断”建立的第四维度——信任。我们认识到了这一事实：倾听我们自己的内心判断会让我们更加审慎地做出正确决定，并且一定会帮助我们更好地建立商业敏捷性。我们还意识到了公众声音的智慧，以及在商业方面，商业生态系统（客户、合作伙伴和员工）声音中的智慧。当前的商业正在极速向社交媒体转移，同样也在快速转型为社会化商业，有的人可能一不留神就会迅速在商业中失败和出局。这些变化有时候被称为众包、社交网络、社会化商业和企业 2.0 版。我们相信无论如何称呼，无论你在哪里、如何经营你的业务，它们通过为倾听你所在的商业生态系统中的声音提供资源的方式，已经成为了改变你的商业模式的主要力量。

我们无需对信息传递渠道通畅的商业生态系统和社会中的增长的数字感到惊讶。下面是最近对我们的社会政治、经济和商业环境造成革命性影响的一些事情：

- 2012 年 6 月：全球 24 亿互联网用户（不包含中国）受新兴市场的驱动，每年增长 8%；
- 2013 年 2 月：每天 10 亿推文；
- 2013 年 3 月：Facebook 的用户超过 10 亿人次；
- 2012 年 10 月：Twitter 超过 5 亿用户，每天增长 15 万人；
- 2013 年 1 月： Foursquare 网友超过 30 亿的登录人次；
- 2013 年 3 月："博客—博客系统"（Blogs-Word Press）宣布有 4 000 万个新帖子；
- 2012 年 12 月：潘多拉网络电台用户收听音乐时长达 130 亿小时；
- 2012 年 7 月：奈飞公司宣布其视频时长 10 亿小时；
- 2013 年 3 月：YouTube 宣布每月视频收看时长超过 40 亿小时；
- LinkedIn 网的用户最近超过了 2 亿；
- 50% 的社交网络用户和品牌连接。

我们在第 6 章详细介绍了人们通过指尖设备获得的移动性是如何加速社交媒体进行沟通和协作的。麦肯锡公司报道，社会化企业的收入高于社会公司 24%，而弗若斯特沙利文公司（Frost & Sullivan）多种关键业绩指标（KPI）的数据也再次证明了这一事实。在本章中，我们会重点探讨使当前企业变得更加智能、使新企业增长更加快速的各种社交媒体、平台和技术。

社交媒体：新的颠覆性革命

社交媒体是造成商业通信模式快速改变的新的颠覆性革命。企业必须探索和评估这些媒体，从而改进其营销、销售、客户服务和品牌声誉。智能设备（智能手机、iPad、蓝莓）变成了很多企业销售和现场服务人员的必备之物，而很多企业都支持自带设备（BYOD）模式，并允许这些设备访问内部网络和应用。

这些社交媒体对近期的社会政治活动造成了重要影响。不久前，奥巴马总统就在政治竞选中使用了这些媒体进行宣传，最终赢得了辉煌的胜利。我们已经进入了一个通过强大的媒体和每个人手里的智能设备将社会连接起来的新纪元，而企业需要警惕起来，倾听这些声音。在这个新的工作环境中，企业将不得不彰显透明度以获得员工、合作伙伴和客户的信任及忠诚。不喜欢某种产品的客户可以迅速将他们的差评传播开。

“美联航摔坏了我的吉他”这个故事想必大家都很熟悉了。几年前，芝加哥美联航（United Airlines）的行李员摔坏了戴夫·卡罗尔（Dave Carroll）价值 3 500 美元的吉他，他先是用老办法跟航空公司要求索赔，但是在几个月里跟多个客户服务代表打了无数次电话，发了无数次传真，航空公司还是拒绝赔偿他。卡罗尔先生这位来自加拿大的专业乡村音乐歌手，把自己的曲折经历写进了歌里，制作成视频上传到 YouTube。《美联航摔坏了我的吉他》视频一经上传，浏览量马上就超过了 440 万次。

美国的航空公司是最先将社交媒体当做低成本的公共关系和营销工具的，尤其是用其传播机票促销的消息，宣传新的航线和服务。其他像美国西南航空公司（Southwest Airlines）、美国捷蓝航空公司（JetBlue）以及阿拉斯加航空公司（Alaska Airlines）等客运航空公司都是最活跃的用户，每家都有线上关注者（或者粉丝）。甚至有些机场，比如亚特兰大的哈兹菲尔德 - 杰克逊国际机场和波士顿的罗根国际机场都在 Facebook 和 YouTube 上使用专用通道，为旅客提供诸如如何使用机场系统的信息和有关在建项目或租车服务的变更等的更新信息。

社交媒体在不到八年的时间里取得的惊人成功，吸引了超过十亿几乎分布在所有国家的活跃用户，一跃成为全球最流行的通信和协作工具。Facebook 为用户提供了一个向网络广播的个人媒体。知名企业为员工提供了公司版本的混合 Twitter / Facebook。甲骨文公司最近公布了甲骨文社交网络（OSN），Salesforce.com 有自己的产品吱吱喳喳（Chatter），IBM 公司有连接（Connections）软件，还有新兴的 Yammer 和 Jive 等，都为通信提供了协作工具。“‘信息就是力量’过去指的是储备的信息能够提供的力量。而现在我们可以看到，分享信息才是力量。我们分享的信息越多，就越能够帮助他人，别人也就越觉得我们是专业和有价值的员工。”Yammer首席执行官大卫·萨克斯（David Sacks）说道。

最近出版了很多关于社交媒体和社会化商业的书籍，这引起了所有行业的主要决策制定者的关注。桑迪·卡特（Sandy Carter）在她的《拥抱变化》（*Get Bold*）一书中总结了社会化商业成功的AGENDA：调整目标（align goals）、获得信任（gain trust）、参与（engage）、网络（network）、设计（design）和分析（analyze），以及获得预期的业务成果所应具备的特征。她是社会化商业转型的重要传播者，她在书中激昂地主张到，想要在当前颠覆性力量的龙卷风之下生存和成长，就必须具备AGENDA。根据不断变化的商业需求和与社会相连接的商业生态系统的新模式，对企业的目标和文化进行调整是极为重要的。企业需要获得客户、合作伙伴、员工、所有的利益相关者、朋友和追随者等的信任。他们需要同顾客和商业生态系统中的合作伙伴建立良好关系，为其提供愉快的体验。她还继续强调了建立所有利益相关者信任的社交网络流程和设计流程的需求。更重要的是，她推断，分析围绕产品和服务建立的情感模式至关重要。社交网络技术不仅是促使人们捕捉和倾听与你的业务相关的声音，为你做出正确决定提供依据，它还辅助认知性智能对当前的敏捷商业进行运行和管理。

在我们看来，社会化商业在这个新的商业环境中极为重要，这种新的范式转移界定了客户参与的新水平。

客户参与的六个层次

1. **网络**。公司转移到互联网之后，他们让客户自给自足地获得产品信息、客户服务和进行购买。

2. **社交媒体**。社交网络打开了面向公众的双向对话的可能性。

3. **Facebook / LinkedIn / Twitter**。对很多人来说这就是互联网，他们经

由这些世界上最大的社交网络与朋友和公司进行交流。

4. **移动**。在人人兜里都装着电话的时代，客户可以通过他们的移动设备查询所需信息。

5. **增强现实技术**。现在互联网信息可以凌驾于现实世界之上。

6. **游戏层面**。这建立在移动层面之上，让企业将这个世界及其业务变成了一场游戏。

信息技术的消费化与简易的使用、吸引人的界面、直观的功能和低廉的成本息息相关。在企业的IT世界里，这种向消费化IT的转变被描述为员工购买的iPhone、iPad、安卓手机和平板等移动设备的渗透。这种现象正在快速发展和进入大型企业。Facebook Twitter 、LinkedIn 、Foursquare 以及 iPhone、蓝莓手机、平板电脑等移动/智能设备在客户中的巨大成功和激增，创造了IT的消费化和寻求愉快网络体验的新范式转移。如今，客户变得比过去任何时候都强大，只需指尖一点，就可以轻松获取信息和通过社交媒体和全世界进行交流。

社会计算和社交媒体的使用正在改变人们之间以及与企业之间的在线互动的方式。大部分购物者都开始在线交易，而最常见的起始点就是零售网站本身。这些客户正在纷纷参与、连接和协作。他们想了解朋友们喜欢什么，还有哪些别的选择，以及和他们一样的人最终买了什么。

这些客户绝大多数在决定是否购买时都会考虑Facebook上的推荐。在不同渠道和不同设备上都能获得同样的体验，让客户拥有了通过新型的、参与和协作的方式访问网站的更多选择，而他们也需要将这种便利和多样性反映到他们与企业的交易中。消费者随时都可以根据需要改变渠道和更换设备。他们可以在Facebook上密切关注朋友和家人，也可以定期关注Twitter。他们可以在手机上通过Foursquare网定位附近的餐馆，然后在Yelp上查看对这家餐馆的评价。

高管视角：敏捷金融技术公司 CEO 卡尔佩什·德赛

技术为企业带来的转折点已经屡见不鲜。但是，社交媒体的出现让金融服务公司也不得不面对这一事实：不仅潜在客户和现有客户都对这种媒体表现出偏爱，而且消费者的行为也受到这种媒体的驱动作用。

金融机构在一个竞争异常激烈的环境中生存，需要快速调整以适应周围的变化，从而在这样的一个环境之中生存、成长和控制风险。金融机构发布的社交媒体和移动应用的出现，让他们能够连接到这些拥有无数客户信息的平台上，使他们不仅能够发现潜在客户的购买偏好，而且还能够精确地为顾客建档。由此，过滤这些数据和生成分析的需求应运而生，这不仅能够用来更准确地定位产品，而且还能够以一种目前正在使用的传统方式所无法预知的方式识别金融机构的潜在风险和威胁。因此，社交媒体对于银行和保险公司来说，仍然是一片未开垦的土地。

随着社交媒体的出现，社区论坛成为客户发表意见、寻求建议和发布反馈的选择渠道，我们沟通的方式也发生了变化。协作工具和内容宣传工具必须适应这种行为的改变，以便让这些机构更好地管理通信过程。

现在我们有多少人在通过 Twitter、Facebook 或 LinkedIn 发现爆炸性新闻，提出质疑，甚至发布客户服务问题？正是这种行为的转变促使金融机构开始审视媒体对客户关系的影响。他们必须重新审视自身的活动和流程，思考社交媒体互动所带来的技术、客户关系和企业沟通团队的融合。

社交媒体可以用来追踪人们对机构的看法，而辅助分析工具可以使社交媒体跟踪与机构相关的热门话题和博客。由于社交媒体本质的传播性，机构很有必要将对这种看法的追踪归纳到整体客户关系管理（CRM）战略中去。

想想看，很有可能一个消费者的大多数评论都是负面的。如果服务体验没有变好，那么他绝对不会给出正面评论。不管怎样，这种沟通过程需要获得注意和给予回应，要么通过在公共论坛教育这个孤立反对者，要么让支持者传播好评进行辩护。

使用机构在线服务的客户更有可能去适应正在出现的新趋势——银行和保险公司正在将他们的渠道和社交媒体平台结合起来。以新西兰奥克兰ASB银行（ASB Bank）为例，这家银行在Facebook上建立了世界第一个虚拟银行分支。你可以在Facebook上和银行就各种话题进行互动，话题范围可以从个人账户管理到发起新贷款申请。提供构建互动应用能力的社交媒体平台依然是未经考验的领域，但绝对能让你和顾客一键互动。

最有意思的是，我们也已经发现有保险公司向顾客提供咨询服务，以及通过调查可能会进行诈骗索赔的保险索赔人的动态，来减少保险诈骗行为。诈骗侦探在社交媒体上搜索证据是确认索赔有效的程序之一。2011年1月，《洛杉矶时报》（*Los Angeles Times*）恰好报道了这样一则案例，保险公司拒绝了一个人因背部受伤而提出的残疾索赔，因为索赔人在Twitter和Facebook上吹嘘自己刚跑完了一场马拉松。

金融机构在寻求适用于社交媒体平台的通信和渠道整合战略时，必须做好准备。至少在这些渠道扩展到社交媒体平台之后，需要重新检视安全政策和安全系统。

很快，金融机构就必须围绕社交媒体平台的功能构建模块——身份、对话、分享、展示、关系、名声和团体——建立他们自己的客户关系、通信、技术和渠道整合战略。

高管简介

卡尔佩什·德赛（Kalpesh Desai）是敏捷金融技术公司（Agile Financial Technologies）的CEO。这是一家致力于保险、银行业和金融服务业的全球领先的软件产品公司。他是一位连续创业家，在金融服务业拥有20余年的工作经验。

构建敏捷关系的移动性

我们见证了移动领域的智能革命（详见第 6 章）。连通性的空前发展所创造出的多种可能性正来势汹汹，敲打键盘、滑动屏幕、定位查找、声音提示和社会交际都迅速变成人们寻常行为中的一部分。技术正在开始改变每个人，这些人无论是消费者或是员工，又会反过来改变企业。在这种快速的转变中，移动性势必成为解决方案和架框必不可少的一部分。

到 2015 年，移动设备的使用将会超越个人电脑（PC）和其他有线设备。智能手机的销量会超过传统手机。平板的销量也在激增。2010 年到 2015 年间，移动数据通信流量有望增长 26 倍。企业必须优化网站以便客户通过移动设备进行访问，并做好根据背景和位置定位目标客户的准备。移动通道必须完全和网络内容整合起来，实时进行优化和同步，以上述设备为目标，提供与之等比例的丰富媒体内容。

在当今这个千变万化的、竞争最激烈的商业环境中，消费者在确定交易之前会寻求更多个性化的关照和服务，以更频繁地进行互动。关系的建立很自然地从打招呼、微笑和交谈开始，之后才会出现对消费者需求的理解，然后是行动。

用户参与涉及定量和定性分析的混合。定量分析提供有用的样本，且总的来说更易调节和执行。用户参与还牵涉情景研究和人种学方面。这些能够提供用户的日常行为方式等方面的信息，以及他们出于什么需求访问电子商务网站、实体店或工作场所。

社会计算正在改变人们之间以及与企业在线互动的方式。有超过 40% 的消费者在决定购买商品时会考虑 Facebook 上的推荐。网上的客户可能会在 Facebook 上点“赞”一件产品，或者在发推文晒出自己发现的产品。或者反过来看，在 Facebook 上点赞某家公司可以使其在这家公司网站上获得优惠。

客户已经习惯了以新颖、吸引人的方式通过多种渠道和设备访问网站，他们希望将同样的便利和多样性反映到他们和企业的交易中。而公司需要在多平台之间持续维护品牌的知名度，从一个设备到另一个设备对客户的活动进行全天候的跟踪。现在的多渠道环境让市场营销变得如此复杂，提供目标性、个性化和相关的体验比以前更加困难。当你实现了一个目标时，又会不断出现另一个障碍。公司正在努力寻找一条路径来协调情感分析、定位、渠道和人口统计以及其他各种与互动相关的因素。

营销人员和行业领导者需要寻找一条更容易、更直观地控制线上体验的途径。理想状况是，营销人员能够快速识别访客，通过多种渠道追踪他们的历史记录，然后，根据历史信息对他们的实时活动进行评估，在关键时间点做出决定。营销人员应该能够根据互动情况进行分析，并有能力快速改变体验。

今天，用来创造始终如一、引人注目的网络体验的成分和数据的整个范围包括多种资产，比如多语言网站、用户生成的内容、微型网站、移动和多渠道网站、社交渠道等。同时，公司也在客户关系管理（CRM）、商业活动管理和其他包含重要客户数据的企业系统上进行了巨大投资。通常，这些系统与在线客户参与活动是分开的，但是公司必须在线上渠道之间以及线上和线下渠道之间整合和管理所有这些设施，为客户创建真实的参与体验。

CITO 研究所解释了企业当前进行的互联网管理所面临的挑战，以及网络体验管理作为综合的在线战略的基础所具备的商业重要性。这一概念对关心公司战略方向、力图能够提供驱动竞争优势的体验的经营者来说至关重要。

网络互动已经发生了深刻改变，现在已经进入了一个新的潮流：第一波浪潮——网络 1.0——提供了向内部和外部消费者发布产品和服务信息的平台；第二次革命——网络 2.0——涉及了如维基、博客、标签、连接、讨论和真正简易聚合（RSS）技术，为人们同全球的虚拟团队、合作伙伴和客户的共同合作创造了惊人的效率；目前的技术正在朝着网络 3.0 革命前进，这次革命的中心是语义网和个性化。网络 3.0 是由计算机生成新的信息，而不是人为进行。

为了实现愉快的网络体验，必须整合有针对性、量身定做的社交媒体，然后通过多个渠道进行交付，每一个都有不同的形状因素和设计特征。网络体验应包含以下五个主要方面：

1. 社交媒体；
2. 多种渠道和设备；
3. 有针对性和个性化的体验；
4. 多个的企业利益相关者；
5. 连续的成分和数据。

社交媒体已经演化为无需太多投资就能在全世界瞬间创建网站的强大平台。为了最好地利用这些媒体，企业需要提供愉快的参与体验来建立社区。其中包括评论、博客、评分和评价等协作工具。各种各样的社交媒体除了通信和协作以外，还提供了更多内容。我们需要评估和回答以下问题：

- 我们在社交媒体上的内容如何同他 / 它的网络体验融合在一起？
- 如果一位客户在 Facebook 上表现出对公司特殊的兴趣，但当客户进入公司网站之后，公司该如何认可这种兴趣？
- 如果客户在 Facebook 和 Twitter 上与公司进行互动，但当这个人进入公司主页的时候，这种互动难道不该被认可吗？
- 积极的互动不应该被鼓励或分享给他人吗？
- 营销人员不应该有能力解决负面的、无根据的或批评的评论吗？

对营销人员来说，最关键的就是拥有启用社交渠道的合适工具，以便调节和优化在其公司网站和社交网络上的社交媒体体验，这一点对客户来说是重要的。在这不断演化的通信模式中，公司网站应根据每一种渠道或设备、网络浏览器、Facebook、安卓设备和 iPhone 进行定制。在理想情况下，一家公司应针对常用设备对其网站进行优化，使其包含丰富的媒体和互动页面。这种挑战一部分来自技术层面，比如与 Facebook 等第三方应用整合、为不同的移动设备发布内容，或整合地理定位。但围绕每位客户提供背景体验，做到在任何平台之间一丝不差地实现企业到个人的互动，却是一个更大的挑战。客户互动平台来解决。

主要的商业挑战：客户参与

客户参与对很多企业来说是一个重要的挑战，也是一个持续优化的问题。公司必须认可客户互动的历史和个人资料的修改。营销人员需要有能力用明确的（注册用户资料、购买历史、CRM 数据、IP 地址、定位、设备类型）和暗示的（在网站上的行为、搜索关键词、导航等）标准与客户接洽。有了这些信息，公司可以开始建立客户档案，将档案分配到客户所属的分区，然后用适当的内容锁定客户。对那些经常在网站上进行互动的忠实客户，他们的体验将会通过镶嵌板、留言板以及报价等形式进行持续不断的调整。如果客户主动提供信息、阅读内容或购买，营销人员需要分析工具跟踪线上内容的效果，调整内容以优化成功的结果。

在当今的商业格局下，大多数企业都拥有数据信息，但缺乏综合的分析能力来对这些丰富的数据进行有效的利用。有效定位目标客户的过程的确需要最好的、由营销人员操控的分析与自动优化的组合。企业需要利用由营销人员操控的进行客户划分的工具，以及与这些划分相匹配的最有效的内容和促销。企业需要用数据来做决策，而不仅仅是用来存储。他们需要获取客户和客户在不同渠道上的行为的实时情报，而这些情报主要聚焦在那些能为其决策提供直接依据的正确指标上，同时需要与预测性分析和自动决策制定相匹配的能力。

随着社交媒体的演变，用户期望和行业管理人员也在改变。用于获得建立网站、设计布局、更改内容、建立目标规则、控制用户生成的内容、启用移动网络等方面的权力，而这些都需要通过直观和操作简单的界面来完成。信息技术仍然是一个重要的利益关系者，网络也仍然会是一个关键的企业软件系统，但 IT 人员不希望将整天的时间都耗在帮营销部门修改内容上，他们更希望能将精力集中在更多的战略性举措上。

要为客户创造有吸引力的互联网体验，公司需要组织和获取企业数据，并将其用于网络互动的能力。例如，一家公司可以使用客户关系管理（CRM）创建客户分组，直接分组发送邮件。但如果使用客户关系管理（CRM）不能与网络内容关系系统对接，公司就无法使用这种在线智能。如果公司发起鼓励回头客的活动，那么，无论客户是在工作电脑前、拿着 iPhone 走在路上，或是逛实体店、打电话联系客户服务，这种活动都必须是有效的。公司需要知道在其他互动渠道上发生了什么，从而确保活动得到正确执行。公司如何将客户数据置入网络渠道？公司如何确保客户无论是通过线上还是线下渠道都能从公司获得同样的最佳体验？

高管视角：NEC 解决方案交付经理阿米特·史瓦兹塔瓦

社交媒体、即时通信和数据仓库的激增，为各行各业带来了太多的机会。这种激增同生物统计学的创新、视频分析、移动性结合起来，为航空公司、机场、执法机构等提供了竞争优势。人们无时无刻不在处理着大量的图像、视频和文本信息，它们提供了庞大的数据矿藏。这些信息可以用来确定未来的恐怖袭击、犯罪活动和非法移民。

Facebook 、LinkedIn 、Twitter 、YouTube、谷歌邮箱等公众或外部数据与乘客、旅行、辩词和计量生物学信息等受到保护的内部数据以及犯罪记录的结合，可以为犯罪活动及其互动提供有价值的判断。火车站、购物中心、体育场馆和机场等公共场所安装的监控摄像机可以动态地捕捉图像数据。嫌疑人如果携带了移动设备，他的一举一动都可以被进行全球跟踪，并限制其活动范围。车牌号识别系统、面部识别软件、疤痕标记、纹身等都能帮助执法机构搜集有用的模型。

将网络上可以自由获取的公开信息，和通过可信的内部系统获得的内容组合在一起，可以组建出有趣的模型。比如，如果我们在网上搜索嫌疑人张三，找到了他的 Facebook 账户，那我们就可以查看他的形象，通过连接找到他的熟人，然后根据跟踪每个人的行为以推断出有用的信息。我们还可以通过内部系统用指纹和计量生物学数据得出有趣的发现。

另一个例子是在机场跟踪非法移民。如果我们在旅客下飞机时捕捉到了旅客的图像，在他们抵达入境检查处之前，就可以检索和记录有关他的大量有价值的信息。因此，如果有人在机场毁掉了旅游证件，那么直到他下了飞机，他的行踪仍然可以被追踪到。

高管简介

阿米特·史瓦兹塔瓦（Amit Srivastava）一直致力于将最新的创新技术，如普适计算、移动、计量生物学、视频、商业敏捷和数据分析等，应用到航空公司、机场、公用事业、教育、法律执行等各行各业的业务解决方案中去。

今天的网络体验管理要求企业对五或十年前网络管理的范式进行改变。网络内容管理（Web Content Management，WCM）系统几年前帮助 IT 管理人员实现了静态万能网络的内容管理，如今同样需要进行巨大的转变。网络已经变成了关键的商业和市场营销工具，组织机构必须随之授权营销人员统一管理线上的客户体验。这种网络体验必须通过多种渠道为客户提供目标化、个性化、动态化、社交化、互动式和最优化的体验。今天的组织机构需要以这些能力为主要功能的网络体验管理系统，并且能够在最大的企业环境中提供这样的客户体验。网络内容管理能力依然是这种工具组的关键基础——但它已经不再仅仅用来在线管理内容了。

企业需要评估办公室前台、后勤系统以及综合网络内容管理，从而提供综合的客户体验，使得企业更加高效地定位目标和提供客户服务。如今，互联网体验已经离不开 CRM 以及电子商务等以客户为中心的关键系统了。

由于对个性化、多种渠道以及营销人员用于监督、控制和优化客户网络体验的需求，企业需要完整的网络体验管理办法解决方案。

高管视角：甲骨文公司客户战略和见解副总经理克里斯多夫·索瓦

随着在线信息和互动的日渐增多，这个世界变得越来越像一个小镇。地理位置上与你相距万里之遥的人也能随时了解你的信息，你突然有了同世界各地的专家和朋友进行“局部”互动的能力。

虽然很多用于人和人之间的社交规则也能在线上使用，但除此以外，很多 IT 管理者都不知道管理线上社交关系最好的办法是什么。通常 IT 管理者都会使用“鸵鸟政策”。管理者选择的另一种方式是“把客户当猎物”。对于这样的公司来说，客户进行互动的线上领域是一个仅仅用来销售的地方，谁出价最高，就把客户信息卖给谁。想想看这种做法在现实生活中会有怎样的影响。再想想看，一看见我们当地银行的员工，就会想到他们要卖给我什么东西，或者把我的银行信息卖给邻居们，如果这是发生在网上，客户开始避免跟任何给他们造成困扰的组织机构产生联系，人们开始抗议政府和公司在滥用他们的信息和隐私，那我们会作何感想？因此，如果不对这些问题进行关注，必然会导致严重的后果。

企业管理和 IT 管理需要少花点时间在在线社交互动的思考上，而应该多花点时间想想如何让在线互动和线下同客户的面对面互动保持一致。管理者需要对跨渠道社交互动平台进行思考，包括在线社交网络、电子商务、移动和当面互动等，确保这些平台涵盖以下七个关键要素。

1. 倾听。利用技术手段去除噪音，帮助你在社交网络上听到重要客户及有影响的人的声音，从而了解你的在线社区和具有影响力的人。通过这种方式，你可以了解如何更好地改进产品，以及如何高效地和客户建立联系。

2. 保护你公司的网络声誉。就像在现实生活中一样，如果有人在散布一家公司的谣言，管理者需要具备监控和迅速反应的能力。管理者还需要构建正确的基础构架，培养社区专家对错误信息进行反驳，从而正确地定位解决方案。

3. 获得建立线上关系或商业关系的权力，为客户提供专家服务，当客户需要的时候，为其提供解决问题的方法或决策。客户对产品的抱怨或担忧要快速作出反应。

4. 以同样的方式对待线上、线下或跨渠道客户。如果你有高价值客户，他们会要求无论是通过打电话还是在你的网络社区发帖，都能得到同等待遇。

5. 利用分析学将结构化和非结构化的数据整合起来，从而将重要客户分级，制定统一的互动规则。就像在线下关系中区分先后次序一样，管理者需要决定长时间内最能让双方获益的关系种类以及投资的方向。

6. 让员工参与进来。员工是重要社交关系的通道和黏合剂。利用在线协作工具能够加强这种粘合度，让生产率提高 25%。

7. 为员工和客户建立和发布一套社交道德规范。其中不仅应包括线上和线下互动的道德规范，还应该包含如何查看客户的个人信息，以及采取哪些步骤来保护关系。由于线上社交规范仍在不断变化，一套道德规范这时候就显得尤为重要。

在各种渠道上管理社交互动的新工具可以帮助我们建立和在当地实体店亲身体验一样的完美关系。出于这种原因，未来的方向应该是在更强健的社交关系的基础上建立熟悉的、互惠互利的关系。

高管简介

克里斯多夫·索瓦（Christopher Sowa）领导了客户战略、财务战略、分析战略和运作模式等的开发与制定，所有这些都已经在欧洲、澳大利亚和美国的跨国公司成功运用。他是一位深谙业务流程重组和技术对大公司的价值的主要问题解决专家。

使用当前的技术和工具，我们可以轻松地创建和部署虚拟网络商店，并通过提供个性化和个性化的服务使客户获得一个最贴近现实的用户体验。在企业内部网或企业到雇员（B2E）网络门户上，个性化通常建立在客户属性的基础上，比如部门、职能范围或角色（详见图 7—1）。

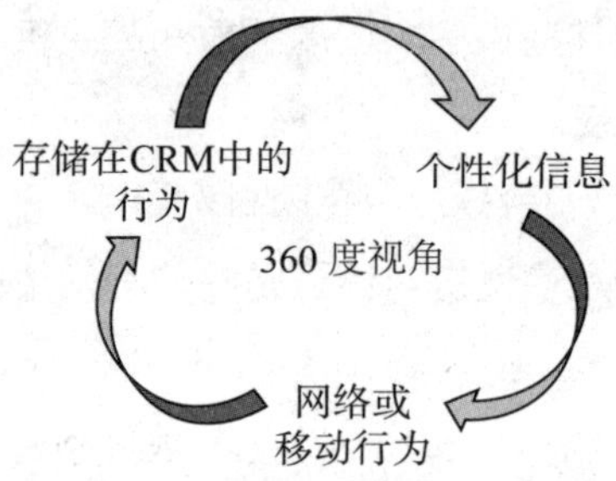

图 7—1　客户行为和个性化分类

客户参与商业的关键原则：个性化

前不久，当我走进一家银行，要办理一桩普通的银行业务——存入支票时，我完全被一位部门经理的热情所淹没了，我在窗口排队的时候，他甚至就帮我把存单填好了。他考虑到我可能还得等一会儿，于是就帮我找了位个人理财顾问先收了我的支票。我在银行的整个过程中，他一直在尽可能地为我提供最好的服务。

后来我又来到这家银行处理另一笔银行交易，他竟然能叫出我的名字笑着跟我打招呼，我感到十分惊喜，然后他又一次帮我完成了交易。这一次，我约了一位信贷员谈再融资业务。他看到那位工作人员还在忙着处理另外一位客户的业务，就帮我先复印了所有可能用得上的文件。在他为我提供这些额外的个性化服务的过程中，他就赢得了我的信任。信贷员这时候可以接待我了，我的材料也都准备齐全了。这位经理对我的帮助很明显地体现出了个性化，总的来说，这种个性化将会为他的部门和这家银行建立信任，获得受益成长和保留业务。比较起来，我接到过从所谓的有竞争力的银行的客服中心打来的电话，用强势和讨厌的口气推介他们的服务，那种电话我一概拒绝。我敢肯定很多人在生活中都会遇见同样的场景，我们也都欣赏商业情景中的个性化和个性化的服务。

客户服务已经被广泛地使用，也在被广泛地误用，现在的企业需要重新评估客户需要和期望的范式转移。个性化暗示着这些变化是建立在隐含的数据之上的，比如购买的商品或浏览的网页。

个性化可以分为三个类别：

1. 以客户资料 / 群体为基础；
2. 以行为为基础；
3. 以协作为基础。

网络个性化模式包括基于规则的筛选，和以“如果这样，那么应该如何做”的规则为基础的处理和协同筛选，通过结合客户的个人偏好以及同类客户的偏好，为客户提供相关的材料。协同筛选在书籍、音乐、视频等内容上能起到较好的作用。

个性化有以下三种宽泛的方法：暗示；明示；混合。在暗示的个性化中，个性化是由网页基于之前提到的不同分类来执行的；在明示的个性化中，用户使用系统（例如甲骨文网络中心网站）提供的特征对网页进行修改；而混合的个性化组合利用上述方法以实现二者的最佳效果。

个性化也被考虑用到小众的商业应用中，以便改进用户的线上体验。Facebook 最近引入了即时个性化（Instant Personalization）技术。这种新技术与很多 B2B 和 B2C 网站正在使用的社交插件不同。社交插件包括像 Facebook 的直播流和点赞按钮，目的在于驱使用户参与，增加网站的社交互动。通过即时个性化技术，Facebook 与很多非 Facebook 网站分享了信息。

社会化商业是建立在三大支柱之上的，这三大支柱分别是人（文化 / 领导力）、流程和技术。员工、合作伙伴和客户是所有行业的主要构成要素。促进社会化商业的最有效手段就是以帮助人们发现专门知识、建立社交网络和利用关系为中心。它能够让成群的人凝聚在社区内部，共同分享兴趣爱好，努力协作，力图更快更好地实现商业成果。有效的社会化商业能够构建一种以分享、透明度、创新和改进决策制定为特征的文化。这种文化使得组织机构内部以及与客户和与商业合作伙伴建立更深入的联系。

文化的变化可能是成功转型到社会化商业最具挑战性的部分。社交工具为跨越地域和组织机构仓库的信息交流提供通道。建立信任和鼓励社交互动是驱动劳动力发生社会变化的根本。为了成为社会化企业，我们必须认识到员工需要变得灵敏、消息灵通，并且能够进行特定的工作描述之外的工作。

技术当然是变革中的关键因素。组织机构必须使用能够高效工作的工具，以便成功地完成这种转变。随着社交软件应用的不断增多，全球组织机构所面临的一个越来越大的挑战是控制大量社交社区的洞见，遵守各自的管理政策，包括在遵守管理机构所要求的行为的同时管理风险。随着保证自身行为合规能力的不断提升，社会化企业可以安心地激活人际网络，以使用各种协作工具，从而改进和加速创新。

业务流程优化对任何改变来说都是极其重要的，组织机构不仅需要经历确认生成转化所需的市场因素这一过程，还必须辨识需要达成的社会目标，然后创造社会产出以支持这一目标。最后，管理者需要决定通过使用哪种平台、应用和特性来取得他们所期待的成果。这些基本原则或流程对社会化企业的成功起着至关重要的作用。

驱动商业焦点和敏捷性更好的方式：情感分析

社交媒体和商业的协作产生了捕捉、处理和分析商业利益相关者（客户、合作伙伴和员工）的感情和行为模式的新维度。情感就是通过非正式媒体抒发的感觉（态度、情绪和想法）。现在，随着社交媒体以 Facebook、Twitter 以及 LinkedIn 的形式骤然而猛烈的扩张，企业有了更多的机会来捕捉和分析在其商业背景下的人们的感受。情感分析帮助企业在社交媒体中通过多种途径了解客户的想法和经历。以多种形式如博客、线上论坛、Facebook 、Twitter 以及其他社交媒体渠道出现的数据爆发，为客户提供了一个范围空前的虚拟的临时演讲台，让他们能够分享自己对事件、产品和服务的看法，并为他们提供对公众产生影响的机会。企业、学者和新闻记者都在使用情感分析来挖掘社交媒体的动向。通过应用分析学和自然语言处理（Natural Language Pocessing，NLP）技术，他们可以更好地了解消费者偏好、市场趋势以及品牌意识。自然语言处理、统计学或机器学习方法被用来提取、确认或描绘文本单元中的情感内容（有时候被称作观点挖掘），虽然这时候重点内容已经被提取过了。很明显，这些根据数量、速率和价值的表述构成了大数据，它们需要一个大数据平台进行处理，并需要高级分析工具进行预测分析，从而帮助企业高效地制定决策（详见第8章）。

为社交媒体改变管理和商业敏捷性

以下的首席营销官视角（CMO Insights）来自莱恩·比福科（Ryan Bifulco）。莱恩是一位拥有20多年经验的旅游和互联网开拓者。身为一名社交媒体和互联网营销专家，莱恩一直在商业访谈广播电台（BusinessTalk Radio）、美国ABC广播电台（ABC Radio）、MediaPost.com、《纽约时报》和《今日美国》等媒体担当主要的角色。莱恩建立了“先生”（Sensei）项目，为旅游和生活品牌提供社交媒体和数字化媒体公关素材。他还创立并领导了“旅游高峰”（Travel Spike），这是最大的、为数以百计的旅行和旅游顾客提供网络化广告的旅游媒体平台。

这些社交媒体洞见强调了关系管理对商业生态系统文化传播的改变起到的关键作用。他发现对有的公司来说，完全利用社交媒体可能很困难，因为这和大多数公司过去所做的事情背道而驰。传统的想法认为你必须控制你自己的品牌和营销信息，你需要将产品和服务推销给你的客户。而社交媒体的内容实际上却是由用户主导的，所以这就要求企业以客户为中心进行思考，减少公司控制。最成功的社交媒体营销项目是让用户参加和参与，而不是向用户推销。如果你想在社交媒体营销中走在前面，就必须放手。

想要真正地在执行社交媒体项目时实现惊人的效果，你的公司就必须解开束缚社交媒体团队的手铐。无论这个团队是内部的部门还是外部的广告代理。当然，你可以在程序中加入一些基本的分权制衡，但是社交媒体最重要的部分必须是实时发生的。社交媒体还要求速度，因为很多事情都是在几分钟内发生，而不是几天里。你们公司可能没时间在公司内部讨论怎么答复 Twitter 或博客上的评论。你需要立即作出反应，而且应该在社交媒体对话开始之前就已经做好了应对的准备。用户不会等着你的公司按你们的时间来参与，而且他们不接受预设回复。你的社交媒体输出的一部分必须是没有草稿的真实对话。一些最好的社交媒体营销会将组织机构个性化或人格化，而不是作为冷冰冰的公司来面对用户。人们都喜欢和志趣相投的人交往，如果能加入这种理念，就会引导企业在社交网络中取得巨大的胜利。

很多公司都在规避风险，而这种限制会扼杀创造力和创新。如果你不去尝试新的东西，就永远没办法发现新的机会和应用，进而也无法将社交或数字化媒体结合到你的业务的更多方面。社交媒体不应该全都推到市场营销部头上，而至少需要企业整体的关注。人力资源部可以从 LinkedIn 获益，销售可以从更多的社交通道上获益。如果公司员工不仅仅是打电话或发邮件，而是能够利用 Twitter，这可能就会改进客户服务。大数据现在是一个时髦词汇，当然社交和移动媒体也是这一领域的一部分。你的搜索部门或分析团队应该利用社交数据提高他们的收益。

能帮助你的公司更加敏捷和更好地利用社交媒体的解决办法是建立社交媒体任务的团队。这支团队能够帮助你的组织机构改变管理、与时俱进。这支团队应由不同层面和不同部门的人员组成。

莱恩提供了以下关于社交媒体最佳实践的案例调查，其中描述了雅高酒店（Accor Hotels）是如何使用互联网关系渠道参与到客户社区中的。

目标

雅高酒店使用 Twitter 连接其全球社区；鼓励旅行者在世界各地旅游和入住酒店；邀请他们分享信息；对评论、询价、要求和关注问题提供及时的回复；还有帮助旅客预定行程等。通过这种方式，雅高已经不“仅仅”是一家酒店集团，而变成了一个值得信赖的顾问、专家、内行和旅行伴侣。

这家酒店的第二目标是接触和靠近对酒店品牌还不熟悉的受众。提高品牌知名度从根本上等于提高销量。

战略与战术

1. 提供有价值的信息，让这些信息看起来很有趣；
2. 直接服务客户；
3. 及时响应客户；
4. 在客户当中识别出客户参与的粉丝。

执行

他们开发出了一套非常组织化的全年编辑日历，每一周都重点推出一个新的目的地（每周目的地）。在这一周里，他们每天更新大约 12 次推文，每天都有一个不同的主题，保持内容的新鲜度和趣味性。在这一周里，他们每天会专注不同的内容，比如图片和文化（周一）、谈话（周二）、探访目的地（周三）、和雅高一起旅行（周四），以及一起享乐（周五）。他们会积极地从粉丝那里征求与所推出的目的地有关的建议，然后回复他们的推文，让他们成为这个有价值的旅游专家网络的一部分。他们还参与到根据不同地域为粉丝提供专门推荐的 # 旅行周二和 # 周五跟我来，让这些专家为他们提供指导。

除此之外，雅高有时候还会参加每周旅游闲谈（#TNI），以将自己定位为业内专家。他们定期举办和每周目的地相关的有奖问答竞赛，让粉丝参与进来。另外，他们还提供特价旅游，经常帮助那些回复他们的客户在他们想去的目的地获得折扣，从而优化他们的体验。

该品牌还会每天处理客户服务的询问，提供客户所需要的信息，并同全球的客户服务团队进行协调。他们的个性特征就是轻松、适应以及重视粉丝。

评估：成功、结果或投资回报（ROI）

推出新的激励和参与战略后不到 14 个月的时间，雅高的粉丝数量就增加了 330%，每个月推文回复数量增加了 285%。他们每月收到的点赞数量增加了三倍，这足以证明酒店在社群的知名度提高了。他们每月收到的总体评价也几乎增长了三倍。

以下是一些重要的互动例子（详见图 7—2 到图 7—8）。

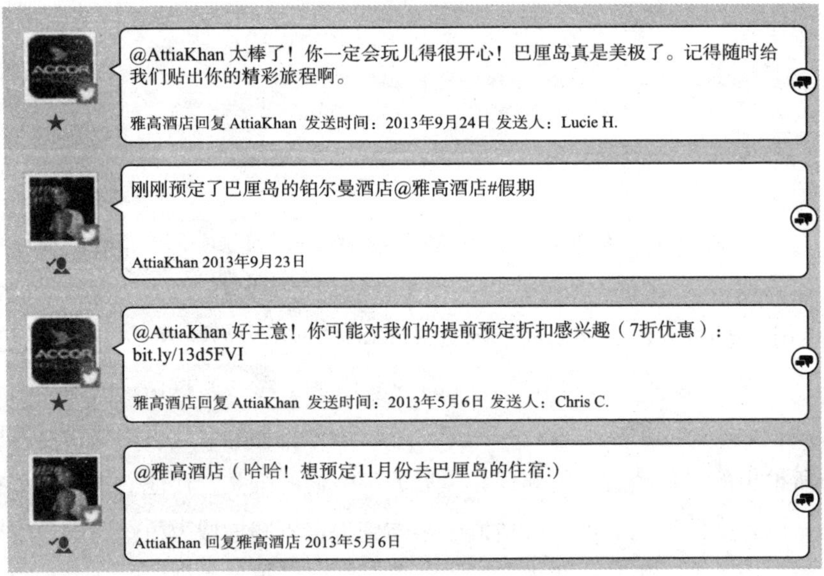

图 7—2　帮助销售的互动推文

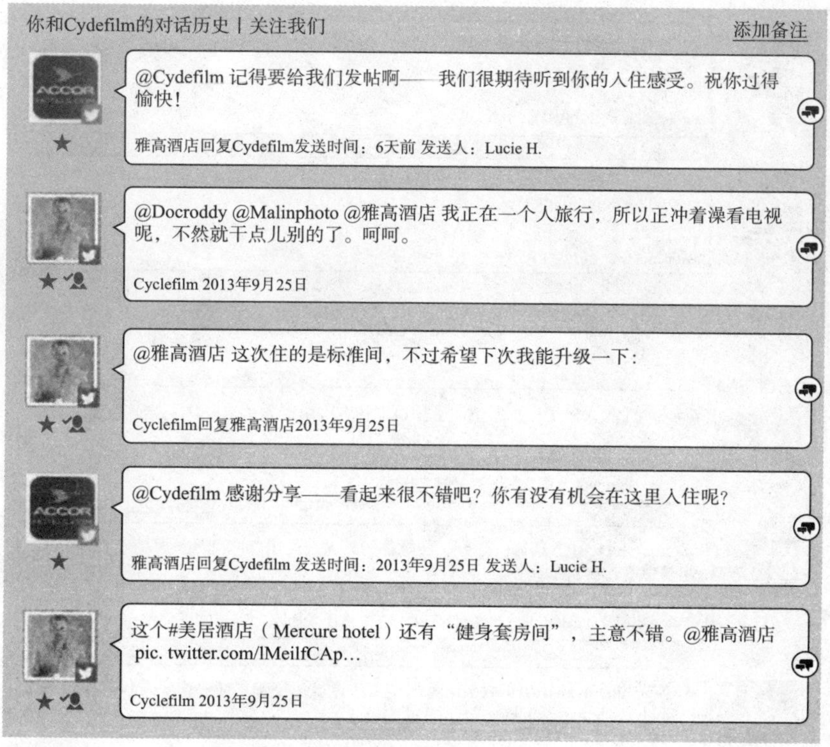

图 7—3　提升销售的互动推文

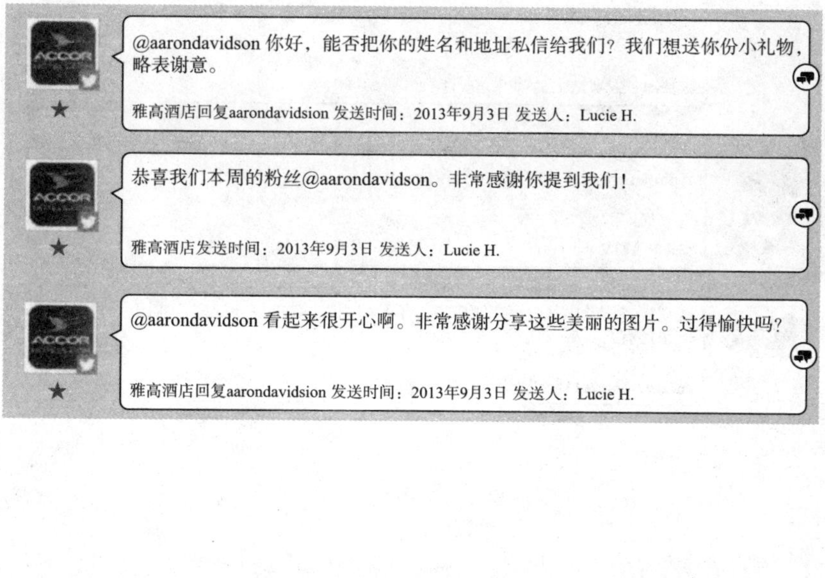

"大众"泳池@雅高酒店麦嘎勒瑞·沃伦塔高级度假酒店（theMGallery Veranda High Resort）。#旅行#泰国#清迈pic.twitter.com/6lftc6gEO

aarondavidsion 2013年8月29日

从床上往外看。@雅高酒店 沃伦塔高级度假酒店（Veranda High Resort）。pic.twitter.com/ggiejg98j...

aarondavidsion 2013年8月29日

图 7—4　认可忠实粉丝的互动推文

@雅高酒店 太棒了！！太感谢了！这下我有理由赶紧再来一次了#旅行#悉尼#

philatravelgirl回复雅高酒店发送时间：2013年2月5日

@philatravelgirl 苏珊娜，你好，请把你的姓名、电子邮箱和地址私信给我们。非常感谢，再次恭喜你！

雅高酒店回复philatravelgirl 发送时间：2013年2月5日 发送人：Lucie H.

恭喜@philatravelgirl赢得我们的悉尼推文竞赛 @悉尼铂尔曼海德公园酒店 (Pullman Sydney Hyde Park)的两晚入住大奖归你了！

雅高酒店（Accorhotels）发送时间：2013年2月5日 发送人：Lucie H.

@雅高酒店 我最喜欢的城市的一张经典照片#悉尼，迫不及待回去爬那座桥！#Accorfun pic.twitter.com/4dHJYylJ

philatravelgirl回复雅高酒店发送时间：2013年2月1日

@philatravelgirl 太好了！记得在旅途中继续为我们发帖哦！

雅高酒店回复philatravelgirl 发送时间：2013年9月9日 发送人：Lucie H.

我在推特活动中从@雅高酒店赢得了悉尼两晚的住宿，现在正计划用我的积分换机票还有打算要入住的酒店#sbtc

philatravelgirl 2013年9月8日

图 7—5　有趣的 Twitter 比赛：成为特殊场合的一部分

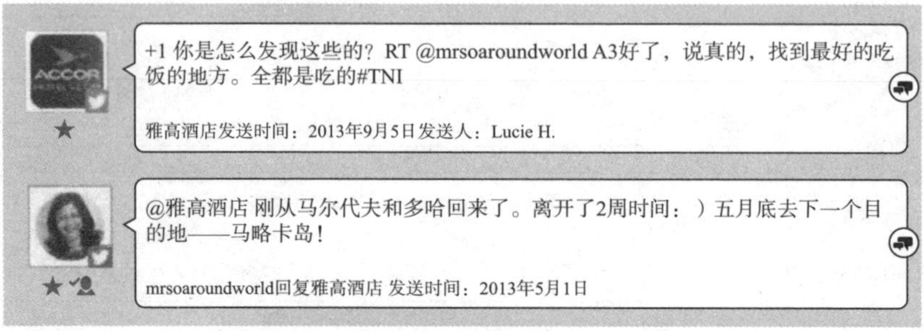

图 7—6　参与推特闲聊

图 7—7　提供激励的互动推文

图 7—8　客户服务的互动推文

Oilstop：用大数据驱动更加紧密的客户关系，用社交媒体巩固社群

罗斯·哈勒克（Ross Halleck）也为我们提供了他的首席营销官视角。他是哈勒克股份有限公司（Halleck, Inc.）品牌推广和市场营销首席执行官、哈勒克葡萄庄园创建人，以及《B2B》杂志评选的 100 位最具影响力的互联网营销者之一。他的视角专注于首席营销官们是如何利用他们对融合技术的了解，通过他们选择的媒体，以共同利益驱动潜在客户的参与，并使用信息构建更加强大、更加个性化以及更加长久的关系的。最好的一个例子就是他使用 Oilstop 促使客户参与的故事。

更换汽车机油和日常养护可能是最常见的机动车辆服务了。当下的环境中到处都是快捷服务以及简易操作选项，可以帮你解决诸如车子亮起红灯，或者你觉得行车里程比你预想的要高的问题。

因此，Oilstop 现在面对的挑战是识别和执行营销策略，提高当地更换机油的连锁店的汽车数量。

Oilstop 从 1978 年就开始为美国西部的客人提供服务，其前身是一家坐落于俄勒冈州的梅福德市一个不起眼地方的独立洗车行。1984 年，洗车行增加了一项更换机油的业务，从此以后一路扩张，在南俄勒冈州、索诺玛县、中央山谷 、南湾区以及南加利福尼亚州，以及图森 / 圣达菲等地开设了店面。

目前，Oilstop 共有 22 家门面店，既有独立的特许经营店，也有公司所有的店。每家店都共享同一个技术平台，能够实现无缝数据收集和交流。这使得他们能更深入地了解顾客购买的产品类型，以及所有以车牌号为基础的维护历史的完整信息。并且每次都能追踪到来访车辆的里程，从而提醒 Oilstop 客户需要和应该推荐哪种维护服务。在顾客来访时为其出示这方面的信息，通过这种协作关系，客户体验被提升为一种共同创新的关系：Oilstop 不会对客户施加压力，所有客户都可以根据情况自己决定车辆的维护方式。在 Oilstop 的案例中，大数据被用来建立信任，从而与客户建立一种更加紧密的关系。

Oilstop 的经营策略

Oilstop 品牌以服务、好客和诚实为基础。这些价值观念渗透到整个组织机构的方方面面，并延伸到每一位顾客，鼓励他们对自己的车辆增加信心，对 Oilstop 增强信任。通过为顾客提供诚挚的服务，Oilstop 坚信顾客们会认可这种服务而再次光顾，并会把 Oilstop 推荐给其他人。

对于那些在乎自己的汽车和社区，希望被友好对待和尊重的人来说，Oilstop 是值得信赖的服务提供者。为顾客提供其需要的服务是成功的唯一途径。Oilstop 公司致力于让顾客的汽车运行良好，让每位顾客充满信心地微笑着离开。公司有着行业中最训练有素和最可敬的团队。他们的顾客都会获得最好的服务，也最为忠诚。所以 Oilstop 相信，通过增加汽车数量，一定可以实现长期的整体业务增长。

战术策略

虽然社交媒体很显然已经变得非常流行了，但其在传达汽车维护问题上的用途还不明确。所以围绕像更换机油等方面的产品服务建立社区可能看起来有点儿离经叛道。但随着 Oilstop 的客户逐渐老去，吸引新一代客户来寻求长期生存，对于这个组织机构来说变得极其重要。

所有的市场调研都指出所有的人口统计学分区都在快速地开始使用社交网络。这里有四个需要回答的问题：

1. 哪些人是最相关的？
2. 如何利用这些人来取得最大的投资回报？
3. 如何使用合适的社交媒体，同时又不会降低或危害品牌的诚信？
4. 如何最好地利用社交媒体增加汽车数量？

挑战和机遇

Oilstop 的服务信条是建立在友好、尊重和诚信的普世价值观之上的，这种信条无论是对顾客还是对员工都同样鼓舞人心。作为这些价值观的层叠效应，Oilstop 获得了雪佛兰"美国最佳零售渠道"的认可。雪佛兰为该公司投资以推动其成长。

而且，公司还支持慈善文化，积极参与其中，并与顾客分享。这好像在多个层面上都是一种机遇。通过在社交媒体上扩大影响范围，Oilstop 可以在慈善上获得更多人的参与。通过这种宣传可以为品牌带来晕轮效应，而且无需刻意吹嘘 Oilstop 的良好服务。他们想让社区谈论 Oilstop。而且，Oilstop 和其他公司现在所做的主要的国际工作不同，他们是通过让当地的社区推荐适当的受益人，这能够更多地让当地的慈善机构获益。我们注意到，我们可以引起谈话，但不能控制它。

作为市场拓展的基础，Oilstop 保有 80 000 多名客户 / 顾客的信息，包括电子邮箱、电话号码和家庭住址。实际上，公司知道谁是自己的客户，他们住在哪里，而且能够找到他们。Oilstop 以数据为中心，可以获取每辆车的信息，并可以以车牌号为单位记录其从第一次来访至今的整个维护历史。这些都附属在联系人信息里面。Oilstop 拥有完整的营销团队，他们使用直接邮件、广告（电视、报纸、广播、Yelp）和电邮等，来充分利用这些大数据。

解决方案

社交媒体的世界不仅仅拥有动态的渠道，而且这些渠道也不停地在以指数倍增长。Facebook 正在呈现出一种多文化大国的特征，在全美乃至全世界，各种涌现出的新渠道都成了用户的“宠儿”。Pinterest、谷歌 、Twitter 、Foursquare 以及其他若干网站在“前十名”的位置上摇摆不定。

为了确定生产率更高的路线，很显然目前大家都在致力于研究。然后根据研究结果进行调整，而不是凭直觉、信任或者从他人那里获得的信息进行投资。

Oilstop 以主要市场上的受众分区为基础，开始采取基本的定性研究，以确定在选择更换机油服务供应商的过程中的选择驱动因素和受到偏爱的媒介。这包括根据客户资料和一系列深刻焦点群组进行招聘。

研究结果可以让 Oilstop 更加深入地了解目标顾客。

设计：贸易合作伙伴和社交网络的社交图谱

在拥有了更多的知识以后，Oilstop 建立了一个当地社交媒体代理机构的征询方案，并从为期 24 个月的电话销售中收集到为 Oilstop 提供服务的精选供应商，并在线对当地的代理进行了调查。

在甄选机构的过程中，Oilstop 从众多的社交媒体处不断地获得成功故事，彼此互相强化。Oilstop 意识到自己并没有对每种渠道都足够了解到能够做出组合媒介的决定的地步。

Oilstop 和 Yelp 之前就有过预存目录的关系。这几乎是以往的顾客通过社交活动为 Oilstop 建立起来的。他们决定通过更新客户资料，将其资料链接到 Oilstop 网站的优惠活动上，从而更积极地参与，探索一种更加温和的广告关系，不让其他的广告商出现在我们的 Yelp 列表上。

计划：进行差距分析以选择最佳合作伙伴

Oilstop 从社交媒体机构查看了网友提供的提案，决定谁最有能力解决他们的问题。

大部分社交机构对投资回报率（ROI）都没有明确定位，他们认为社交媒体之所以重要仅仅是因为越来越流行。而 Oilstop 不这样认为。但某些情况下 ROI 指数并不明确，尽管许多人对此持相反意见。

这些机构的很多客户公司都因为害怕落后，而争先恐后地登录社交媒体，这让社交媒体没有必要再去负责任。很多机构都在肆意滥用术语来增加混乱和恐惧。于是 Oilstop 认为自己就更有必要使用 ROI 标准了。

Oilstop 面试了所有的候选机构，然后他们参考标准列表的问题再次面试了一轮。基于这些信息，一家机构脱颖而出。Oilstop 让那家机构参与进来，通过公司理念和宗旨紧锣密鼓地熟悉客户团队的成员。

除了同时雇用多家媒体的相反意见以外，Oilstop 一致关注 Facebook，因为很显然它是这里面的巨无霸。如果他们得到了想要的结果，就可以继续了解其他媒体。

建立：互联网商业社交媒体管理系统

Oilstop 在前几个月评审和监控了机构和公众参与者两边发布的所有内容，指导机构进行回应，直到 Oilstop 对机构建立信心，认为其能够准确和高效地为 Oilstop 进行沟通为止。

如果某机构发出的声音不符合企业文化，Oilstop 会对该机构进行指导。

Oilstop 尝试了很多种方式来实现投资回报。由于每周都会跟踪“点赞”和参与情况，这些只能证明曝光率，但还不足以成为衡量成就的标准。

从一开始，“购买点赞产品和朋友”这一策略就不符合 Oilstop 的价值观。Facebook 上所有的点赞和支持都必须是纯天然的，不能含有任何添加剂。所以他们开始让 Oilstop 的员工参与进来，鼓励员工的参与和扩大影响范围。

根据机构推荐，Oilstop 在公司网站和 Facebook 上都提供优惠券，以吸引客户访问店铺。为了增加曝光率，Oilstop 还使用了重新定位目标的广告手段，进一步提高优惠券的下载量。实际上，这种手段会追踪点击过 Oilstop 的网站或 Facebook 主页的用户，在他们的浏览路径上显示广告，提醒他们曾对此感兴趣，促使他们下载优惠券。这种广告可以在他访问的任何其他网站上显示。

Oilstop 每周都会通过来源（网络优惠券上的条形码中包含此信息）跟踪点赞和参与（发帖）的信息、点进次数，以及优惠券回购情况。

经验教训

社交媒体非常复杂，需要细致和战略化的参与。它要求持续不断和始终如一地存在，进行监控以取得最佳结果，但是也要预防意外后果。社交媒体把你推向前线，个人和公众的关系利弊参半。

它要求真实的声音和意图。不道德或欺骗的手段有可能为自身带来毁灭性破坏。而且，像其他媒体一样，社交媒体利用图像和发送消息引发用户的热烈交流，吸引受众的参与，因而创造性对其有着极大的影响。

拿招聘广告为例，Oilstop 发现只是更换一下图片，根本不用更改内容，就能够极大地提高回复率。Oilstop 只需要发表有趣或刺激性的图片和评论，就可以赢得受众参与。

Oilstop 还发现，社交行动主义也会驱使参与。在当地进行慈善事业是最高效的，但是所有的付出都会收获忠诚。

但到头来还是要靠钱说话：优惠券和刺激性措施最能有效地激发参与以及增加汽车数量。这没什么值得惊讶的，但最让人吃惊的是那些最初的社交媒体公司对这种久经考验的策略缺乏强调。优惠券加上重新定位广告手段和网站整合，让 Oilstop 得以实现了投资回报。

但投资回报没有涵盖机构的支出。因此这促使 Oilstop 要求机构在离开前对他们进行相关培训。他们最终脱离了机构，由自己来进行最优价值的任务和服务。其中包括每周发帖、创造性开发和实验、重新定位和监控等。

因此社交媒体除了迅速崛起的重要性以外，其本身不过是一种媒介。无论任何机构或权威有什么偏见，社交只有在作为整体的营销战略和计划的延伸，并结合所有相关的媒体和数据时，才能发挥到最有效的作用。数据是至关重要的，并且一开始是从实际的客户互动中收集来的。

社交媒体不是魔术弹。它只不过扩大了选择范围和增加了有效沟通的复杂性。它既不可忽视或小看，也不能过分强调。它需要我们付出大量的时间和工作。

它就像是营销组合的一个元素，也需要根据根据收益进行投资。

下一步

Oilstop 想要扩展和深化其与当地慈善事业的关系。它打算继续更加全面地利用大数据和社交媒体来深化客户关系，使其变得更加紧密。

公司会为每位客户提供平板电脑，让他们在汽车维护的过程中使用。平板电脑里面有：

• 车辆维护历史；
• 提供和管理的所有服务的完整信息；
• 正在进行的维护服务的视频演示；
• 进入客户的潘多拉小站的权限；
• 所支持的慈善事业的信息；
• 客户忠诚度项目；
• 网站和电邮；
• 客户满意度调查。

Oilstop 发现年轻的客户每周收听潘多拉 20 小时，其中 97% 的人没有订阅，只是收听了广告。根据 Oilstop 的初步研究发现，这些客户更喜欢幽默广告，因此 Oilstop 会在所有的沟通中加入音乐和幽默元素。

Oilstop 和潘多拉一起开发了高度定位目标的视频、音频和静态视觉活动。大数据的又一个奇迹出现了，潘多拉能够确保广告在客户脑海中留下印记，因为它可以根据人们手中的设备的活动，了解人们观看屏幕的时间。它知道每个人的人口统计学信息和每个潘多拉用户，以及根据 GPS 定位确认设备的地理位置。这让广告在其复杂的网络中变得十分引人注目，以让我们能够测量结果。

Oilstop 正在各地建立汽车服务供应商的合作伙伴网络，共同分享质量、服务、诚信和谦逊的价值观。公司还定期和这些团体见面，共同分享学习经验、交流推荐、建立社区和信任。合作伙伴之间会分享数据。

Oilstop 正在开始一项基于大数据能力的客户忠诚度和推荐项目。公司给人们提供电子邮件，为第一次接受汽油服务的朋友提供优惠。成功推荐客户的老客户，会从中获得利益。

Oilstop 以市场、人口统计学、大数据和目标等为基础，将社交和其他媒体相结合，将继续跟踪指标。

目前最持续有效的词汇将会是适应、适应、再适应。

在第 8 章中，我们会努力展示大数据中产生的秘密、广告宣传、新概念和预测分析能力。今天企业能够使用大数据资源驾驭集体智能，这为商业提供了空前的智能性和预见性。进一步利用和探索大数据工具和实时存储处理能力将会收获更大的利益。而且我们还需要参考当前的数据，以历史数据为镜，共同驱动商业敏捷性，以获得持续的竞争优势。

CREATING BUSINESS AGILITY

How Convergence of Cloud, Social, Mobile,
Video, and Big Data Enables
Competitive Advantage

第 8 章 用大数据驾驭集体智能

迄今为止，你可能已经开始从你的公用事业公司那里收到电子邮件或信函通知了，其中内容是关于你家水电的使用情况，以及怎样避开夜晚的高峰期使用洗衣机或洗碗机以节省水电。你可能也遇见过前进意外事故和保险公司（Progressive Casualty and Insurance Company）关于快照（抓拍好司机的驾驶模式的传感器）的广告，以及如何能获得好司机折扣，这能给你节省大笔保险费用。你从最喜欢的零售商家那里收到根据你的喜好列出的、你留意或经常购买的特定产品的折扣价格，你一定也不觉得新奇了。你有没有停下来想一想，这些商家或服务供应商是如何分析你的喜好和与你直接交流，从而满足你的兴趣和需要的呢？公用事业公司使用的这些智能仪表、保险公司使用的传感器设备，以及零售商的网络记录分析，都使他们能够在事件发生时实时捕捉、存储和分析这些数据，帮助他们了解顾客的行为模式，引导他们的动向。这些数据数量巨大，形成速度极快、出现种类极多，因此被称为大数据。

我们每天都面临做决定的挑战，小到支付账单，大到买房、投资股票、开发产品、收购公司和提高市场占有率等。这些大的决定需要在其所处的环境中获取相关信息。当我们回顾好几年前，在没有计算机或其他获得数据的便捷途径时，我们不知道人们在日常生活中是如何做出这些重大的决定的，不管是企业也好，抑或是管理国家也好。

古时候，统治者们凭借直觉或认知智力以及大臣的建议实时做出决定。他们常常微服私访，收集百姓交谈的信息，从而获得实时反馈和情绪，以便实施有效的决定。那时候，没有技术的帮助，所有决定都依赖于主观的判断。我们的大脑接收大量的感官数据流，然后作出必要的相关性分析，从而帮助我们做出有价值的判断和决定，而所有这些都是实时进行的。

而将上述情况放到我们现在所处的这个时代，我们有附带内存和数据处理的计算功能提供支持，在我们需要的时候按需提供服务，这些服务保存在云基础设施中（第 3 章讨论过），帮助我们做出实时决定。当前的技术，如大数据分析，用正确的信息帮助和支持我们；实时事件消息传送在正确的时间为我们提供信息，在任何地点提供合适的移动性，在合适的背景提供社交媒体，从而帮助我们做出正确的决定。有了计算能力和认知智能，我们在商业背景下进行实时决策的条件比过去要好得多。

大数据是当今时代最主要的一场革命，它在未来的几年里会对高级分析学产生巨大的影响。大数据正变得和所有商业案例息息相关，它会帮助企业获得持续的竞争优势。随着技术平台的快速成熟，组织机构需要将大数据资源摆在重要的战略位置上，从中洞悉客户，根据客户需求为他们提供产品和服务。基于新数据资源的分析学和商业智能（Business Intelligence，BI）能够让决策制定者拥有更大的预见性。

本章主要讨论大数据的概念、背景以及在各行业分类中的关联；提供研究案例，深入地了解组织机构如何利用现有的基础架构部署和大数据分析，并提供相关的例证。

你为什么应该关心大数据

大数据是人们常常挂在嘴边的信息技术解决方案之一，它通过分析来自各种来源的信息，为人们提出了一种创造商业敏捷性和可预见性的新技术范式。

第 8 章
用大数据驾驭集体智能

"大数据"这个名词是在 20 世纪 70 年代出现的，当时被用来形容海洋学和气象学实验生成的大量数据。我们可以把大数据理解为数据库管理技术的一种自然演化，这种技术改变了数据分析的方式。最早实行大数据解决方案的案例可以追溯到 20 世纪 80 年代——第一代以软件为基础的并行数据库构架。但是，直到互联网成熟使用之后，网络搜索公司开始面对大量结构松散的数据的检索和查询这一挑战时，大数据技术才开始广泛应用起来。现有的数据库技术已经不能应对这些充满挑战的任务，而且成本上也失去了优势。21 世纪初，谷歌开启了使用大数据工具的第一次浪潮，之后促使多个其他框架和技术产生，使大数据组的操作、处理和转译变得更加经济。利用大数据，公司能够从大量的数据中汲取价值和有意义的洞见，这些在以往通过传统的分析技术是无法实现的。这一技术同样能够处理来自社交媒体、网络日志和与交易系统相结合的传感器的海量数据的大规模、高速率和多样性等现象。拥有了这些海量的数据，我们就拥有了无主的宝藏，我们能够从中提取各种信息来预防重大灾难或事故，并且能够以此积极地帮助企业快速成长。

大数据主要的特征就是数据量大且增速快、数据结构多样，以及新的或新增强的数据分析要求。这让我们能够为此类背景下的客户提供合适的报价、消息、建议、服务或行动，通过私人定制和个性化服务提供无与伦比的价值。使用多渠道客户体验平台进行真实的跨渠道决策，可以为网络渠道、客服中心、销售网点以及所有的业务领域提供始终如一的经营决策，我们便拥有跨渠道学习和决策的技术解决方案。这种从一个渠道无缝自动获取洞见的形式可以用在渠道内部或与其他渠道之间。

结合了商业规则和自我学习预测模型的折中决策管理框架，能够协助企业制定实时决策。同时它还能够在决策实施的时候，在组织目标 / 关键绩效指标（KPI）的环境中，协助仲裁规则和预测模型评分。

高管视角：甲骨文公司大数据 Exadata 和数据库总裁加维尔·卡布瑞左

如果你回顾一下不久前做生意的方式，再对比一下今天做生意的方式，你就会发现这其中最显著的区别是在组织内部进行决策的方式的演化。你可以说我们已经从依靠判断为基础的管理转移到了以事实为基础的管理模式上。换句话说，今天几乎所有的公司都会有不同效率的数据管理解决方案，范围涵盖金融数据、客户数据、供应链数据，等等。现在的情况是公司在行业内竞争的门槛越来越高了。它们需要快速作出反应，为了实现快速反应，它们必须能够非常快速地知道自己的经营绩效细节。这就引发了过去 30 年对 IT 技术的大规模应用，而这会促使很多行业发生变革。

创造数据的系统有客户关系管理（CRM）、企业资源规划（ERP）、供应链管理（SCM）系统，分析数据的系统有数据仓储（DW）系统。

现在与此相对应是生成新数据的网络日志、传感器以及网络，我们需要新的系统来分析和处理这些数据。这就是大数据运动的起源。

高管简介

加维尔·卡布瑞左（Javier Cabrerizo）负责甲骨文公司的大数据、Exadata 以及数据库产品在全球业务中的增长。

随着社交网络的逐渐发展，我们开始发现像网络日志、社交媒体信息、电子邮件、传感器、照片以及 YouTube 视频等非传统、弱结构化的数据，这些都能够通过分析得出有用的信息。随着存储和计算能力成本的降低，存储和分析这种数据以用于有意义的目标也变得更加容易。因此，现有企业和新兴企业都很有必要去理解和评估大数据及其商业智能和决策制定之间存在的关联。闭合环路实时学习马上就可以用于预测驱动自适应、高附加值的互动。我们也许能够通过用户友好报告自动发现和强调数据中重要的关联性。自动化数据发现将引导客户获得正确和相关的商业洞见。

高管视角：甲骨文公司大数据 Exadata 和数据库总裁加维尔·卡布瑞左

现在数据生成的方式有哪些不同？从根本上说有两个不同：一个是数量，另一个是速率。由于技术的不断演化，更多的互动开始转移到互联网世界，因而不断地有更多数量的数据生成。想想看电子商务、电子医疗、传感器监控活动、实时定位活动、实时地震活动和实时网络使用等。所有这些互动都在持续生成数量极多、速率极快的数据流。或许公司需要做好以拍字节为单位进行数据管理的准备，且对此习以为常了。

数据分析的方式有哪些不同？介于上文提到的数据的两个特征，分析的经济性已然发生了变化。所以需要有一种新的模型以低成本、可扩展的方式处理不断生成的大量数据。这为开源社区打开了非常重要的创新技术的大门，比如像 MapReduce 这种低成本的产品软件、以行为主的数据存储，以及协同处理器等。

因此，就如我们过去所看到的一样，在各行业中竞争的公司发现门槛又一次提高了。为了提高竞争力，他们必须再一次提高处理和分析更新的、数量更多的数据。

大数据处理来自不同数据来源的所有类型的数据，比如企业应用数据，这其中包含客户关系管理、企业资源规划、供应链管理系统、电子商务交易、人力资源以及薪酬单交易等。它还可以定性语义数据，其中包含由机器和计算机系统生产的来自客服中心、网络日志、智能仪表、制造感应器、设备日志以及贸易系统数据等的呼叫详细记录。像 Twitter 之类的客户反馈数据流、微博网站等社交媒体数据，以及 Facebook 这样的社交媒体平台都增加了大数据，并用来辅助情感分析。

通常用来表现大数据的不同方面，并且被各主要会议常常引用的总共有四个最关键的特征——数量、速率、种类和价值。麦肯锡全球研究所估测，数据量每年会增长 40%，到 2020 年会增长 44 倍。

高管视角：甲骨文公司大数据、Exadata 和数据库总裁加维尔·卡布瑞左

商业决策需要可靠的系统，这点非常重要。而可靠的系统需要可靠的公司来支持。有一些最先开始使用大数据技术的公司，像是采用在线预测分析技术的零售企业或航空公司，或采用风险管理解决方案的金融服务行业等，都期望被他们所选中的外包商能够为他们带来这些解决方案。他们希望外包商能够为他们提供一如既往的支持，而这种支持是他们曾经用来运营企业的其他系统所得到的。

因此结论显而易见——任何行业中的任何公司都要受到这一快速生成的更多数据大潮的影响。那些能够高效地处理数据并能够总结出洞见和可付诸实施的商业结论的企业，就可以享有超越他们对手的优势。公司应该着眼于他们生成的数据流，并思考有效地存储和分析这些数据的途径。例如：

- 网络日志可能包含有价值的客户动态信息；
- 信用卡使用模式可以帮助确认和预防诈骗；
- 基础设备如石油钻探等的实时分析能够帮助企业优化运作；
- 实时监控卫生保健信息能够快速介入和预防犯罪活动。

大数据的关键特征代表着哪些信息

大数据的特征在于其巨大的数量、超高的速率和低价值的种类。所有主要的来源，如网络日志、传感器和社交媒体等生成的新型非结构化或半结构化的数据都造成了决策制定中新现象的出现。

数量

在第 7 章讲到的社交媒体（Facebook、Twitter、LinkedIn、Foursquare、YouTube, 等等）都生成了大量的数据，这些数据都需要快速地存储和分析，从

而为做出正确的决策创造条件。机器生成的数据或语义网络数据量要比传统的数据量大得多。比如，一架喷气式飞机发动机在 30 分钟内可以生成 10TB（兆兆字节）数据，那么每天 25 000 多架飞机所产生的这种数据源的量加起来就能达到拍字节。智能仪表和炼油厂、钻井设备等重工业设备等也能生成差不多量的数据，因此将会出现更严重的问题。大数据分析学最大的吸引力就在于处理大量信息的能力所带来的益处。这种庞大的数据量给传统的 IT 结构带来了最直接的挑战。它要求计算机具备可扩展的存储器和采用分散式的查询手段。

速率

数据快速地进入数据管理系统，并且常常要求快速分析以做出决策。最重要的是反馈回路、提取录入的数据进行分析和制定决策的速度。反馈回路越紧凑，竞争优势就会越大。正是这种对速度尤其是对网速的要求，驱动了键值存储和柱状数据库的发展，优化了为了快速检索到预先计算的信息。这些数据库构成了名为 NoSQL（Not Only Structured Query Language, 不仅仅是结构化查询语言）的伞状分类的一部分，在关系模型不够用时派上用场（接下来我们会在技术平台部分详细探讨）。社交媒体数据流带来了大量意见和关系的输入，这些输入信息对客户关系管理有着重要价值。即便每条推文不超过 140 个字，Twitter 数据的高速度依然确保了很客观的数量（每天在 8TB 以上）。这些数据大多不太有价值，所以就需要通过分析处理，将这些数据转化成有用的形式或提取有意义的信息。

种类

大数据带来了多种多样的数据类型。从社交媒体的文字信息到图像或视频数据，从直接从传感器获得的原始资料，到机器生成的语义网络日志等。这些数据在任何应用中都不可能轻易地整合。大数据处理的一个常见用途就是将结构化数据用于或提取有意义的信息以供人消费，或作为某个应用程序的结构化输入。大数据带来了大量需要分析的模式、情感和行为信息。

价值

不同数据的经济价值有着天壤之别。通常来说，在较大的非传统数据中隐藏着有用的信息。大数据能够洞悉实时市场和客户动态，为企业带来了更大的价值，促使新的产品和服务改进。大数据分析不仅可以揭示像客户之间的伙伴影响等领悟，还可以通过分析买家的交易、社交及地理位置数据来揭示。过去十年成功的新兴网络公司就是将大数据用作新产品和服务的促成者最好的例子。例如，通过将用户和用户朋友们的行动发出的信号相结合，Facebook 创造了高度个性化的用户体验，建立了新型的广告业类型。

数据的规模真的很重要吗

近年来，随着云计算和硬件、软件和存储的产品化不断增加，数据也呈现爆炸性的增长。从根本上讲，是数字设备和互联网的扩散等活动的增长催化了数据的指数倍增长。公司间的网络化交易、机器生成的数据（在工业应用和车辆上安装的传感器）以及笔记本、电脑、智能手机等消费者的设备上生成了数量惊人的数据。据 IDC 集团估计，在 2011 年，共有 1.8 泽字节信息产生和复制，这相当于 2 000 亿部时长 60 分钟的高清（HD）电影，一个人要花 4 700 万年才能看完。

在过去十年中，信息以 38% 的复合年增长率增长，相比之下，世界存储能力的复合年增长率为 23%。我们相信，在计算机、智能手机、智能传感器等驱动信息生成的作用下，计算能力会不断提高（十年复合年增长率为 59%），而信息生成和存储的差距也会继续扩大。

随着云基础设施存储成本的逐渐降低，更多企业能够支付得起该设施的费用，也将能够利用来自不同的数据源的多种数据类型的混合，对其进行分析，从而做出更有效的管理决策。

大数据有多复杂

传统的数据存储模式是以结构化格式存储，这种方式使存档、查询和分析都更加容易。但是，随着多种设备的广泛使用，数据变得愈加非结构化。据估计，全世界 80% 的数据都是非结构化的（即无法沿用传统的关系数据库结构），这就使得对多种数据组的分析和洞见变得非常具有挑战性。由于非结构化数据的普及，基于文件的存储器（非结构化数据）的增长已经大大超过了基于分块的存储器（前者五年复合年增长率前者为 62%，后者为 24%）。社交媒体、机器生成数据和智能设备的猛增和使用，既加剧了大数据管理的复杂性，也让企业从中获得了更多的商业价值。如果我们能够实时或接近实时地获取、处理和分析最近出现的这些数据，也许我们就能够从中获得更高的智能和更大的预见性。

- 社交媒体。社交网站用量的增加继续驱动对非结构化数据的存储要求：Facebook 每天有 3 亿张照片上传，星家公司（Zynga）每天要处理 1 拍字节的游戏内容，每分钟上传到 YouTube 上的视频时长有 72 小时，Twitter 每天接收将近 2.5 亿条推文。
- 机对机（Machine-to-Machine，M2M）。带有嵌入式网络的智能仪表、远程信息处理、射频识别设备、车辆感应器等 M2M 设备使用的增加驱动了机器生成的数据。到 2015 年，M2M 设备生成的数据的复合年增长率有望达到 35%。研究结果显示，到 2025 年，M2M 每年会产生 2.7 万亿到 6.2 万亿美元的经济效益。根据麦肯锡全球研究所的调查研究，工业化的互联网和能源、交通、医疗保健、航空以及其他行业的融合每提高 1 个百分点，就能节省大约 2 000 亿美元，这样，世界银行和通用电气将会获得 32 万亿美元生意的机会 。
- 移动性。移动设备（智能手机、平板电脑）的广泛应用让互联网真正实现了触手可及。全球的智能手机用户数量目前打破了 10 亿分水岭（即每七个人就有一人拥有一部智能手机），从而驱动移动数据的消费、需求和生成。据思科公司估计，从 2011 年到 2016 年移动数据流量的复合年增长率将达 78%，到 2016 年，每月会达到 10.8 艾字节。

- 企业数据。企业软件解决方案的应用和 IT 高级尖端产品都增加了企业的信息输出。非结构化数据继续占据企业数据的较大比例，到 2015 年，有望从 2006 年的 64% 升高到 80%。非结构化企业数据流给企业的 IT 系统加重了负担。专门提供商业技术咨询和解决方案的 Avanade 公司的一项调查显示，55% 的调查对象报告 IT 系统的速度减慢，47% 的人认为数据输出的增加会造成数据安全问题。

高管视角：甲骨文公司（Oracle）和 IBM 公司前执行官杰南·达仕

那些消失的技术才是最根本的技术。这些技术已经与人们的日常生活交织在了一起，甚至已经无法辨识出它们的脉络，这就是我们每天都能看到的普遍计算技术。设备的爆炸性增长让计算变得无处不在。现在的汽车就是装着车轮的计算机，现在的飞机就是安着翅膀的计算机。安卓和 iphone 应用的快速增长，都促使计算功能以前所未有的规模和速度加入到主流中。

其中有三种最主要的力量结合在一起，快速颠覆者着全球企业。它们分别是：（1）云计算（我们终于把计算看成像供电、给水和通信业一样普遍的公共设施了）；（2）智能设备；（3）大数据。设备不断扩张，数据爆炸也随之而来。我们再也不觉得 100TB 是大数据库了，现在我们已经看到了拍字节和泽字节的规模。大数据给企业带来的变革绝不比几十年前 IT 给企业带来的变革逊色。数据洪流在进入商业世界之前，早就已经进入了科技的世界。所以，已故的来自微软研究院的吉姆研究院的吉姆·格利（Jim Gray）曾将其称为科学的第四范式（实验科学、理论科学、计算科学是前三个范式）——数据密集科学（DIS）。在这个星球上的数据加起来大约有 1.27 ZB（1 泽字节 =10 亿兆兆字节），并且预计到 2020 年将增长到 35 ZB！

高管简介

杰南·达仕（Jnan Dash）是 IBM 公司和甲骨文公司的高管，目前是多家公司（如 MongoDB、ScaleDB、MobiDough、Graymatics 以及 Sonata 软件）的顾问和董事会成员。

随着云部署模式的变革，大多数大数据解决方案都仅仅以软件的形式提供使用，或是作为器具或基于云的产品。和其他应用部署情况一样，大数据部署也关系到很多问题，比如数据局部性、隐私和限制、人力资源以及项目要求等。很多组织选择混合的解决方案，使用按需式云资源补充内部部署。

将来自网络日志、机器数据、社交媒体数据和其他企业内部的交易数据等大数据资源的数据相结合，可以创造出大数据的最高价值。决策制定者得以获悉客户行为、种类和选择偏好等的整体情况。

因此，将大数据战略和综合数据分析战略相结合，对于企业来说是非常重要的。为了在竞争中获胜和保持竞争优势，组织需要对综合数据管理和分析进行规划。

大数据如何同现有的传统数据并存

大数据本身能够为企业提供绝佳的洞察力，但如果将其与企业现有的交易数据结合起来进行分析，则会发挥更大的作用。比如，网络日志或浏览历史可以表明客户的购物模式，帮助企业通过客户的购买历史确定某一客户所具备的价值。

塔吉特公司是怎么知道的

利用数据收集流程判断某个人是否怀孕。首先，塔吉特（Target）公司先给每个客户一个顾客ID，之后将这个ID与已知的客户信用卡、姓名和电邮地址信息相连。这样一来，塔吉特公司就能够储存和建立这位客户购买产品所存储的信息的一部分——塔吉特公司发现了购物者的行为模式。比如，很多购物者都会买肥皂和棉球，但是如果某个人突然开始大量购买无香味肥皂和超大包的棉球，并购买洗手液和毛巾，这就表示她们可能要临产了。

塔吉特公司将数据用来预测消费者的行为，从而针对每个购物者宣传与他们最相关的产品。据《纽约时报》报道，通过预测妈妈市场，塔吉特的销售额突飞猛进，从2002年的440亿美元增长到了2010年的670亿美元，而这都是通过使用大数据分析来更好地了解客户实现的。

同样，水电公司也已经开始使用智能网络数据来跟踪消费者行为。将消费者的历史账单模式和来自他们常用的智能仪表数据的交易数据相结合，使得商业环境中的分析变得更加有力。

得州能源公司的智能电表

智能网络布局为基础设施公司创造了以指数倍增多的数据，并让他们获得前所未有的信息使用权限。获取、分析、管理和输出信息以优化经营活动和促进客户关系，这帮助他们从数据中提取优化的商业价值，从而更好地定位客户，共同参与和服务客户。

有了智能仪表的帮助，供电公司每15分钟就能读一次数，而以前是一个月一次。这不仅仅省去了寄电表读数的需要，而且由于每15分钟读数一次，可以在高峰期和非高峰期进行不同的用电收费。用价格来调整高峰时期的用电需求曲线，省去了增加产能以满足高峰期用电需求的需要，从而为供电公司节省了数百万美元增加产能的投入和维护工厂的费用。

得州能源公司（TXU Energy）通过提供“免费用电：整晚、每晚以及全年档”（详情查看 https://www.txu.com/residential/promotions/mass/free-nights.aspx）的优惠方式，使用智能仪表技术来调整需求曲线。事实上，得州能源还宣传了“晚上洗衣服，用电不花钱”的优惠政策。得州能源（TXUEnergy ）想用价格战略重新调整用电需求，控制高峰时刻的需求，从而使得州能源和客户双方都能节省费用。如果没有智能仪表，这是不可能实现的。

大数据是非常杂乱的，需要付出巨大的努力来进行数据清理和实现数据质量。大数据现象和数据科学的产生是密不可分的，数据科学是一种结合了数学、编程和科学本能的学科。当前的数据仓储项目耗费了大量时间为商业用户提供有价值的分析。

这需要一个从各种数据源头中提取、转化和加载的过程。但是，大数据分析可以被定义为一种与从多种来源解析大量数据以及实时或接近实时地创造信息的需要相关的，或在这种需要背景之下的过程。

Progressive 快照：保险行业的汽车感应器

保险公司的传统做法是根据司机的驾车历史来制定汽车保险价格，并且会给行车记录良好的司机一定的优惠政策。前进意外事故和保险公司最先利用技术便利，引入了以感应器为基础的快照系统跟踪车辆情况和驾车历史，为好司机降低保险费用，通过提高保费惩罚不良司机。现在，有了快照这种以用途为基础的创新保险项目，好司机得以节省了汽车保险费用。

快照设备可以轻而易举地安装到汽车的检查孔(通常在驾驶杆下面)

里，之后就可以自动跟踪良好的驾驶记录了。该项目提供为期30天的免费试用，以便根据驾驶类型在线检测预计的节省费用（例如，你是否经常猛踩刹车，你行驶的里程，你在午夜到凌晨四点驾车的次数等）。

大数据带来了大量机会。很多大公司都在探索分析能力以解析以网络为基础的数据来源和从社交媒体提取价值。然而，更大的机会还在后面，物联网（IoT）这一新兴的数据来源正在冉冉升起。思科系统公司估计，大约有350亿台电子设备可以连接到互联网。任何电子设备都能连接到互联网，即便是汽车生产商都为车辆制造了互联网连接系统。到2014年，联网车辆将随处可见，并生成数以百万的瞬态数据流。

经营效率和将大数据变成现实的技术、服务发展一起，将会致使复合年增长率到2017年猛增到58%。

大数据在所有行业都是一个新型的竞争优势来源。

高管视角：威普罗公司商业智能和分析高级业务主管 Ramasubramanian Vaidyanathaswamy

过去几年间，大大小小的公司都在斥巨资投入商业智能（BI）/分析举措。如果我们想看看这些公司是如何考虑采用大数据技术将新的理念带入到决策制定中的，我们可以把它们分成三类：早期应用者、探索者和野心家。根据我们的经验，还没有公司属于“不感兴趣或不需要”的第四类。

早期应用者已经构建好了大数据基础构架，增加了将非结构化/半结构化数据纳入分析范围的水平能力，开始着手迭代建立商业算法，以从这种数据中获得洞见。营销尤其是企业到个人（B2C）领域的营销是最早采用这种技术洞察客户购买/购买后的行为，以加深对活动的了解。所有大数据项目都有一个很大的共同点，那就是它们一开始都是以探究的心态起步的。你从一系列的假设开始，通过反复运用统计算法或模式识别等，直到得出你想要的结果。几乎所有的举措都是从沙盒中的概念验证（proof of concept, PoC）或者价值验证的实验过程开始的。

探索者类型的公司是仍在处于概念探索阶段的大批公司：（1）大数据适用哪种用例；（2）价值在何处；（3）哪种组织机构需要发展这方面的能力（BI/DW 组织机构或工程或营销）。

在商业智能领域从业十多年以来，我成功地见证了财富 100 榜单上的客户实施的大型分析学项目，我发现 BI 项目的执行从根本上要转移到大数据的采用上。对一个人来说，获取大数据洞见的价值在于互联网的速度，无论是社交情感还是投放产品的客户反馈。大多数现有的 BI 投资都是为了大规模数据和系统合并来获得结构化洞见，结果敏捷性赶不上这个速度。多年来，投资都是用在数据通道、数据质量、数据管理和数据再利用上——这些都是来自结构化数据的期望。但是，将非结构化数据用于指定决策这一过程还处于婴儿期，很显然，相比起符合构架标准，速度才是赢家。真正的终极价值其实是在企业数据仓库以外的大数据世界里处理大规模的非结构化数据，然后将有洞见的数据再一股脑倾倒回企业数据仓库中。企业数据仓库和大数据都是用来解决一部分难题的，最终各自的构架会融合在一起，互为补充，一起实现分析价值。经常有人问这个问题：“在组织机构中哪一个部门才是应该对构建大数据能力负责的？”大多数大数据实验和 PoC 都是由 BI 组织机构自己做的，尽管该组织内部常常不具备 Java 技能组合。

事实上，一种最常见的大数据技术使用案例是将 ETL 工作负荷从高 CPU 处理数据库 / 应用中转移到 Hadoop，我相信随着大数据技术成为主流，这种趋势也会极大增强。

高管简介

Ramasubramanian Vaidyanathaswamy 是一位在商业智能、大数据和预测分析方面提供咨询服务的经验丰富的专家。

摩托罗拉公共安全解决方案：使用大数据进行快速数据流视频分析

摩托罗拉解决方案收集了各种不同的以视频监控图像（在机场、停车场、交通信号灯等公用场所的常见图片流）的形式存在的非结构化数据，并将其安全地分布和使用到关键任务设备和便于管理的网络中。通过技术和专门知识将噪音转化为信息，将信息转化为智能，再将智能转化为安全，从而积极地构建更加安全的社区、城市、乡村和国家。

摩托罗马公司利用甲骨文事件处理（OEP）的能力根据事件触发点来追踪事件，例如，可疑车辆进入机场停车场（自动车牌号读取器）、司机在停车场闲逛（视频分析）、司机表现出留心、警惕状态（面部识别）以及交叉引用数据库的警惕和行动，以预防重大事件的发生。

高管视角：斯普伦克公司副总经理马克库斯·扎恩

如果你是在金融服务、电信或在线服务行业，你的整个业务都依赖于关键的应用程序。而在其他所有行业中，包括政府部门，关键的应用程序也对其业务至关重要。如果这些应用往下分，还有很多的分支。这些应用是否运行良好，是否得到良好的支持、测试、保护和应用，都对你的企业能否成功起着重要的作用。这种应用可以是网上或移动设备上的，它们能够被提供给客户、合作伙伴或员工。这种与业务相关的应用可能十分复杂地分布在其构架中，或和较大的业务流程结合在一起。

每一个业务相关的应用都有着复杂的机器数据足迹。机器数据就是窗口，是分辨这些应用是否运行良好的关键信号。当然，这种机器数据足迹包括应用日志、错误日志和性能数据等支持业务相关应用的数据。事实上，所应用的机器数据足迹能够提供宝贵的信息，使其保持运行，更好地对其进行支持，更高效地进行测试，避免与安全相关的问题产生，以及更好地管理服务水平协议，跟踪用户行为，评估整体效果等。

在竞争的商业环境中，管理所有隐藏在应用的机器和数据足迹中的宝贵信息是极其重要的。

高管简介

马克库斯·扎恩（Markus Zirn）目前在一家致力于操作智能软件的高速度成长的大数据企业——斯普伦克公司（Splunk）负责所有产品的管理。他为甲骨文公司（Oracle）的中间设备提供产品管理，如服务导向式架构、业务流程管理、程序解决方案、复杂事件处理以及 ERP 用户生产率等。

大数据市场究竟有多大

在未来五年内，大数据市场将在全世界范围内快速增长到将近 500 亿美元。我们已经看到了人们对大数据和相关的分析能力越来越感兴趣，也更加意识到二者在获得竞争优势、改进商业敏捷性方面所迸发出来的力量了。

当前的市场上，大数据专业提供商销售额达到 3.1 亿美元。虽然它们在整体销售额中只占据相当小的比例（大约 5%），像 Vertica、斯普伦克和 Cloudera 这样的提供商，对过去几年出现的数据管理、分析的创新，以及现代技术的创造贡献了绝大部分的力量，并将大数据推向 IT 行业的最热门领域。

高管视角：晶格科技创始人和首席执行官沙施·尤帕蒂亚

我们生活在大数据世界中。这一变化为企业提供了无限的优势，尤其是在市场营销和销售方面。数据现在已经无处不在——网上、社交媒体、营销自动化、客户关系管理系统和其他第三方资源等。但这种大数据不仅仅是数据，我们还能从中获取洞见，从而改进我们的流程和企业。

企业从互联网巨头那里可以学到什么

互联网从数据流获得竞争优势已经有 10 年多的历史。奈飞公司就是其中之一。奈飞公司跟踪关于浏览用户偏好和评级的非结构化数据，进而提出新节目的推荐，确保客户获得最佳的用户体验。而且公司还用收视数据确定正确的新内容开发方式，从而创作出受到客户群疯狂追捧的节目。通过这种方法，奈飞公司不断地驱动持续的参与和使用。

亚马逊是互联网巨头利用大数据洞见，为客户提供更好的客户体验的另一个例子。亚马逊跟踪客户购买和想要购买的商品，以及在不同地区购买或渴求的商品。它使用这种信息为客户推荐他们有可能购买的产品。利用这种办法，亚马逊通过生产推荐的产品，在 2013 年获得了总计 7 500 万美元的销售收入。

要从大数据中提取价值，获得竞争优势，公司应该首先回答以下问题：（1）外部数据能够以同样的方式使用吗？（2）是否分析结构化和非结构化数据来揭示购买意图？（3）是否使用数据分析过去的事件和预测未来的事件——比如谁会购买我们的产品和服务？

通过数据驱动竞争优势的真正关键在于，关注所发现的信息和洞见所具备的预测性和规范性特征。

行动的预测分析

技术和数据正在为当今市场和销售的巨大变革加注燃料。很多成功的营销机构都在使用大数据的力量，通过客户获取、保留和扩张的方式构建预测模型，进行企业转变。亚马逊和奈飞公司在客户的一边打头阵。像戴尔和思杰（Citrix）公司则主导 B2B 一边。

B2B 企业可以跟随亚马逊引擎形成自己的推荐模型。答案就一览无余地隐藏在很多案例中。通常，公司会使用营销自动化和客户关系管理等云技术存储客户和潜在客户的数据。而事实上，这些系统只能保存客户或潜在客户的所有可知数据的大约 5%。在系统以外的数据，比如工作公告、补贴、政府合同、社交媒体、专利、信用等级以及购买历史等都能够出乎意料地反映出其购买意图。

如何将这些数据转译成真实世界的语言呢？晶格科技（Lattice Engines）公司的一位工程师专注于通过大数据改进营销效能。企业软件公司思杰公司正在经历用低转化率使用高数量的导向信息的过程。通过将大数据与传统的主要评分手段相结合，公司将转化率提高了 30%。另外，戴尔公司也有同样的执行预测分析来为销售团队优化导向信息的成功经验。通过突出最容易转换的导向信息，营销组织传送给销售部的导向信息的数量降低了 50%，而销售额则提高了将近两倍。

驱动竞争优势

有了数据科学，营销组织能够跨越传统的创新手段和活动，真正影响到销售额的增长。营销人员可以使用来自网络的关于客户和潜在客户的所有可知数据的属性，来预测一个人是否会购买他们的产品，还可以通过这些信息确定哪些导向信息可以用于销售活动，哪些还需要继续培养。在数据科学和分析学的帮助下，营销人员可以确保只会将最好的导向信息发给销售部，并最终推进转化率的提高。

公司可以借助数据科学在现有客户群内部识别成长的机会。对于大多数组织机构来说，新客户只占总销售额的不到 20% 的比例，而现有客户则驱动着剩余的 80% 销售额。很多情况下，业务代表是没有办法用信息和工具成功提高现有客户的销量。他们趋向于受自己觉得最满意的内容和产品的吸引。由于销售代表能力有限，他们必须凭直觉判断应该关注哪些客户和产品。很多较新的产品、服务或者消息能力获得的关注都很有限。把数据科学应用到隐藏在像招聘趋势、融资公告、办公室空缺等营销自动化和外部线索中的信息中，公司能够精确定位具备提高销量、交叉销售的成熟条件的客户账户。

专业销售人士还可以通过利用大数据洞见走在竞争的前列。从某种意义上来说，通过帮助所有代表在同一页面回答诸如“我如何在一定时间内找到最有可能接受我的产品/服务的客户”的问题。产品/服务的客户能使销售的卓越性变得普及。从数据中搜集到的洞见，像是对正在发生的事情的第六感一样，通过正确的产品推荐和消息来武装销售代表，从而完成销售，这正是亚马逊所做的。

高管简介

沙施·尤帕蒂亚（Shashi Upadhyay）是晶格科技的创始人兼首席执行官。晶格科技公司以数据科学和预测性大数据模型为基础，专注于为不同规模的公司提供数据驱动的商业应用，使其变得更加智能化。

营销和销售组织机构已经准备好迎接大数据和预测分析带来的变革。这种方法就是通过将合适的资源集中在准备购买产品的客户和潜在客户身上，使现有的企业变得更智能、更高效——从而在竞争中取得压倒性胜利。

第9章

构建高效的知识生态系统

现在，你已经读到这里了，那么你应该已经意识到，这些关键的技术驱动力可以帮助你的企业转型，为你提供过去几年根本不可能会有的敏捷性。而在所有这些技术创新中，最重要的方面就是企业的可预测性，这一因素是驱动关键决策和商业智慧，从而更加高效地运作和管理企业运营的关键因素。在这个“知识就是力量”的互联网+时代，培养一个生存、发展、持续成长以及具备商业敏捷性的知识生态系统，对企业来说是极其重要的。我们在前面已经评估和评价了协作力量（第5章）以及集体智能（第8章）的作用。在本章中，我们会重点介绍建立知识系统的关键因素和帮助企业驾驭力量以及持续发展和保持领先地位的知识管理（KM）流程。

在这个竞争激烈的商业环境中，所有企业都在一个复杂的、充满挑战的背景中竞相角逐，而这个环境已经被诸如全球化、超级竞争、技术发展以及虚拟化等诸多因素所改变。这些新的技术创新让组织机构不得不采取不同的思考和行为模式，以便生存和发展下去。今天，我们都已认识到企业建立竞争优势的基础已经从侧重有形具体的资源转变为侧重知识为基础的资源。挖掘和使用知识，并将知识管理能力融合到企业之中，对企业来说是至关重要的。

知识生态系统包括所有由员工、合作伙伴和客户所拥有的智力能力和知识，以及他们学习和获取更多知识的能力。知识管理能力可以被定义为公司结合其他资源和能力对以知识为基础的资源进行调动和配置的能力。

知识管理是一种有计划的、结构化的方法，其作用是开发知识管理能力，管理知识为基础的资源的识别、创造、分享以及利用的过程，并将其作为组织资产，从而提高公司的竞争力。知识管理是一门使个人、团体和整个组织机构共同而系统地捕捉、存储、分享和利用知识，从而更好地达成他们的目标的学科。知识管理结合了多种多样的学科中的观点和流程，比如信息管理、信息技术管理、通信和人力资源管理等。为了在组织机构中更大范围地评估知识管理的全局，我们将在本章将知识管理作为系统进行评估。

知识管理在当下不仅是工业世界，而且也是信息研究领域的一个热门话题。在日常生活中，我们每天都要处理大量的数据和信息。只有在我们学会了从数据和信息中提取价值，它们才能真正地被称之为知识。这就是我们需要信息管理的原因，信息管理指的是一种以最佳方式利用知识，以实现组织机构目标的多学科手段。知识管理主要关注获取、创造和分享知识的过程，以及支持这些过程的文化和技术基础。

知识管理可以通过以下方面来描述：

- 人。怎样才能提高组织机构中个人的能力，从而影响他人的知识？
- 流程。知识管理所采用的方法因不同的组织机构而不同。流程的数量是没有限制的；
- 技术。只有在知识管理举措的所有要求都满足以后，才需要选择技术。

或者也可以换另一种角度以这些因素来定义：

- 文化。成功的知识驱动型组织机构的最大驱动力是建立以知识为中心的文化；
- 结构。促进知识分享的业务流程和组织结构是知识的结构；
- 技术。技术是关键的使能者，而非解决方案。

在本章中，我们会重点强调知识管理的技术层面。这一方法包括使用技术系统进行知识的收集、整理、存储和处理。知识管理战略系统的三个主要特征有：

1. 在知识管理流程中着重强调整理后的知识；
2. 通过信息技术专注于知识整理和存储；
3. 试图正式地分享信息。

知识管理学科和技术

知识管理还要求特别注意人力、组织机构和文化方面。需要了解的非常重要的一点是，知识是在组织机构内的人与人之间产生、传播和渗透的。这就是为什么和技术知识相反，以社交为基础的知识管理强调的是可以通过社交互动流程获取和分享的知识。我们在第 7 章已经指出，社交媒体的演化引起了社交互动的变革，从而以新的视角更新了人们对知识管理的重点。

知识管理借鉴了以下多种学科和技术：

- 认知科学；
- 专家系统、人工智能和以知识为基础的管理系统（KBMSs）；
- 计算机支持的协作工作（群组软件）；
- 图书馆与资讯科学；
- 科技写作；
- 资料管理；
- 决策支持系统；
- 语义网络；
- 关系型和对象型数据库；
- 模拟；
- 组织科学；
- 面向对象的信息模型；
- 电子出版技术、超文本和万维网；

- 用户帮助技术；
- 全文检索；
- 绩效支持系统。

社交技术范式结合了社交和技术两个方面，可以被描述为对任何系统的社交和技术部分的关系的研究。从社交技术的角度来看，知识管理关注一家机构通过技术驱动力和社交使能器协调知识管理活动，从而实现商业目标的战略。

新的知识管理系统必须包括数据库、内联网、群组软件、搜索引擎、社交媒体、大数据和预测分析学。系统可以分成几个主要的范畴，比如群组软件（包括电子邮件和维客）；决策制定支持系统；专家系统；资料管理系统；语义网络；关系型和对象导向型数据库；模拟工具；大数据；人工和预测智能等。

总之，社交技术知识管理系统可以被定义为确保知识管理流程的发展和创建适当的组织机构条件的一套技术和社交元素。

根据之前的分析，我们可以得出以下结论，知识管理系统主要包括三个子系统：

1. 知识管理流程子系统；
2. 技术背景子系统；
3. 社交背景子系统。

而在社交技术知识管理系统中，最显著的构成部分就是人及其所拥有的知识。知识包括两种：一种是外显知识，即通过文字和数字表达的知识，它们存在于手册、数据库和信息系统中；另一种是隐性知识，它们以惯例、文化和专门技能的形式在机构内部共同分享。通过知识管理系统可以将个人的知识转化为组织知识（详见图 9—1）。知识管理系统包括一套在组织机构中发起的识别、获取、创造、存储、传播和应用知识的实践或活动。在组织机构中设计知识管理系统时，要考虑以下这些关键流程：

- 知识识别。即组织机构内的员工和员工团队确认他们所有的全部关键知识的过程；

- 知识获取。即通过获取新的信息、知识和经验等更新员工知识的过程；
- 知识创造。即具体化为新产品、新服务、新流程和新概念的新知识的创造过程。
- 知识传播。即知识、经验和有价值的信息在组织机构中的个人和团体之间的扩散过程。
- 知识应用。即在商业过程中将知识用于解决问题、制定决策、设计新产品和服务等对组织机构有益方面的积极利用的过程。

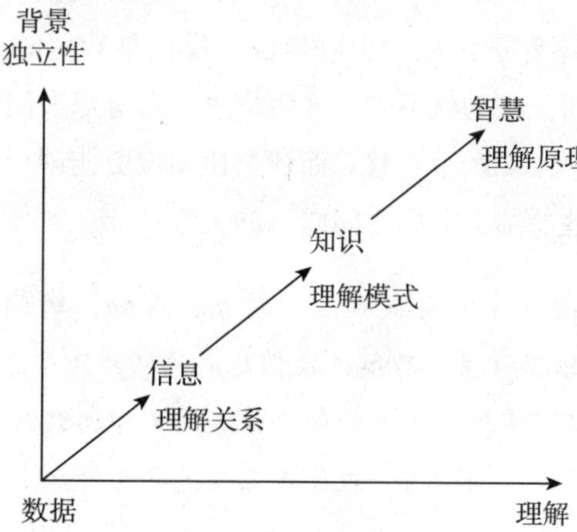

图 9—1　知识管理系统

知识管理应该同其他创造价值的组织流程相结合。知识管理流程同样应该和一般的企业策略相结合，并通过适宜的企业文化来维持。这就需要形成合适的组织背景（即特殊的社交技术环境），建立这种环境主要是用来确保知识管理流程的良好运行。通过对知识管理系统的主要组成部分的分析，我们从中识别出了社交技术环境的五个关键元素。

1. 战略领导。指对知识管理的主动关注，以及通过组织机构的领导和高管对其进行的推广。

2. 组织机构基础设施。包括创造确保知识和信息在组织机构中流动的正式和非正式社交网络的正式和非正式的结构。

3. **基础技术结构**。以信息和通信技术为基础，由技术产品（工具）及其系统设计，用于促进知识管理流程过程的结构。

4. **组织机构学习**。是指在组织机构内部理论的知识范围内，用于研究学习和适应方式的模型及理论。

5. **知识文化**。指的是组织机构内部所有员工接受和支持的价值观、信仰和信条等，其基础是对知识和知识管理的重要性的认可。

数据的集合并不等于信息，也就是说它仅仅是数据的集合，而其中的信息碎片之间没有任何关联的就不能称之为信息。只有当人们理解了代表知识本质的基本原理之后，才能产生智慧。而智慧比知识更能创造出自身的背景。因此，我们可以合理地总结出它们之间以下的关联：

- 信息指的是描述、定义或观点（对象、人物、时间、地点）。图9—1展示了根据背景和理解，使信息成熟到产生智慧的过程；
- 知识是由策略、实践、方法和途径构成的（即怎么做）；
- 智慧体现为原理、洞察力、道德或原型（即为什么）。

以下例子通过银行储蓄账户展示了数据、信息、知识、理解和智慧是如何同利息、本金和利率联系起来的。

1. **数据**。脱离了背景语境，数字100或5%都仅仅是数据片段。而利息、本金以及利率如果脱离了语境，也不过是数据而已，因为脱离了语境，任何一个数据都可能含有多重含义。

2. **信息**。如果我们把一个银行储蓄账户作为语境基础，那么利息、本金和利率在这种语境中就可以拥有特定的解释，从而有了自己的意义。

- 本金是储蓄账户中的金额数，如100美元。
- 利率5%，是指银行用来计算本金利息的因数。

3. 知识。如果我在自己的储蓄账户中存入100美元,银行每年会付给我5%的利息，那么一年之后，银行计算的利息是5美元，把这5美元加到我的账户之后，我在银行里就有105美元了。这种模式代表着一种让人理解模式是如何随着时间发展和产生怎样的结果的知识。

4. 理解。理解是一种获取知识以及将之前已有的知识同新获取知识相结合的认知和分析的过程。理解和知识的区别就是学习和记忆的区别。理解可以建立在现有的信息、知识和理解本身之上。在计算机术语中，从人工智能（artificial intelligence, AI）系统能够从之前存储的信息和知识中合成新的知识的意义上说，它们也拥有理解力。

5. 智慧。智慧是一种外推的、非确定性以及非概率性的过程。它需要调动所有之前已有的意识水平，以及人类规划的特别种类（道德和伦理规则等）。智慧也是我们用来识别或判断对错，以及区分好坏的过程。智慧是人类独有的特质，它要求人们有能力作出明智的判断。

知识管理的一些效益是和最低存款直接相关的，而其他收益则比较难于量化。在当今这个信息驱动经济的环境下，事实证明，知识资源是创造商业敏捷性的重要资产。为了从公司的知识资产中获得最大的价值，将知识作为协作的基础进行共享和服务是非常重要的。高效的知识生态系统应该能够帮助企业做到以下几点：

- 通过鼓励自由地交流想法来促进创新；
- 改进决策制定过程；
- 通过简化流程缩短响应时间来改进客户服务；
- 将产品和服务更快速地推向市场从而提高收入；
- 认可员工的知识价值并对其进行奖励，以此提高员工留任率；
- 通过去除冗余或不必要的工序来精简运作、降低成本。

图9—2反映了目前用来支持知识管理系统的主要技术。

这些技术充分体现在知识管理生命周期的四个阶段中：

1. 使用内部网、外联网、群组软件、网络会议和文件管理系统获取或捕捉知识；

2. 使用数据仓库等结构化仓储进行知识的细化、组织和存储，形成组织内存；

3. 通过教育、培训项目、自动化的以知识为基础的系统以及专家网络进行知识扩散；

4. 通过挖掘组织内存和诸如决策支持系统的专家系统的应用程序，将知识进一步用于学习和创新。

所有这些阶段都是通过高效的工作流程和项目管理来得到增强。

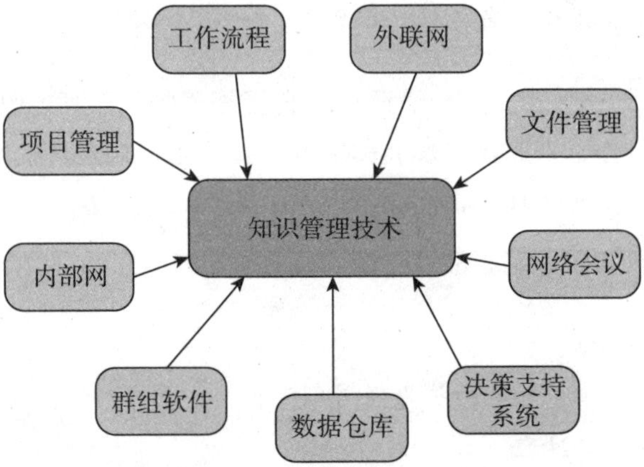

图 9—2　知识管理系统

将知识管理用于客户服务中

为了努力改进客户服务的效率和效果，龙头企业已经开始转向知识管理，并意识到其所带来的重要的、可量化的结果。知识管理可以通过改进客户服务带来以下主要益处：

- 缩短研究时间；
- 提高解决问题的精确性；
- 缩短培训时间；
- 管理不断增加的服务量；
- 带来服务方略。

由于公司提供的产品越来越复杂，产品组合的范围越来越广泛，快速和高效地解决客户问题的挑战也激增了。客服中心的投资集中于电话系统的改进、基于技能的路由选择、劳动力管理和客户关系管理（CRM）应用，但很不幸的是，资金最不充足的反而是最关键的知识管理领域。至于其他的投资，固然也十分重要，但是其所处理的服务请求次数仅占20%。代理人用在电话上的时间大多是用于同客户研究、探索以及沟通他们的研究成果。

缩短研究时间

通过为寻求自助式服务的客服中心代理和客户执行知识管理解决方案，公司能够提高他们的服务效率和交付速度。通过了解客户的真实意图，为客服中心提供精确和始终如一的答案，你可以缩减开支、降低平均呼叫处理时间，以及改善整体的客户体验。但是，说起来容易做起来难。代理通常需要从众多来源中找出隐藏的问题，包括产品手册、营销抵押品、企业策略、漏洞数据库和事件注释。要求代理从多种应用和成千上万种不相关的和过期的文件中筛选出问题来是很耗时的，而且不仅会导致客服支持电话成本高昂，还会让客户不耐烦。

如果通过具备强大搜索能力的知识管理系统审视一下企业，就会得出解决问题最需要的片段和知识，这对缩短研究时间来说是非常关键的。而且，代理再也不需要搜索已经回答过的问题了。通过案例连接和快速在线创造知识，随着系统更加智能化以及更加高效，企业范围的搜索可以大大缩减。就以客服中心的甲骨文知识的客户为例，这家公司通过给前线代理提供快速、便捷地获取最相关信息的通道，将其第一次通电话解决问题的比率从40%提高到了65%。另外，这些一级代理现在可以处理更多的呼叫，因为他们的研究时间缩短了55%。除此以外，他们也开始慢慢减少将电话转接给技术人员的次数。

增加解决问题的精确性

很多问题都可以有各种不同的问法。比如“升级服务”、“我怎么升级”、“我有什么升级选项”，等等。传统的搜索和内容管理引擎只会把问题中的每个词分开破译，然后给出少则几百多则几千的不相关结果。确保高精确度的唯一方式就是使用知识管理解决方案，该方案能够理解客户的真实意图——包括品名和行业术语等专门用语——然后将查询映射到预先定义好的结果上，或者使用真实的意图智能地导航到企业内容中。

如果你的保险业务取得成功需要靠为70 000多个独立代理人草拟新政策，将精确的答案传达给他们，那么只有一种可行的解决方案能确保这种成功，那就是知识管理。

一位德高望重的专业保险人士发现，公司的客服中心代表想在答复代理咨询时达成区区28%的精确度都要费尽周折，因为他们需要寻找存储在多个数据库中的PDF文件和规程的来源。

管理不断增加的服务量

行业联合和并购为很多在当前低迷的经济环境中生存下来的企业创造了客户基础，但随之而来的是对高效客服支持的需求。一家公司在收购了一家主要的竞争对手之后，发现电话呼叫翻了三倍，代理们只得艰难地获取存储在独立的支持资源上的信息。在这种情况下，并购公司的知识管理系统就能够扩大代理资源的规模，从而处理增加的服务量，帮助代理更高效地工作。没有经验的代理可以通过知识管理平台学习到系统化的知识。这可以在缩减包括高级代理在内的研究时间的同时提高他们的精确性，以及改善从分散的知识来源获取信息的途径。

在为网络自助服务执行甲骨文知识的一年后，该组织机构的客户服务网站被技术支持专业人员协会（Association of Support Professionals）评选为“十佳网络支持网站”之一。除此以外，允许客户通过网络渠道高效地搜索准确一致的答案帮助该公司在第一年内节省了580万美元的成本。

带来服务方略

一个综合的知识管理平台能够提供的关键优势就是洞见。这种服务洞见可以通过改进答案交付和一致性为网络渠道增加互动。它可以准确查明在线协助渠道逐步上升的来源，以及预防这种情况发生。它能够指明采取纠正措施的知识差距。而且还能通过讨论区的调节显示出现的服务问题。

通过利用知识融合型客户关系管理的能力，将客户关系管理和知识管理进行智能结合，企业可以在处理客户问题时变得更加智能，了解的情况更加充分，从而更加高效地处理问题。有了知识管理，组织机构可以获得集中化智能，从而满足其提供更加快速、精确和相关的答案的需求。我们假设这种集中化智能是培养代理所需要的知识和信息的最好方式，那以下是知识融合型的客户关系管理使当今的支持型组织机构受益的几种方式。

- 提高代理的效率和效果。客户服务组织在精简机构之后，常常会失去一些经验比较丰富的支持代理。所以，当务之急是将这种知识和专门技术会随着经验丰富的员工一起离开的支持模式，转化为协作性更高的支持模式，即将解决方案的开发、管理和分享作为日常的解决过程的一部分的支持模式。这不仅仅能够提高整体的士气和自信，而且能够让新代理快速变成专家。知识融合型客户关系管理系统可以在最低程度牵涉代理的情况下实时提供答案。比如，当服务代理在问题解决界面操作时，融合型知识管理解决方案可以自动利用互动的背景内容，快速提供建议，从而协作问题解决流程。
- 最大限度缩短培训时间。在组织机构重组、裁员和人员流动等情况发生之后，需要对新老员工进行培训。知识解决方案与客户关系管理相结合之后，可以对缩短员工培训日程起到重大的作用。管理层不用在培训项目上投资，让代理脱离服务工作参加培训，而是致力于制定基本问题解决方案和知识检索的根本内容。最终，组织机构可以由此缩短培训日程。另外，代理们通过桌面上的客户管理界面进入知识管理系统之后，可以只通过一个应用就能找出需要的答案。

- 将解决问题的电话次数降到最低。为了降低成本，很多组织机构都不得不强化客服中心或事业部门的工作，这就表示通话时间更长，上报次数更多，而第一通电话解决率更低。知识混合型客户关系管理使代理能够一键获取最佳信息，从而帮助组织机构避免这些负面趋势。代理通过现有的客户关系管理界面获取知识，这让他们可以更加快速、无缝地解决问题。
- 改进一致性。知识管理和客户关系管理在同所有的支持渠道彻底结合之后，代理的工作能力大大提升，每位代理都可以更加快速、更加直观地提供一致的答案。

知识融合型客户关系管理可以充分用于代理协助渠道和网络自助服务中。用集中型知识平台强化知识融合型客户关系管理，意味着无论客户使用何种渠道，都可以获得同样准确的答案。

知识的顶点是智慧，企业内部获取和提供的集中型知识可以帮助企业更高效地管理业务，从而保持可持续的竞争优势。

“5 级龙卷风”技术融合创造商业敏捷性

培养知识生态系统就是培养文化。旧金山巨人队在 2010 年和 2012 年将大数据分析策略应用到世界职业棒球大赛（World Series Championship）中的故事就是一个很好的例子。巨人队这一发生“化学反应”的过程的秘密就是信任，而促成这一过程的药剂师则是首席信息官（CIO）比尔·施罗（Bill Schlough），是他让这支队伍一直处在世界锦标赛的文化中，从而保持领先地位的。2012

年 12 月 17 日，弗里茨·尼尔森（Fritz Nelson）发表在《信息周刊》（*Information Week*）上的一篇名为《年度首席》（*Chief of the Year*）的文章里面讲述了他获得年度首席信息官奖项的经历，看了这篇文章之后，你会清楚地认识到，如果你想知道“5 级龙卷风”技术融合是如何运行的，你可以到 AT & T 球场观看一场旧金山巨人队的比赛。

从比尔·施罗的讲述中，我们看到了无处不在的普适 IT 的全方位的商业价值，这种商业价值改变了客户在球场上和线上的体验，并改进了运动员在运动场上的表现，以及在一线整体重新设计的棒球事务等。这种成果绝非巧合，这些结果恰恰反映了旧金山巨人队官方机构的声明，即“通过创新和完美的场上场下体验来丰富我们的社区”。他们确确实实做到了我们在创造商业敏捷性中描述的战略与战术的精神。以下是创新内容中的一部分。

- 动态票价制定。巨人队是这一领域的先驱。2000 年，AT&T 球场开放时，巨人队的售票团队通过与施罗、IT 团队合作，推广了动态票价制定方法，通过竞争力来驱动观看棒球赛的成本的浮动。
- 巨人队 Wi-Fi 热点。巨人队已经变成了在促成球场上的粉丝网络化体验的领导者……粉丝们可以更新其社交网络、查看联盟的分数和相关视频等。
- 大数据。球队通过分析成千上万的数据碎片来评估诸如运动员表现等方面的要素，以及优化赛场上的定位，这种方法让包括巨人队在内的很多球队更加深入使用这一概念，他们利用运动视觉的 FIELDf/x 视频系统帮助各个球队从生物力学角度分析队员的反应时间。
- 球员勘探。除了挑选运动员以外，IT 组织的数据和视频分析还扩展到了高级勘探上，比如判断挑选和交换哪位球员。
- 高清视频。巨人队是第三支引入高清视频计分板的美国职业棒球大联盟（Major League Baseball，MLB）的球队…… 该球队将所有体育场的电视系统都换上了高清版，从而提高了用户体验。

“企业系统融合的案例包括：更换掉球队内部自用多年的客户关系管理系

统，其中包括拥有 70 万名客户信息的 Salesforce.com 和一个新的售票平台，这两个系统（售票和 CRM）在很多点上都能结合起来。球队正在商店里测试移动销售点系统…… 其目标是将从购票到电话访问在内的所有客户数据都融合到巨人队的 ShoreTel VoIP 系统里，进而跟踪每一位客户的价值以及精确地评估失去客户的可能性，或如何保留客户，”施罗接着说，“组织想要依据客户过去的行为和互动来迎合每一位客户的需求。”

施罗对客户参与的思考的例子之一是，他想在棒球场周围设置移动设备充电站，这样就能够在整个 MLB 生态系统中为巨人队的粉丝提供“完整产品”应用程序的网络体验。

甲骨文在运动史上赢得了一次最伟大的反败为胜的战役，这是知识系统在创造商业敏捷性上起作用的又一个用例。

甲骨文团队是如何通过大数据分析进行自适应决策从而赢得第 34 届美国杯的

卡罗尔·希尔德布兰德（Carol Hildebrand）发表在《甲骨文杂志》（*Oracle Magazine*）2013 年 9 月和 10 月期刊上的一篇名为《更快》（*Faster*）的文章，讲述了美国甲骨文团队在旧金山海湾举行的第 34 届美国杯（the 34th America’s Cup）上将 IT 作为战略工具来防守的故事。文中描述了美国甲骨文团队极佳的文化氛围，这种文化利用了多种大数据技术：

1. 实时分析；
2. 在岸分析；
3. 比赛裁剪应用；
4. 数据库管理。

AC72 是 21 世纪的帆船。它们是数据驱动的船，在水上的速度比带动它们的风速还快。船上遍布着 300 多个传感器，它们可以收集传输到船体的服务器上的实时表现数据。“传感器能够测量桅杆、船体和帆的压力；监控从三角帆到绞盘之间的各部件的负荷；以及监控每次翼面改变的效果，通过翼面的改变可以持续调整帆翼以最大限度地利用风力条件。”原始资料中包含在航行过程中每秒发送 10 次，每次包含 300 多条变量的数据。美国甲骨文团队还制作了多个视频材料和每秒的静止航行图像。

一次典型的练习航行会制造大约 10 亿字节的原始性能数据，以及 150 到 200 千兆字节的视频，除此以外还有 80 千兆字节的天气和船况数据，再加上当时的 2013 年美国杯锦标赛的表现元数据，以及存储器中的历史比赛数据。美国甲骨文团队使用这一原始表现数据，加上视频和静态图像，可以根据不同的分析情景进行变化。

实时分析

AC72 在航行时通常会有一个护航船跟随左右，作为实时分析中心使用。性能团队管理着实时传送到性能护航船的甲骨文数据库的 150 多个变量。团队开展大量分析来优化帆船性能，并通过无线网络将信息传送给美国甲骨文团队船员。实时分析的使用扩展到美国甲骨文团队船员身上，他们在胳膊上佩戴“强化的”个人数字助理（PDA），以此接收实时驱动航行性能的定制信息。船上还有多个平板设备，用于显示普通的航海数据，比如风速等。

在岸分析

船靠岸后，性能船上的服务器和数据库都会在 Exadata 数据库机器 X3-2 上和甲骨文数据库实例进行同步。甲骨文数据库是运作的核心。它作为中央比赛管理中心，支持广泛的访问机制和设备，支持从传统查询和定制工具到甲骨文应用快车（Oracle Application Express）为基础的网页和移动应用。

比赛裁剪

比赛裁剪是应用最广泛的工具，它作为一种定制应用，可以从 Exadata 数据库机器 X3-2 上获取感应器数据，以及通过原始编号将视频、照片和音频流同步的元数据标记。球队成员可以点击任意时刻，然后观看这一时间点的所有相关信息。

数据库管理

性能团队创建报告，帮助设计者和船员解决单船实验的挑战。性能分析没有对比两艘航行的船只的数据，而是对比一艘船的数据集合。有人估计，如果想要获得良好的结果，你需要收集 40 次数据才行。

甲骨文应用快车让信息收集和分配变得更加容易。其中一个例子就是一种简化了性能测试数据质量控制的应用程序。这种应用可以将第二次质量控制水平自动化，为船员们创建用于检查和纠正许多名为元数据内容的网页。船员们也能够访问以甲骨文应用快车为基础的移动应用，该应用能够自动生成 250 项准备航行的检查清单。

AC72 的航行创造了数据驱动的比赛文化，它通过新型的竞争优势为美国杯的商业生态系统服务。美国甲骨文团队已经证明了他们有能力通过几天的时间，在不同的航行条件下将船速提高 20% 到 30%。显而易见，大数据分析技术和文化的协同可以建立商业敏捷性，从而保持竞争优势，应对未来的比赛。

在当今这个动态和高速变化的时代里，虽然很难预测未来几年会发生什么，但我们会在下一章也就是最后一章里，努力预测和探讨 2020 年之后的商业和技术发展。过去几年中，我们已经目睹了这些创新和颠覆性技术革命对我们的企业和经济所造成的影响，所以，2020 年会发生什么，那时候的商业环境会变成怎样，这都给我们留下了许多思考的空间。我们只能说由于技术在所有领域的融合，以及对我们的生活方式和工作环境的影响，未来将会变得与现在不同。技术会为我们提供很多东西，会在企业运营中为我们提供更大的敏捷性，而且（最重要的是）会用一种几年前无法想象和难以置信的方式引领我们的生活。

CREATING BUSINESS AGILITY

How Convergence of Cloud, Social, Mobile, Video, and Big Data Enables Competitive Advantage

第 10 章
2020年将会发生什么

读到这里，可能每个人都会思考下一次从整体上颠覆我们的企业和社会的变革将会是什么呢？我们可以毋庸置疑地说，改变是持续不断的，我们必须灵活快速地接受改变，适应新的创意，正是这些改变和创新在促进着商业的敏捷性。在前面的章节中，我们已经以“5 级龙卷风”为例，仔细探讨了 5 个主要的信息技术在过去十年中带来的极具颠覆性的变革。这些趋势几乎是在同时进行的，现在这些技术的融合已经趋于成熟，走过了炒作阶段之后，开始为商业转型提供更多的价值。我们已经目睹了这些创新和颠覆性革命在过去几年中对我们的企业和经济造成的影响，所以，2020 年会发生什么，那时候的商业环境会变成怎样，这都给我们留下了许多思考的空间。云端、社交平台、移动技术、视频和大数据（前面的章节中已经探讨过）在未来几年里还会不断创新，不断带来新的商业解决方案。高德纳公司预测，私有云端将会开启一个新时代，用户在日常活动中使用的设备的灵活性将会提高到一个新水平。利用每一部设备的力量，用户满意度和生产率最终会提高到一个全新水平。但是，企业正站在十字路口上，他们需要重新思考如何快速利用和部署这些技术，从而利用其中的优势。

高德纳公司认为，私有云计算已经达到了炒作的顶峰，在面对平台即服务（PaaS）时，云端 / 网络平台开始陷入幻觉破灭期。高德纳公司跟踪了这些技术从产生到使生产力平稳期的整个生命周期。

高德纳公司认为，一项技术即使是在幻觉破灭期也依然会有为数不多的使用情况——这时候有不到 5% 的受众在充分利用这种技术。如果采用一项技术的受众达到了 20% 或 30%，那么高德纳公司就会将其归入生产力平稳期。

“客户端计算的主要趋势是从专注私人电脑市场转移到更广阔的设备范围上，比如智能手机、平板电脑以及其他消费者设备，”高德纳公司研究总裁史蒂夫·克莱汉斯（Steve Kleynhans）说，“新兴的云端服务会成为将用户在日常生活的不同方面使用的设备结合起来的黏合剂。私人电脑作为唯一的公司接入设备的时代已经一去不返了。到 2014 年为止，个人云端正在取代私人电脑在用户的互联网生活中的中心地位。很多人管这个时代叫做后个人电脑时代，新型的个人计算将个人从传统的计算方式中解放出来，转而使用新型的方式，从而改进用户在生活和工作中的方方面面。”

在技术扩散周期中显然经历了颠覆，从传统上来说，随之而来的是五个阶段的发展：1. 硬件；2. 软件；3. 过程；4. 企业文化；5. 社会文化。

自带设备（BYOD）现象，以及通过以客户为中心的过程与面向客户的应用进行互动，从而调整以客户为中心的最佳做法，加速了技术的应用。社交媒体促进社交文化的形成，提高了企业社交期望和网络化客户的体验。结果就是软件—硬件—社交文化圈缩短了流程和文化步骤，加快了商业生态系统中技术的融合。

商业生态系统理论

还有几个其他的驱动力量和“5 级龙卷风”技术一起颠覆传统商业模式，创造了这个新的时代。回想一下第 2 章讲过的“5 级龙卷风”融合在数据模型中起到的作用，这是一幅协同商业生态系统的画面，在这里，客户体验的价值是通过一系列触点和客户决策制定过程来实现的，就像是旅行生命周期模式一样。它根据客户的个人数据关系，随时随地为客户提供价值。

物联网（IoT）将成为未来十年的新规则制定者，它将充分利用大数据分析创造的“硅水晶球”，将其作为决策流程再造（Decision Process Reengineering，DPR）的核心。互联网企业将会利用全球化的创新和协作文化，打败所有竞争对手。在商业生态系统范围内利用决策流程再造（DPR）举措能够优化客户决策过程，从而在商业生态系统中产生的虚拟企业会变得更加强大，更加敏捷。这为所有的合作企业及其协作企业乃至整个商业生态系统创造了持续的竞争优势。到 2020 年，商业生态系统理论将成为一种文化迫力。市场领头人会将商业敏捷性部署为主流的商业模式，通过创建实例，从而牵引这种综合的协同商务战略发展。

信息技术消费化

高德纳公司预测信息技术将会被消费化，并对企业的 IT 世界的不同方面产生主要的影响。大企业必须要重新思考获取和管理 IT 设备及服务的方式。不久前，企业的计算设备、应用和服务的供应还是由核心部门控制的，但在今天，随着消费化的发展，员工在满足 IT 需求方面已经越来越能够自给自足了。产品变得更容易使用，基于云的软件即服务（SaaS）产品也能够满足越来越广泛的商业领域的需求，例如视频会议、数字成像、业务协同、销售人员支持、系统后备、后勤运作、财务、薪酬册、人力资源、供应链、商业分析应用等。

企业必须灵活地利用自带设备（BYOD）策略，每个员工都可以选择常用的电脑和（或）智能设备（电话和平板电脑）在工作时使用。苹果公司的 iPhone 和 iPad 都是用来为个人客户服务的，但在工作场所中的使用已经远远超出了想象。这些设备创造了新变革，在不久的将来，我们会看到更多创新的用途和应用。

企业已经越来越多地利用消费化的服务，比如搜索、映射和社交媒体等。很多公司已经将谷歌、Facebook、Twitter 等公司的能力作为营销策略中的主要部分。消费化的一个比较严重的负面影响是，安全控制在消费空间的应用比较缓慢，由此带来的一个结果就是，如果通过不太值得信赖的用户设备访问信息，就有可能给信息财富带来风险。但是，芯片生产商通过采用英特尔公司的可信执行技术（Trusted ExecutionTechnology）和高级精简指令计算机设备信任区（Advanced RISC Machines Trust Zone）等技术，这种不足可能很快就会得到改善；这些技术主要用于提高企业和消费者设备的可信度。然而，这些技术很多都仅仅是技术大潮的小小先驱，只有当以下几个关键因素结合在一起时，才能开始遍及信息技术的各个方面：

- 用户具备更高的技术领悟性，对技术的期望有着非常大的差异；
- 互联网和社交媒体更多地赋权和鼓励用户参与；
- 功能更加强大、成本更加低廉的移动设备的出现，改变用户方程式；
- 用户成为创新者；
- 技术的大众化使组织机构中各种类型和各种状态的用户都能够用上类似的技术。

物联网

物联网（IoT）是一种独特的可辨识的对象，其虚拟表现形式同互联网类似。在我们的商业环境中，更多的对象被嵌入传感器，从而获得通信能力。由此产生的信息网络可以创造出新的经营模式，改进业务流程，以及降低成本和风险。

麦肯锡咨询公司调查发现，在大多数组织机构中，信息管理的生命周期或多或少地都有一定的一致性。先把专有资料存在数据库中，然后得出分析报告，之后进入管理链。有些信息是从外部获得的，通过公共资源收集，通过互联网获得，或者从信息提供商那里购买。但信息的预测途径一直都在变化。有形的世界本身正在变成信息系统的一部分。在物联网（IoT）中，装置在有形物品（大到公路，小到心脏起搏器）中的传感器或制动器通过有线和无线网络连接，它们通常使用相同的网际协议（Internet Protocol, IP）连接到互联网。

这些网络制造出大量的数据，然后数据汇流到计算机进行分析。当物体既能感知环境，又能通信时，它们就变成了理解复杂性事物并迅捷作出反应的工具。所有这些变化中最具革命性的变化是，这些物理信息系统现在随时可以调配，有一些甚至无需人工干预即可自行大面积工作。

现在，已经出现了能够从人体消化道内穿过，发回成千上万幅图像，帮助人们查明病原的药丸状微型摄像机。精细农作设备使用远程卫星和地面传感器无线连接，它可以根据作物的条件调整每块土地的耕作方式。例如，在比较需要营养的土地上播撒更多的肥料。日本的广告看板会审视路过的人，评估最适合客户的资料，然后根据这些评估瞬间更换显示的信息。在生产工序中安装众多传感器可以更加精确地对其进行控制，从而提高效率。如果持续监控到操作环境存在危害，那么物体就可以直接采取预防措施避免损坏，从而使风险和成本都会减少。利用这些技术的公司就可以比不用的竞争对手获得更多的收益。

广泛应用物联网需要一定时间才能实现，但因为基础技术的改进，时间也提前了。无线网络技术和通信协议更加标准化的进步，使得随时随地从这些传感器上收集数据成为了可能。基于此目的，获得新能力的芯片越来越小，根据摩尔定律，它们的成本则随之下降了。存储和计算能力的提高，其中一部分是通过云计算实现的，这些都让数字计算在更大规模中实现，而成本则降低了。

物联网前途光明，但是在广泛应用该系统之前，必须先解决商业、政策和技术方面的挑战。早期尝试者需要证明新的传感器驱动的商业模式能够创造卓越的价值。行业团体和政府监管部门应该研究数据保密和数据安全方面的规则。政府、公司和风险分析师必须同保险公司一起建立法律责任框架，用以规范自动决策制定系统所做出的不好的决策。在技术方面，传感器和制动器的成本必须降低到能够普遍推广应用的程度。作为支持力量的网络技术和标准必须发展到能够自由地在传感器、计算机和制动器之间通用的程度。用来集合和分析数据的软件以及图形显示技术，必须发展到能够汲取大量数据，为人类决策制定者所用，或以更高的匹配度同步到自动引导系统中的程度。

在企业内部，信息模式的巨大改变会对企业组织结构产生影响，并且会影响决策制定、运营管理以及流程制定的方式。比如，产品开发将会反映出捕捉和分析信息的更大的可能性。

现在，企业可以开始采取措施重新对自身进行定位以应对这些变化，使用新技术来优化业务流程，这些是用传统手段无法得到满意回报的。能源消耗效率和过程优化都是很好的早期目标。新技术实验应该在实验室里以小批量试点实验的方式进行，老牌公司可以寻求拥有创新技术，能够为目标行业创造物联网的供应商作为合作伙伴。

移动设备的爆炸式增加和物联网的快速成长，正在驱动着互联网＋平台基础设施的转变，从而满足对更高的连通性和实时数据的增长的需求。英特尔公司通过提供利用开放标准和大容量经济学的标准化硬件和软件来降低成本，同时加速服务提供商的新的服务、能力和收入模式。

产业互联网

随着产业互联网的崛起，这个世界现在正处在创新和改变的门槛上。而这一切都依赖于全球产业系统在先进的计算、分析、低成本感应和互联网所带来的新的联通性水平上的融合。互联网世界和机械世界更深入的结合使全球产业的深化改革成为可能，产业变革反过来又会带来日常生活方方面面的变革，包括我们工作的方式。

这些创新会为航空、铁路运输、发电、石油和天然气开发、医疗服务交付等各种产业带来更高的速度和效率。无论是在美国还是在中国，在非洲的大城市还是在哈萨克斯坦的农村地区，它都有可能创造更快的经济增长，更好更多的工作机会，以及更高的生活水平。

产业互联网能够以更低的成本提供更好的健康效果，大量节约燃料和能源，并拥有性能更好、寿命更长的有形资产，其带来的效率提升幅度和对生产率的提高可以和工业革命和互联网革命相媲美。生产率的提高代表着收入和生活水平的改进。在美国,如果产业互联网能够将每年的生产率提高 1% 到 1.5%，将它带回到互联网革命的巅峰，那么，按照当前的趋势，通过合并的力量，在未来的 20 年里，平均收入水平将会一跃超过今天的 25% 到 40%。随着创新在全球范围的延伸，如果世界其他地区能够有美国一半的生产率，那么产业互联网就能够在同一片土地上为世界生产总值（GDP）增加 10 万亿到 15 万亿美元——相当于当今美国的 GDP。在当今这个充满挑战的经济环境下，保持生产率提高的平均水平无论是对个人还是对整体经济都能带来巨大的利益。

无线电力传输

从尼古拉·特斯拉（Nikola Tesla）提出无线世界电网的憧憬开始，无线电力传输的梦想持续了近一个世纪。虽然尼古拉·特斯拉的梦想还没有具体化，但最近的技术创新却已经证明了无线高效供电设备的可能性。本章简单预测了无线电力传输技术及其未来的潜力。

界面创新

随着个人电脑（按钮、开关、键盘、操纵杆和鼠标）应运而生的模拟控制使得消费者能够使用自己的设备通过各种各样的方式参与互动。但随着个人电脑变得越来越小，越来越智能，以及越来越移动化，它们被用于各种不同的用途，新的需求也随之产生了。这一小节探索界面技术的状态、新兴的工具和应用，以及界面可能会出现的发展方向。

万物互联：思科公司

思科公司预测万物互联，即在人、程序、数据和事物之间的网络连接的大爆炸，将会以惊人的方式变革生产方式，就像该技术对其他很多产业带来的影响一样。

万物互联（Internet of Everything，IoE）为生产价值链的每一个角落提供无缝的智能连接，实时优化产品、信息流和付款流程。

万物互联（IoE）正在驱动数据以外的连接。人、物、数据和程序的融合正在不断改变着组织机构、行业和我们的生活。移动性和云计算的进步更深入地驱动创新的发展，以及网络连接的数量和种类的增长。

信息技术的广泛应用，特别是加上云基础能力之后，已经让全世界的公司进入到了一个平等的竞争环境。市场主体不断地受到来自颠覆性创新和非传统竞争的压力，他们通过创新的技术应用，致力于冲击特许经营收入和获取市场份额。

几乎在所有的行业中，加速的创新曲线都在重新塑造商业景观，其中在视频、社交平台、移动技术和云基础能力中，市场断点开启了新的竞争趋势。在这种环境中，进入市场的壁垒不断降低，客户在寻求新的互动方式，而利润空间也开始压缩。在一个以技术驱动平等和快速的竞争优势的世界里，很多商业领袖都会问："我们公司的下一波价值浪潮会来自哪里？"

2013 年 2 月，思科系统发布的一项调查预测，万物互联会将未连接的人对人（people-to-people，P2P），机对人（machine-to-people，M2P）和机对机（M2M）连接起来，在这一趋势的驱动下，未来十年全球的价值（净利润）极有可能达到 14.4 万亿美元。

思科公司将万物互联定义为人、程序、数据和事物之间的网络连接。万物互联的收益来自人、程序、数据和事物的综合影响，以及这种万物联网带来的不断增加的连接性所创造的价值。在这方面，万物互联为未来的价值来源这个问题提出了明确的回答。

未来十年可以实现的最低价值，或者说私人企业和行业根据其驾驭 IoE 的能力，可以创造 14.4 万亿美元的 IoE 价值是由以下五个关键领域驱动的。

1. 资产利用（2.5 万亿美元）。万物互联可以通过改进业务流程和资金效率来减低销售费用总务管理支出和销货成本。

2. 万物互联（IoE）创造的员工生产力（2.5 万亿美元）。万物互联创造的劳动效率能够实现更少的人均生产时间和更高的生产效率。

3. 供应链和物流（2.7 万亿美元）。万物互联可以降低浪费、改进流程效率。

4. 客户体验（3.7 万亿美元）。万物互联可以通过增加更多的客户来提高客户终身价值，提升市场价值。

5. 创新包括缩减上市时间（3 万亿美元）。万物互联能够通过新的商业模式和机遇来提高研发投资回报，缩减上市时间，以及创造额外的收入。

物联网（IoT）实例、模式和趋势

由于万物都有了连接，未来的网络设备已经超出了本书的范围。即使是试图描述一下所有可能的种类都是不可能完成的任务。因此，以下例子只是我们现在可以在硅谷的信息技术中发现的值得注意的“事物”，例如谷歌眼镜等可以穿戴的物品、自驾汽车、智慧家庭以及卫生保健仿生机械等。

谷歌眼镜：新一代设备

智能设备已经使人们养成了经常查看邮件、浏览社交网站或使用互联网搜索信息的习惯。很快我们就会有另一个选择了，谷歌发明的眼镜可以帮助佩戴者实时梳理信息流。谷歌网站信息表示，谷歌眼镜内置安卓系统，在眼镜框上装有一个小型屏幕。它可以使用 3G 或 4G 数据连接，眼镜上装有大量感应器，包括移动感应器和 GPS。据谷歌员工介绍，眼镜有一个低分辨率的内置摄像机，可以实时监控外部世界，同时显示位置、周围建筑和可能在附近的朋友等信息。谷歌眼镜并不是用来当成眼镜长期佩戴的，它更像是一部智能手机，只在需要时使用。眼镜会将数据上传到云端，然后利用谷歌维度（Google Latitude）等应用分享位置。

高管视角：塔塔咨询服务公司移动性设计师德威施·斯利瓦斯塔瓦

谷歌眼镜是一款可佩带的计算设备，设备上有 5MP 摄影、16GB 闪存、Wi-Fi 和蓝牙、骨导音频、触摸屏和迷你 GPS 等硬件。观看眼镜屏幕的用户体验类似于在 8 英尺外观看一台 25 英寸电视，其设备在安卓 4.0 软件上运行。

据悉，在谷歌公司外部，目前共有 10 000 台眼镜设备可供使用，其中 2 000 台提供给谷歌 2012 年 I/O 会议参会者使用，另外 8 000 台作为探索者项目的一部分，被其他来自各行各业的人获得，他们通过提交眼镜使用体验来换取眼镜设备（# 如果我得到了这个眼镜）。

谷歌推出眼镜开发工具（GDK）之前，一直没有眼镜开发的环境。目前眼镜应用的开发主要有以下两种方式。

1. 使用谷歌镜像应用程序界面（API）。平台构架指的是你的眼镜和使用的服务之间的通信（也叫做眼镜平台）；但是，由于很难用上 GDK，这种通信需要使用谷歌镜像应用程序界面（API）先进入 REST/HTTP。虽然镜像应用程序界面能够提供身份验证和内容展现的功能，这也是它的一个瓶颈，其在内容呈现方面常常会出现不连贯，有时候甚至会出现严重的延迟，造成非常糟糕的用户体验。

2. 安卓 4.0SDK。因为眼镜的操作系统是安卓 4.0 版本，使用冰激凌三明治 SDK 开发的安卓应用可以接入眼镜。但是，除了声音指令之外，在手机上使用安卓应用的用户体验是无法使用或复制到眼镜设备上的。

这就引发了关于如何使用谷歌眼镜的有趣讨论。诚然，它不能替代现在广泛使用的智能手机或者平板电脑等移动设备。但是，谷歌眼镜可以作为这些设备的补充。所以设想一下，你正在观看一场球赛或音乐会，你使用谷歌眼镜进行观看的话，就可以通过眼镜设备获得消费周边、背景和时间等方面的内容从而丰富你的用户体验。例如，球赛眼镜平台可以提供正在进行的比赛的短视频，而音乐会眼镜平台可以提供演奏者或周边的信息。

对眼镜平台来说最重要的是，在赛事的时间窗口为眼镜用户提供有用的内容。否则用户就会退出服务。在企业方面，谷歌眼镜则有不同的用途，比如生产、卫生医疗或保险等，用户通过语音指令和眼镜进行互动，从而丰富用户活动。

眼镜并不是一个增强现实技术设备。但是，如果应用既能够提供增加的现实功能，又具备人工智能的特点，它们就会为眼镜用户带来更多价值。比如在保险领域，如果一位理赔人员来到一个自然灾害现场，谷歌眼镜就会根据 GPS 坐标，为其提供在灾害发生前的房屋结构和房屋状态信息。

自动驾驶车辆

谷歌将我们以前只能在科幻电影里才能看到的情节变成了现实。谷歌的自动驾驶车辆举措正处于走进现实的新阶段。2011 年前，谷歌通过在一辆丰田普锐斯的车顶放置激光扫描硬件，将无人驾驶第一次推向世界——三年后，谷歌将这一伟大设想从实验室送到了真实世界中。其自制的车辆已经在加利福尼亚的公路上行驶了 50 万英里，没有出现一次事故，相信这种车辆很快就会改变世界各地的城市中的交通运输。

谷歌一直在说让道路变得更安全，但将司机从驾驶的任务中解放出来，可以使该公司的核心业务获得大量收益。美国人平均每周在车里花费 18.5 小时，这就为他节省了大量时间，来查看谷歌邮箱、编辑谷歌文件、观看 YouTube 视频和点击广告。不管动机如何，巨大的变化就在眼前，这要求我们开始用不同的方式思考汽车。自动驾驶车辆是一个很好的汽车转型的例子，汽车转变成了全方位、多功能的计算系统。自动驾驶和联网车辆上遍布的感应器可以和交通信号灯通信互相通报安全状况，排成队伍，变成城市智能交通网络的一部分。历史上，汽车行业主要关注诸如安全带和安全气囊之类的被动安全装备。随着积极安全技术的到来，车辆可以先发制人，在驾驶员没有注意到或不知道该怎么办的时候使用数据帮助他们作出决定。

节省家庭用电开支

基础供电流量巨大、成本昂贵，并且在复杂的系统中生成电力。现在每一个电网都有了复杂的传感器，可以用来监控电压、电流以及其他重要的负载特征。如今，追求效率就意味着通过传感器对所有的数据流进行细致的监控。基础供电现在也开始通过智能仪器，利用大数据 /Hadoop 集群来分析发电（供应）和耗电量（需求）。将智能仪器作为智能电网应用的一部分，可以产生前所未有的数据流量水平，然后通过预测分析帮助供电公司全面节约成本。我们预测，在电力智能仪表上使用强大的消费者行为分析预测，然后通过这些设备捕捉大数据之后，这一领域会出现更大的创新。

仿生学：可佩戴的隐形眼镜

在谷歌眼镜之前，我们就已经预测到仿生学方面的创新和研究将会创造出可佩戴的隐形眼镜工具。这种技术可以帮助佩戴者阅读流动的文字和电子邮件，或者通过电脑生成的图像扩大视野。华盛顿大学的研究人员称，早期测试已经显示出这种设备的安全性和可行性。目前，这种设备的原始智能样件只能在距离无线电池几厘米内运行。

尽管如此，但由于用小白兔做的初步安全试验情况良好，没有任何明显的负面影响，因此，研究人员对设备的前景也更加有信心。他们设想在活动镜片中多加几百像素，从而创造更复杂的全息图像。比如，司机可以佩戴这种设备，通过投影在挡风玻璃上的信息查看行驶方向或车速。同样，透镜也可以将视频游戏的虚拟世界推向一个新水平。他们还可以通过连接佩戴者身体内的生物传感器，提供实时的医学信息，比如血糖水平等。一家名为 Sensimed 的瑞士公司已经使用一种内置计算机技术来监控眼压，从而将密切注意青光眼情况的智能透镜推向了市场。

它可以用在很多虚拟现实的用途上。视频游戏公司可以使用隐形眼镜在虚拟世界全面控制玩家，而无需限制他们的动作范围。

在通信方面，人们可以用只有他们自己能看见的半空中的虚拟显示器进行上网冲浪。"人们会发现各种我们还想象不到的应用。我们的目标是证明这种基础技术，并确保其安全操作。"在华盛顿大学领导多学科研究小组进行电子隐形眼镜开发工作的巴巴克·帕维兹（Babak Parviz）这样说道。

未来的仿生隐形眼镜

"比较理想化的一种状态是，仿生隐形眼镜的安装和移除就像佩戴和摘除普通的隐形眼镜一样简单，而且安装之后，佩戴者基本上感觉不到它的存在。"帕维兹说。由于设备要安装在人体上，比如接触镜片使用的有机材料等，其安全性的考量使得设备安装带有一定的挑战性。但是，生产电路时会接触到一些无机材料、灼热温度以及有害化学材料等。研究人员使用金属搭建的电路只有几微米厚，大约是人类毛发厚度的千分之一，而用来搭建电路的发光二极管宽度大约只有三分之一毫米。然后他们把这些灰色粉末状的电子元件撒到一块软塑料上。每个微小的元件都会根据形状附到应该在的位置上，这种微型品制造技术叫做自我装配。帕维兹还说道："这种隐形眼镜眼见不能纠正佩戴者的视力，但是这种技术可以用到视力矫正镜片上。并且所有配件都不会阻碍用户的视力。"

帕维兹说道："在眼睛的透明区域之外，还有很大一片区域可以用来安放这些装置。"未来的技术改进会给镜片添加无线通信能力。研究人员希望能够通过安装在镜片上的无线电频率和太阳能电话的结合来带动整个系统。

以客户为中心的企业在 2020 年会变成什么样

"5 级龙卷风"会继续带动商业转型，越来越成为我们生活中密不可分的部分。大数据分析融合可以将智能嵌入技术，通过创造智能商业生态系统让我们在一个智能的环境中工作和生活，这就是物联网。

想想看，如果计算机变得更小、更强大、更便宜，已经能够装置到一切事物上，在全世界范围互相连接和分享数据，那么这个世界会变成什么样子。放眼望一下四周吧，物联网（IoT）的先驱已经出现了。麦肯锡公司的皮特·达尔斯壮姆（Peter Dahlström）和大卫·埃德尔曼（David Edelman）在《"按需营销"时代即将到来》（*The Coming Era of'On-Demand'Marketing*）一文中对2020的营销进行了预测：

> 互联网营销将要进入更具有挑战性的领域。互联网时代带来消费者能力的广泛提高，在这一基础上，市场营销开始走向按需进行——不仅仅能够按需进行，而且总是能够在各种无关的声音中精准定位客户的对市场的需求，从而作出最相关的反应。

按需营销的动力是持续、共生的技术演化和消费者预期。搜索技术已经让产品信息变得随处可见；社交媒体鼓励消费者分享、比较和对体验进行评分；而移动设备则为互联网环境增加了一个"无论何地"的维度。高管们每天都会遇见这种赋权活动，比如有线电视客户希望可以在任何时间，在任何设备上观看视频节目，或者旅行者想要在智能手机应用上点击几下就能获取完整的航空公司服务。

到2020年以后，我们会看到，互联网商业模式将会成为提供客户体验的主流手段，充当在商业生态系统中跨越有形和数字触点的集成化关系管理实践。"5级龙卷风"技术使用近场通信芯片等物联网设备之后，可以创造出信息丰富的环境。麦肯锡公司预测，在随处可见的全球化移动性、HTML5网络互动工作空间以及先进的大数据处理引擎的辅助下，这些创新将会大大改变客户体验。

> 消费者很快就可以通过图像、声音和手势等进行搜索；可以通过拍照和交易活动让其他人自动参与；可以通过设备在他们的视野领域增强现实性，发现新的机遇（想想谷歌眼镜）。

第 10 章
2020 年将会发生什么

随着互联网能力的成倍增长，消费者在以下四个领域的需求也会增加：

1. 现在。消费者想要随时随地进行互动；

2. 我可以吗？各种信息（从账务账目到有形活动的数据等）快速部署，为客户创造价值，因此，他们会想要尝试一些全新的事情；

3. 为我做。他们会要求存储在网络的有关他们的数据全部用在满足自己的需求上，或将其用于为他们提供个性化体验；

4. 简单。他们想要所有的互动都可以简单操作。

这就是未来的世界以及对虚拟企业中领军人物的影响。有一件事是非常明确的，那就是消费者对品牌和分类的体验将变得更加强烈和固定。为了走在按需营销的前面，提前应对这一挑战，互联网企业必须做到以下几方面。

- 使行业内的管理层联合起来，共同了解消费者决策制定的过程，推测他们将要走向何方，从而设计出迎合客户需求的体验（“现在”、“我可以吗？”、“为我做”、“简单”）。
- 使管理团队严格执行涉及趋势、绩效和人员的明确的端到端数据策略。
- 挑战每个触点背后的交付流程——这种流程是否最大限度地利用你的数据和互动机会，是否根据你对品牌的期望，在要求的时间内进行合理的私人定制？

写了这么多，我们意识到自己极度脆弱，我们必须对我们今天生活的环境保持警惕、敏捷和适应性。除了为你提供预测未来的一些细节之外，我们不得不说本章并不能涵盖所有的领域，创新几乎在同一时间在全世界所有的商业领域发生着作用。例如，大数据分析为驱动认知计算的人工智能这一新型领域奠定了基础，而我们几乎没有触及下一代大数据分析。然而，这一新领域是“作家磨坊的谷粉”，用来为本书提供新一版本的故事素材。

在网络安全和网络隐私的双重挑战的背景下，我们不想通过一个鼓吹商业敏捷性价值的励志故事来结束本书。2020年未来的物联网在IT的商业价值方面具有两面性：一方面，“5级龙卷风”驱使我们改变互联网商务活动，转变商业生态系统文化，从而创建商业敏捷性，以保持持续的竞争优势；另一方面，如果技术融合不能合理利用和管理，它也可能给我们带来灭顶之灾。

记住，创造商业敏捷性的中心主题是适应实时制定管理决策，从而平衡战略目标——降低成本、提高收入以及管理风险。成本和收入管理是取得商业成功的根本，而风险就有可能让高管们半夜睡不着觉。如今在将IT的商业价值作为战略举措的背景之下，管理作为一项资产的企业信息是最重要的商业风险。高管们想要避免这种“不断创新”对目标的首席信息官和首席执行官职业的破坏，而网络安全管理的政策和实践的不足会对超过1亿客户的金融隐私产生高度的威胁。现在，风险管理的挑战在于管理不可避免的风险以及避免不可管理的风险——这就是商业敏捷性！

CREATING BUSINESS AGILITY

How Convergence of Cloud, Social, Mobile,
Video, and Big Data Enables
Competitive Advantage

结 语

出售索诺玛郡红酒之乡“悄悄走开”营销活动

案例介绍

作为本书的结语，这部分将引用索诺玛郡旅游局的一个说明性案例分析，总结对商业敏捷性成熟度来说非常重要的关键概念，从而为本书画上一个完整的句号。“出售索诺玛郡红酒之乡”的基础方案是建立在协作性营销活动管理案例——“索诺玛悄悄走开”之上的。

作为一家互联网企业，SCT 的洞察力和领导力帮助他们创造了一个充满活力的商业生态系统，这为他们赢得了 2012 年到到网旅行者选择奖——“美国最佳红酒旅游目的地”的称号。此外，SCT 的创新和协作文化也使他们的最佳实践赢得了国际酒店销售和营销协会的肯定，并授予其 2013 年阿德里安奖的金银铜奖，用以表彰其在旅游产业中的营销和公共关系上所取得的成就。

Simpleview 公司的客户关系管理系统利用合伙人外部网服务构建生态中心云平台，该平台使为了执行索诺玛“悄悄走开”营销活动战略而组建的虚拟企业得以运行。从上述云平台为 SCT 赢得了 HSMAI 阿德里安金银奖（分别因其“悄悄走开”活动的最佳营销实践和与之关联的对移动设备反应迅速的 SCT 网站）的角度出发，该案例主要探讨了该平台作为 SCT“悄悄走开”活动的记录系统（SOR）是如何运作的，以及该平台如何按照虚拟游客信息中心（vVIC）架构演变为参与系统（SOE）的。

该案例的关键要点有：

- 索诺玛“悄悄走开”是SCT商业生态系统的协作营销活动；
- 使用平衡计分卡来进行索诺玛“悄悄走开”虚拟企业的联盟战略管理；
- Simpleview公司为生态中心平台提供促成技术，以启用社交客户关系管理流程，为客户提供一流的红酒之乡体验；
- 为商业敏捷性成熟度（BAR）建立卓越中心，使其成为左右文化能否在商业生态系统价值链中保持竞争优势的关键成功因素。

“悄悄走开”方案为SCT创造可持续竞争优势的方法提供了理解背景。我们希望你会喜欢其商业敏捷性成熟度的故事，并从中汲取成功所需的经验教训。

综述

产值几十亿美元的旅游业是加利福尼亚州和地方经济结构中极其重要的一部分。旅游产业主要由零售和服务业构成，包括旅馆酒店、饭店、零售商店、汽车加油站以及其他向旅行者出售产品和服务的企业。游客来加利福尼亚州旅游所产生的各种产品和服务消费为这些企业创造了营业收入，这部分收入反过来又为加利福尼亚的居民创造就业，支付工资，州政府和当地政府也从中受益。州政府向州境内经营的企业的收入总额征税，向企业出售给旅行者的产品和服务销售额征收营业税和使用税。地方政府也从游客消费中征收营业税和使用税。

索诺玛郡旅游局是加利福尼亚州索诺玛郡的官方目的地营销组织，是一个致力于增加当地过夜游客数的非营利营销和销售私有组织。该郡距离旧金山市约45分钟车程，游客可以在这里享受到纯正、刺激的红酒之乡冒险体验。旅游和红酒是索诺玛郡的两大产业。每年有超过700万游客到这里游玩，过夜游客每人每天花费292美元，其中住宿只占了不到一半。

结 语

SCT是一种以客户为中心的旅游业商业生态系统，由地区旅游董事会、郡议会、地方管理权威以及地方非营利组织、企业和住宅区的环境组成。SCT和所有的利益相关者——游客购买的“客户体验”的直接和间接的供应商或提供商——都建立了伙伴关系。

为了在商业生态系统中保持领导地位，互联网企业需要依靠促使以客户为中心的价值链成为虚拟企业的相关社会化商业技术，制定和执行客户体验管理战略。从旅游、观光和酒店业商业生态系统的角度描述生态中心架构。这种常见的基础方案使用虚拟企业整合法，这种方法被视为利用迭代增量实现线路图所开发出来的生态中心的一个实例，而在虚拟游客信息中心（vVIC）平台上被建立起来。

构建新一代互联网企业的关键在于将商业生态系统和客户参与解决方案结合起来。请记住，这种方法要用到企业信息系统工程的两个基本要素：

- 按照协同商务原则利用“5级龙卷风”技术的生态中心架构；
- 符合商业敏捷性成熟度差距分析概念的可调节大小的互联网企业转型稳健模型——生态中心实现线路图。

这些要素为建立创造商业敏捷性的参与系统（SOE）奠定了战略框架基础。

“出售索诺玛郡红酒之乡”方案以SCT“悄悄走开”营销活动的综合案例分析为主要特色，以说明本书中通篇介绍的商业敏捷性的关键概念。从行业的视角看待旅游、观光和酒店企业为在世界范围内的现代化协作提供了模型，“在世界范围”本意上既指企业内部活动，又指企业外部活动，其意指企业在所在生态系统内“合作竞争”。从“前往目的地”和“置身目的地”的商业发展战略同时执行的角度来看，目的地和事件营销的实质可以被视为全球市场的缩影。在上述方案中，“前往目的地”营销活动中所有的生态系统伙伴都能从更多的消费者支出中获益，因此该活动具有真正协作性；然而一旦旅行者已经“置身目的地”，那么争夺“钱包份额”的战争——一种零和博弈——就打响了。

“互联网企业方略”活动由首席执行官肯·费驰昂（Ken Fischang）、首席营销官提姆·塞纳（Tim Zahner）以及索诺玛郡旅游局广告和行业关系主任吉尔·梵登·赫维尔（Jill Vanden Heuvel）领导。这些策略以借助宣扬“从失败中汲取经验以降低风险，从而获得未来成功”的协作文化的方式进行创新的角度，聚焦高管团队如何利用他们对融合技术的理解创造商业敏捷性。

问题

“5级龙卷风”对旅游业的颠覆

旅游业曾受到过信息技术创新的冲击，如今，网络视频又颠覆着旅游业中的目的地营销：

- 首先，全球分销系统左右着航班预订；
- 紧接着，20世纪90年代网络带来的去中介化对旅行社造成了巨大冲击；
- 现在谷歌网络搜索引擎的出现又带来了国际旅游市场营销协会（DMAI）未来学习城的目地营销组织颠覆

本章中的案例为我们描述了一个目的地营销行业方案，该方案解释了生态中心实现图如何被用来评估商业敏捷性成熟度的。图E—4中所示的用于红酒餐会活动的关键方案中描述的索诺玛郡旅游局生态系统就是上述方案的一个例子，图E—4还解释了“未来”参与系统的经营概念，就像未来“悄悄走开”活动中部署的那样。

本结语介绍了基础方案是如何对SCT“悄悄走开”活动的商业敏捷性进行评估。这一案例以综述SCT如何借助Simpleview公司在云端提供的社会CRM伙伴外部网构建生态中心为主要内容，从而更加详细地说明SCT作为美国的领先红酒之乡旅游目的地，是如何利用“5级龙卷风”技术为取得和保持竞争优势，并创造商业敏捷性的。

- 目的地营销行业趋势。2008 年国际旅游市场行销协会（Destination Marketing Association International, DMAI）进行了一次针对整个行业状态的综合性研究。该研究的核心发现发表在名为《目的地营销的未来：传统、过渡和转型》（*The Future of Destination Marketing: Tradition, Transition, and Transformation*）的报告上。从这份“未来”研究的目的来看，它的作用是为目的地营销组织（Destination Marketing Organization，DMO）进行基于方案的战略规划演练提供框架和指导，以使他们平安度过这段混乱的经济时期。
- 战略性结论。从这份直接影响目的地营销组织能否在更大规模的旅游业中继续保持为客户代言的竞争优势的研究可以得出两个重要的结论。客户的声音被反映在目的地营销组织战略对话中的三个战略性主题——“关联”、“价值主张”和“知名度”。它既指企业内部客户（目的地生态系统利益相关者）的声音，又指企业外部客户（目的地游客）的声音。上述结论可以被归纳为：（1）目的地营销组织以虚拟企业的身份和其利益相关者开展协作；（2）信息技术是提高企业绩效的推动力量。

这些结论构成了执行协同商务解决方案所需的以游客为中心的战略基础，这种方案能增强综合性目的地营销活动的效果。此类营销活动应该以吸引正在计划旅游的入境目的地游客和为已经到达目的地的游客提供旅游中的支持为目标。

协同商务是主流电子商业发展所采取的战略。协同商务商业活动使贸易伙伴们在共享的环境中创造、管理、使用数据，从而在他们产品的生命周期内设计、制造和支持整个产品；同时，这些贸易伙伴还在构成虚拟企业的价值链上各自劳作，以利用自己的全部核心竞争力。为了实现虚拟企业整合，协同商务必须结合经营管理、绩效管理和信息技术，以使其定义变得可行。

需要注意的是，价值链指的是贸易伙伴社区，其所在的目的地利益相关者的生态系统中到处都是互利利益。作为虚拟企业，该生态系统充当了为了共享核心竞争力和资源而协作，以提高经商能力的组织机构的战略联盟。通过整合虚拟企业，企业能够获得生态系统的协同作用。这使得利益相关者能够通过利用信息技术和协同商务活动，更高效地发挥集体的作用。

- 生态中心平台。协同贸易生态系统以一组生态中心网络为标志，该网络以服务导向式架构（SOA）为基础，由促进信息在贸易合作伙伴间共享的电子商业平台组成。上述平台利用网络 2.0 技术，一般来说，它既可以被部署为私人交易平台——充当整合私人和社区云平台的混合云端，例如，目的地营销组织网站向利益相关者开发的既可以是只让会员访问的加密分区，又可以成为公共电子市场，例如旅游、观光和酒店业使用的提供旅行规划和/或在线旅社服务的商业旅游门户。

如图 E—1 所示，核心平台数据管理服务顺应开源软件概念，以服务导向式架构为基础，以带有防火墙和安全隧道技术、能够处理公共密钥加密交易的网络服务器为主机。分层的网络服务向外扩展以支持以下通用型生态中心功能：目录和中间件，包括为企业内容管理、项目组合管理和业务流程管理提供可交互操作的数据管理服务；通用型商业协作工具和消息服务；提供贸易合作伙伴档案和目录服务以促进虚拟企业的合作；和可定制的纵向行业特定工具和应用程序服务。

总的商业趋势是，围绕清晰的价值链管理商业模式制定协同商务战略，该模式通过整合需求链来推动大规模定制，通过在大部分行业内整合供应链来推动大规模生产。这两种价值链方案都是依靠软件即服务（SaaS）应用布局实现的。协同商务已经演化为企业为了有效管理价值链而采用的主流电子商业战略，这使得重构管理决策的制定流程成为企业在 21 世纪获利和发展的关键成功因素。

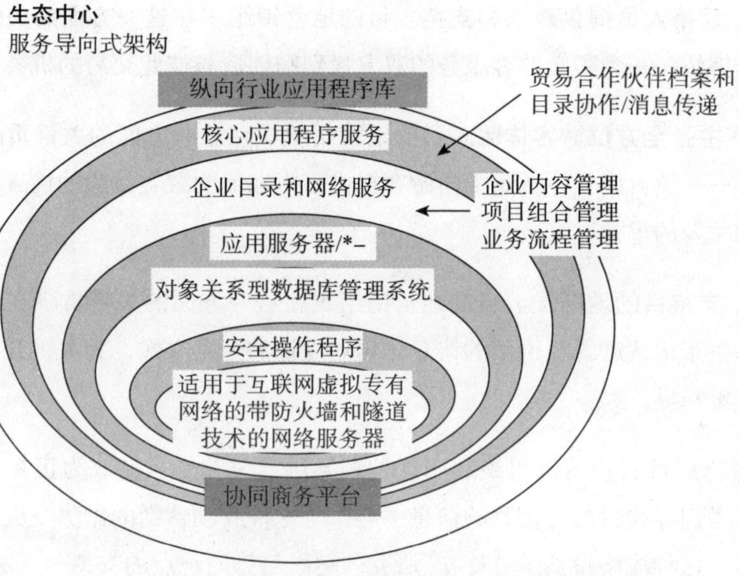

图 E—1　生态中心数据管理服务

挑战和机遇

信息技术需要有策略地应对史无前例的市场颠覆，以及新的商业挑战和机遇所带来的变化趋势。现在，云端能把信息技术从当前维护资本密集型基础设施的重负中解脱出来，将直面竞争挑战和抓住颠覆性机遇变成可能。

目的地营销组织领导层的角色和责任

目的地营销组织作为旅游业生态系统领导者可以在虚拟企业中运营中央生态中心，同时承担向目的地游客提供旅游和酒店服务的责任。在当地旅游业利益相关者的以客户为中心的战略中，上述目的地营销组织的战略定位被清楚地阐释为履行以下四个关键任务。

1. 告知、教育和劝告游客。目的地营销组织在这一方面的关键贡献在于确保信息完整性——充当当地旅游业的代言人。

2. 营销人员提供建议和支持。目的地营销组织在这一方面的关键贡献在于牵线搭桥——为买卖游客服务的双方找到和创造与彼此交易的机会。

3. 主张全方位游客体验。目的地营销组织在这一方面的关键贡献在于关注游客——使自始至终端到端向游客提供高附加值的游客体验的挑战得到全体利益相关者的重视。

4. 支持目的地开发。目的地营销组织在这一方面的关键贡献在于战略眼光——主张承认旅游业价值的按总体规划设计的开发方式，为关键开发和举措提供政策指导。

懂行的目的地营销组织利用这种领导层定位，使自己成为正在计划旅游的旅行者们寻找目的地信息的信息中心，将这种互动营销的做法变成旅游内容聚合器。这种战略得到了“未来”研究的超级趋势的观点的支持——吸睛之战、智能和友好网站、电子文化以及寻找关联——知名度可能是目的地营销组织取得成功的关键基础因素：

> 潜在游客在实际旅游之前会先进行“虚拟”旅游。他们会进行信息之旅——搜集与目的地相关的信息，这些信息或详细或简洁，在了解了这些信息后，他们便能做出一系列选择：要买哪些东西，该怎么玩儿。这场信息之旅在几条小径间迂回婉转，包括和朋友讨论、阅读新闻和旅行指南、看电视节目以及如今更为常见的上网搜索。

为虚拟游客信息中心（vVIC）架构进行战略定义是实现“未来”研究中所表述的目的可行方法。在 vVIC 的定义中“虚拟”一词有双重含义：首先，虽然虚拟游客信息中心可以是一个真实存在的设施，但更重要的是虚拟游客信息中心是存在于网络空间的设施，人们能够从世界任何地方访问；其次，虚拟游客信息中心使用网络媒体，在旅行前、旅行时、旅行后向游客提供丰富的高保真目的地地点、场地和活动体验。此外，我们必须承认，虚拟游客信息中心不仅是技术平台，还是以丰富的网络应用为特色的广告内容资料库。

虚拟游客信息中心的建设需要目的地营销组织确立综合的政策、做法和流程，以协调获得技术和内容。运营虚拟游客信息中心有助于向游客提供不同于旅游规划商业门户的游客体验。这种游客体验包含吸引人的内容，在整个旅游的生命周期内提交客户，为目的地营销组织创造了符合企业商业战略的可持续竞争优势。利用三大战略主题、四大战略图角色和五大主要成果区域构成了目的地营销组织对协同商务解决方案进行战略规划的框架，从而改善目的营销成果，这样就能实现获得上述竞争优势的目标了。为了给虚拟游客信息中心提供一个更可行的战略架构定义，不妨参考典型的目的地营销组织——索诺玛郡旅游局。

目的地营销组织的挑战和机遇

过去的十年见证了互联网成长为各个行业的技术市场的主导力量，以及电子商务成为主流行业。在这一现象的驱使下，作为充当为共同利益集团中的目标客户提供支持的生态中心的商业软件产品的企业信息门户（EIP）激增，其所服务的目标客户构成了通用服务或休闲活动的生态系统。

用户能够在企业信息门户上读取或使用相关的组织化交易信息、聚合商业智能数据和趋势、非组织化文件和内容资源、网络媒体和网络服务。该门户网站上的会员可以利用丰富的互联网应用——集成图形显示、动画、声频、视频和协作流程——进行互动，这样，企业信息门户便可以使企业贸易合作伙伴间进行个性化的沟通。

在旅游和观光业中，此类网站充当针对旅游客户的互联网内容聚合器和导航指南。除了旅游经销商的互动网站之外，越来越多的旅馆、旅游胜地、市政府、城市主题杂志、旅行刊物、旅馆评级机构和其他大量的专业网站分流了原本流向目的地营销组织的游客的注意。变成游客偏爱的“信息中介”——一种游客在进行信息之旅的路上可以一路利用的资源——将越来越多地成为许多行业部门的竞争优势。

旅游生命周期管理方案

罗德·黑斯特伯格联合公司（Rod Heisterberg Associates）在2007年到2008年间为旅游和观光技术客户进行的两次研究，使旅游客户决策进程文件成为了通用的旅游生命周期模式。研究阐释了为了规划、协调和管理旅游路线，游客决策制定必须和行动相结合。旅游生命周期模型适用于正式会议/聚会、旅游贸易和休闲旅游方案。2009年全年这种模式都在不断地发展，由此也带来了一系列游客体验用例。

下列用例的定义产生的背景是带有网络2.0产品特性和功能的生态中心架构搭建的虚拟游客信息中心的开发和运营。运行虚拟游客信息中心所需的使能技术可以被定义为一组得到完全发展的用例。在这些系统要求中存在网络2.0的功能要求，包括用户生成型内容（User-Generated Content, UGC），即评论、评级、图片和视频；博客、维客和真正简单聚合（RSS）摘要，以及丰富的网络应用程序。这些用例也介绍了设计和管理旅游路线的专家管理员服务。

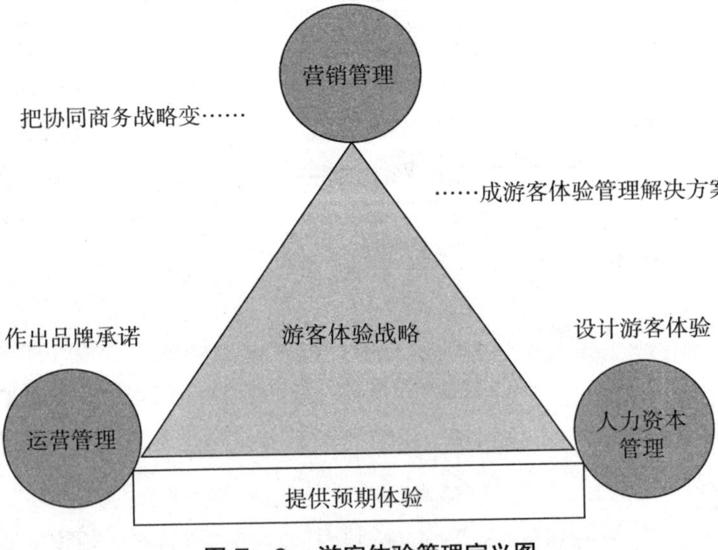

图E—2　游客体验管理定义图

图E—2所示的游客体验管理原则和做法的作用是构建具备网络2.0功能的

虚拟游客信息中心，网络 2.0 功能把虚拟游客信息中心变成了虚拟焦点群，从而在整个旅游生命周期内评估目的地协作营销战略和战术。这包括提供游客服务，方便游客上传照片、视频和对线路活动的评论、评级等用户生成型内容。游客能利用虚拟游客信息中心博客和维客创造旅游生命周期线路管理资源和工具。虚拟游客信息中心上供注册社群会员使用的协作空间有利于以下活动的进行：

- 协调组织机构，进行团体旅游活动；
- 附近旅游和由目的地知情者提供的旅游指南；
- 个性化的旅行日记和纪念册；
- 周期性或特殊活动建议，或常见问题。

利用虚拟游客信息中心服务，用户既可以私下里和朋友、家人分享这些资源，也可以公开发布，与有相同爱好的旅行者分享。这将在旅游前、旅游时、旅游后加深游客体验。相应地，社群上与旅游目的地有关的信息成为显而易见的营销资产，同时也使某虚拟游客信息中心网站更有吸引力，这对整个生态系统都十分重要。

旅游生命周期计划为构建旅游规划协作社群提供了虚拟游客信息中心架构的概念基础，旅游规划协作社群的作用相当于社交媒体网络。上述系统架构可以被定义为执行分散的多平台门户——充当目的地营销组织生态系统的生态中心——所需的软件、硬件和网络资源。该架构一个值得推荐的开发方式是按照目的地营销组织的技术规划进行的，该规划采用迭代增量实现战略，被定义为多年虚拟游客信息中心线路图。使用方案被定义为以下 8 个步骤。

1. 确定旅行。在目的地图库中进行搜索以确定意向旅游地点。观看索诺玛郡旅游局视频和数字有线电视的视频点播（VOD）、商业旅游规划门户的流媒体等其他丰富的媒体，或从基于平台功能和互动数字广告活动目的的虚拟游客信息中心和旅行者设备上的活动信息。

2. 确定目的地。在目的地图库中进行搜索，以确定意向地点，进行特色旅游。在点播视频、旅游规划门户或虚拟游客信息中心上查看索诺玛郡旅游局景点、旅馆、饭店、商店、娱乐场所和其他推介视频和丰富媒体。

3. 确定路线。查看介绍目的地地点的旅游指南以确定任务清单。在视频点播、旅游规划门户或虚拟游客信息中心上查看索诺玛郡旅游局地点视频（例如：景点、旅馆、饭店、商店、娱乐场所等）和丰富媒体。

4. 进行预订。预订旅游相关事宜：

✓ 来回交通；

✓ 住宿；

✓ 地面交通；

✓ 观光游览。

根据个人旅行者档案和预订线路活动中的专家管理员服务，借助虚拟游客信息中心上的网络应用和附属伙伴网络深入地搜索可选目的地的资料。

5. 确定计划。搜索旅游建议资料库，寻找旅游议题和 How2 兴趣。通过能够查看虚拟游客信息中心的一般旅游和特定索诺玛郡旅游局 How2 视频的丰富的网络应用设计线路。

6. 保持更新。到达目的地旅馆后查看旅行指南以更新线路。在虚拟游客信息中心查看索诺玛郡旅游局目的地现场视频，利用丰富的网络应用和专家管理员互动，以管理线路。

7. 确定变化。在修改线路的过程中参考旅行指南。利用丰富的网络应用在虚拟游客信息中心查看索诺玛郡旅游局视频和与专家管理员互动以修改路线。

8. 进行分享。回到家发布旅行指南反馈和用户生成型照片和 / 或视频。在虚拟游客信息中心上传用户生成型内容至索诺玛郡旅游局旅行指南空间，以和社群上的注册会员分享。

需要注意的是，由于虚拟游客信息中心是以丰富的媒体和网络应用为特色的技术平台和广告内容资料库，因而应该以模块的方式确立内容获取政策和做法，这样，它们就能和目的地营销组织战略相一致，和相关的网络媒体的效果相适应。此外，内容管理流程和使能系统必须以增量的方式执行，并且和综合的商业案例相符合，从而构建和运营一个整合了互动广告内容管理系统的虚拟游客信息中心。举个例子，内容必须由目的地营销组织生态系统提供或从目的地图库、旅行指南和旅行建议的网络媒体提供商获得，这些提供商构成了丰富的网络应用，上述内容包括：

- 整合图表，包括互动地图；
- 动态图表，例如虚拟现实场景；
- 声频文件（例如，用于由播客引导的旅游的 MP3）；
- 视频资产（例如，提前规划多平台展示）；
- 进行游客群中的同步和非同步沟通的协作流程。

上述内容可以通过点播视频、网络和移动设备发布以进行多平台展示。丰富的媒体源、发表内容和排名优先位置将被分配给专业制作的、讲述引人入胜的故事的视频资产，例如“为什么某个目的地值得一去”、“游玩某个目的地一定要做的事情”。

这些专业视频资产也可以被同步到作为附属营销活动的旅游规划商业门户上，该营销活动的目的是，在旅游生命周期内提供游客体验背景，或推动行为互动。这样，制作一次视频和丰富媒体内容，便能在整个旅游生命周期内在多个点播视频、网络和虚拟游客信息中心移动平台上多次发布，从而整合合作资助的“前往目的地”和“置身目的地”活动。

解决方案

游客信息中心充当区分标志

那么目的地营销组织如何利用价值上百万美元的品牌和产品进行营销活动，每年吸引几百万网络游客的旅游规划门户参与竞争呢？建立虚拟游客信息中心可以帮助目的地营销组织获得可持续的竞争优势，遵循协作营销战略，以吸引潜在旅行者。

上述措施必须尽早在目的地营销组织的虚拟客户的决策进程中实施，以便为客户寻找值得信赖的目的地信息，从而赢得旅游规划生命周期中受客户喜爱的第一站的声誉。此外，这种可信的知情者关系需要在整个旅途的过程中去培养。关键在于利用智能线路管理工具和服务，将虚拟游客信息中心确立为旅行中、旅行时、旅行后的首选目的地信息中心。这需要依靠互动营销技术来实现，从而再次利用游客在设计他们的旅游生命周期体验方案时所采用的所有平台上的丰富的网络媒体和应用。

通过审视使用最先进技术的游客信息中心和评价“置身目的地”和“前往目的地”营销活动的最佳实践，能够领悟虚拟游客信息中心运营的战略概念。

目的地营销组织可选方案：分散式虚拟中心概念

虚拟游客信息中心的战略概念大致可以表达为按照某个目的地营销组织的具体要求所搭建的，适合执行的广义架构。通过利用协同商务技术使利益相关者的网络相连接，从而形成协调的服务价值网络，目的地营销组织能建立虚拟旅游业生态系统。作为该商业生态系统的领导者，目的地营销组织既能直接加入经济社群，又能在社群里推行利益相关者的价值主张。构成经济社群的目的是为了某区域位置的利益，增加业务和休闲旅游贸易量。该经济社群为来此地旅游的游客提供一流的旅游和酒店服务。其他的目的地营销组织，例如地方商会、协会和旅游局，也可能成为更大的生态系统中的利益相关者。

社群成员的虚拟企业可以逐渐发展他们在生态系统中的角色、责任以及自身的能力和核心竞争力。这样，他们就能和生态系统中运行的一条或多条价值链进行动态配合。需要注意的是，目的地营销组织的生态系统领导者角色受到了旅游社群的重视，因为这一点使商业成员能够统一自己的营销活动和目的地协作战略。

图 E—3 和图 E—4 中所示的目的地营销组织生态系统是更大的旧金山旅游生态系统的一员，在图中被显示为内装了索诺玛郡旅游局生态系统——目的地营销组织的区域伙伴。每一个生态系统都由两个截然不同的网络组成，内部还运行着彼此独立的虚拟企业，从而为它们的共同目标客户——目的地游客——提供一流的旅游产品。生态系统的服务价值网络充当协作营销活动价值链。这些网络通过提供旅游服务，推动“前往目的地”游客流量进入目的地位置，以及在游客旅游的过程中为他们提供“置身目的地”的酒店和旅游服务。目的地营销组织社群成员包括：协会和旅游局组织；旅游规划和预订网站；旅行社；旅游批发商；旅游经营者；旅游管理者；度假胜地；巡游航线；度假房产；航空公司；租赁车辆；商人；景点；酒店；餐馆；购物场所；娱乐场所；旅游服务附属机构。

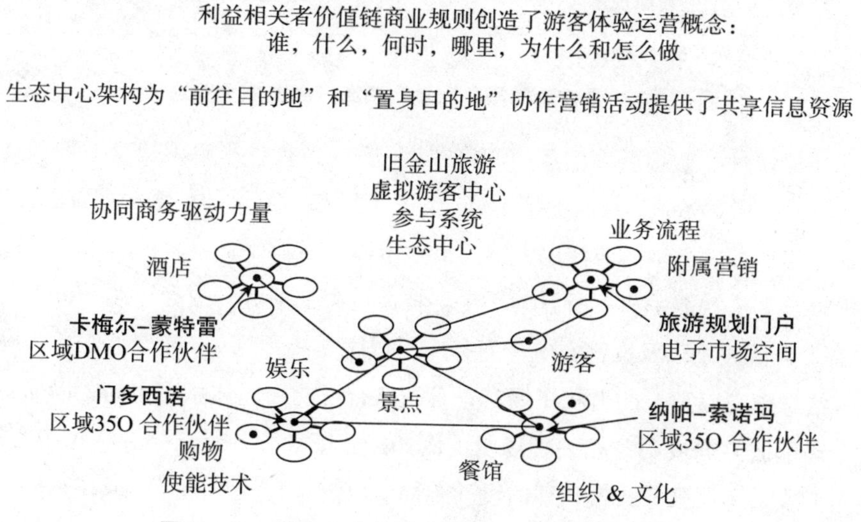

图 E—3 旧金山生旅游态系统成为虚拟企业组合

这些利益相关者积极参与虚拟游客信息中心，为协作营销项目制定协作 DMO 战略，推广综合的“前往目的地”和“置身目的地”网络广告活动，从而获得价值。

为虚拟游客信息中心概念加入战略眼光的过程受到三个设计原则的支配：

模块性、可伸缩性和增量实现。引用索诺玛旅游局作为例子的虚拟游客信息中心的运行概念建立在从使用最先进技术的虚拟企业最佳实践转移技术的机会之上。

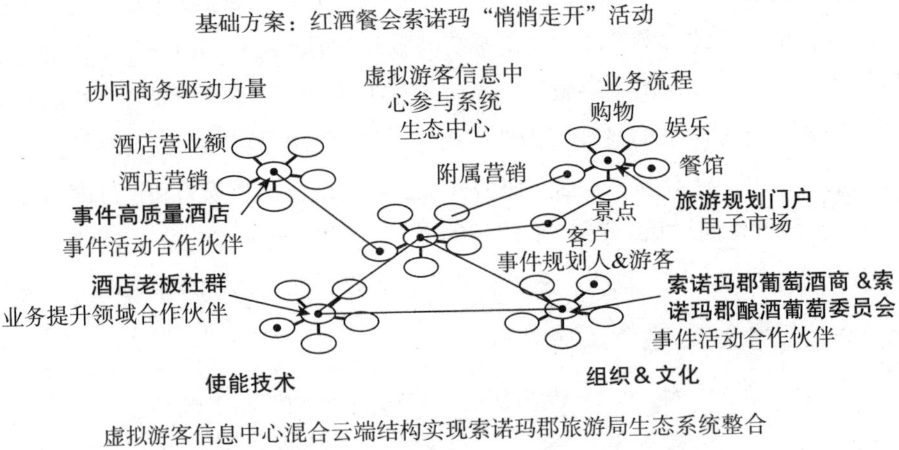

图 E—4　索诺玛郡旅游局生态系统成为虚拟企业组合

1. **模块性**。虚拟游客信息中心将在设施和 / 或硬件平台上提交视频和其他丰富的网络媒体资产，从而支持十英尺、三英尺和一英尺的游客信息查看体验。从上述距离查看分别需要使用大屏高清显示器、带有平面屏幕的个人电脑或笔记本以及手持智能手机。所有的平台都将通过阿瑞斯和开放台（Ares and Open Table）合伙关系以及推销类电子商务应用程序支持预订和 / 或票务服务。虚拟游客信息中心以卫星的形状布局，查看站点有可能采用休息室布局，以配合在索诺玛郡旅游局或利益相关者场所（例如，旅馆大厅、景点亭和购物中心等）使用，或采用自服务式报刊亭的设计布局，以配合在较小的场馆或在室外加固使用。

2. **可伸缩性**。虚拟游客信息中心将通过一致的用户界面显示丰富的网络应用程序，软件外表和触感也一致，从而优化整个平台的查看体验。除了和谷歌合作以使用谷歌地球、谷歌地图和移动产品，目的地定位软件环境还可以采用虚拟现实技术。通过和领先的酒店合作提供用于视频会议的思科网真（Cisco

TelePresence）系统，可以产生休闲和商业会议活动的混合虚拟现实体验。

3. 增量实现。虚拟游客信息中心将以增量的方式实现和布局。采用迭代商业案例的方法驱动分阶段的开发过程，从而确保每一次虚拟游客信息中心产品发布的经济可行性。初始虚拟游客信息中心产品发布将关注索诺玛郡中央生态系统区域内的主要地点、场馆和景点，接着，以迭代的方式螺旋式外延，将其他的主要区域地点也包含进去。

虚拟客户信息中心解决方案

生态中心架构提供基础的电子商业平台，从而为虚拟游客信息中心加速整合“前往目的地”和“置身目的地”的广告价值链方案。诸如虚拟企业数据管理服务的以软件即服务（Saas）为主机的应用程序的布局，通过保护作为软件即服务服务水平协议的一部分的目的地营销组织专有信息，能够可靠地提供协同商务解决方案。在虚拟游客信息中心充当互动营销中心的情况下，服务导向式架构通过网络服务执行虚拟企业数据管理模型，该网络服务提供标准化的安全共享数据环境，从而促进协作营销活动的优化。

生态系统中心内容管理服务

不论使用何种行业或功能应用程序，当作为记录系统的企业信息门户被部署为生态中心时，内容管理都是基本的功能要求。通用整合服务使多个目的地营销组织混合云端平台和商业旅游门户上的多种应用程序具备语义交互操作性，使企业信息门户成为虚拟企业通路。总的来说，生态系统中心包含每个注册虚拟企业会员的简介、会员的产品与能力以及贸易合作伙伴协议和通信系统偏好。该简介包括由某个贸易伙伴所有的所有数据元素层的可分享信息的数据目录和词典服务，其中包括允许和虚拟企业客户分享信息，但不允许和潜在竞争者分享的安全政策。

根据不同的行业需要，企业信息门户被包装成不同的产品。这样，虚拟企业数据管理服务就包含了数据格式和通信转译服务，以满足所需要的行业标准中对消息服务的规定。不论是非同步群组软件，还是同步实时、多点数据会议应用程序，都可以安装协作工具，以支持组织化和非组织化的数据功能。此外，生态中心能根据行业内的主导标准对产品数据交换进行转译，或者为纵向行业提供应用软件资料库，这是因为在这些行业中，例如航空业，本机数据格式交换被看作是关键任务。

回顾图 E—1，基于服务导向式架构，采用开源软件概念的核心平台服务以带有防火墙和安全隧道技术、能够处理公共密钥加密交易的网络服务器为主机。分层的网络服务向外扩展以支持以下通用型生态中心功能：目录和中间件包括为企业内容管理、项目组合管理和业务流程管理提供可交互操作的数据管理服务；通用型商业协作工具和消息服务；提供贸易合作伙伴档案和目录服务以促进虚拟企业的合作；和可定制的纵向行业特定工具和应用程序服务。

消息服务为实时企业提供了做出决策所需的基础性使能技术。举个例子，在制造业中，这种协同商务消息数据能够提供本企业和贸易合作伙伴实时可查的库存状态，以及在整条价值链上运输者的库存状态，以实现目录可见性。此外，监测解决方案的供应链管理商业活动生成事件通知，以及制定规定每个贸易合作伙伴角色和职责的商业规则。最后，操作指标，例如供应商交付历史和状态，作为实时显示板被显示，用以评估贸易合作伙伴的绩效是否符合其服务水平协议，从而为做出与整个供应链管理有关的决策提供支持。

利用现有的生态中心采购战略，企业信息门户的部署任务可以由企业内部 IT 部门承担，也可以外包给具有 IT 核心竞争力的贸易合作伙伴，从而使企业专注于执行其战略性商业计划。这些整合服务为虚拟企业使不同的应用程序具备语义互操作性提供了通路。

作为提供给企业信息门户产品的核心服务，内容管理系统已经成为目的地营销组织的首选应用程序——特别是为了目的地营销需要和流程特别设计的解决方案，例如充当生态中心的由 Simpleview 公司设计的内容管理系统和客户关系管理平台。这些应用帮助计算机专业知识有限的员工发布内容，他们无需掌握 HTML 或上传复合文件的技术知识，可以根据需要，将工作职责分配给若干部门。内容管理系统的使用最终会使虚拟游客信息中心变成一个动态的网站，游客在该网站上和目的地营销组织以及生态系统利益相关者互动的时间将会增加。

例如，在旅游业中，将客户关系管理作为虚拟游客信息中心平台使用的生态中心，必须和若干内部网交互操作，充当目的地营销组织的企业信息管理系统的一部分，同时，必须和若干商业生态系统中的利益相关者外部网交互操作，在多个旅游业分区进行客户关系管理。此外，虚拟游客信息中心必须和若干作为附属营销方案的一部分的商业旅游门户进行交互操作。

总的来说，企业需要建设或获得外部的网络的接入端口，从而和由混合云平台组成的外部网，以及公共纵向行业和横向电子市场融合，以进行交互操作。这些生态中心还提供业务流程外包和信息整合服务。主要实例有主要服务航空业和国防工业的 Exostar，以及为不同的企业网络，包括高新技术电子工业和消费性包装品，提供供应商加载服务的 E2open，这些例子表明，生态中心在整合虚拟企业方面有广泛的适用性。

目的地营销组织在按照针对虚拟游客信息中心设计的目的地营销组织生态系统商业案例，和迭代增量实现线路图构建虚拟游客信息中心时，可以从众多以网络 2.0 技术为特色的企业信息门户分包商中选择一个作为生态中心软件提供商。

虚拟游客信息中心架构充当生态中心

目的地营销组织将中央生态中心作为整合了私有和社群云端平台的混合云端进行运营，将有利于为虚拟企业组建基于服务导向式框架的基础设施，这些虚拟企业作为生态中心的网络，为其所在生态系统提供协作营销活动的管理服务。这种信息系统架构既稳健又可伸缩，同时，还能进行扩展，以囊括各种旅游业方案。

从为了能够利用投资 IT 举措组合的方法培养协同商务竞争力，而整合虚拟游客信息中心外部网络的角度来看，线路图的增量实现模型例证了虚拟游客信息中心能够充当生态中心的能力。对于目的地营销组织来说，他们的战略应该集中讨论如何像图 E—4 所示的那样，利用生态中心架构实现混合云平台，从而进行互动性营销活动。在协作旅游规划社群服务成为商业生态系统的一部分的情况下，为了建立虚拟企业，目的地营销组织、虚拟游客信息中心已经成为生态中心网络中对任务起到关键作用的部分。

需要注意的是，这些对旅游需求链方案进行知识管理的互动性营销应用对互动性营销的成功起到了基础性作用。确定哪些信息与营销细分化战略有关的依据是营销活动需要实现哪些目标。可以在客户提供的基础上直接收集信息，也可以在客户不知道的情况下，绕过客户，间接从别处获得。由于旅游目的地社群的多层服务意味着客户之间亲密度的增加，服务导向式架构加速了这种信息捕捉过程，以进行社交联网。

- 公共门户服务。目的地营销组织互动性营销平台的最外层，提供通用的游客目的地信息和旅游服务，包括：
  - 旅游规划和样本路线信息；
  - 由丰富的媒体资产组成的旅游和观光产品目录（景点、食宿、购物、休息，等等）；
  - 社群活动日程；
  - 移动应用通路或反应迅速的设计网站支持。
- 私有社群服务。目的地营销组织互动性营销平台的中间层，二次访问的游客需要进行登录，以成为目的地营销组织社群的会员，会员将可以通过传统的客户关系管理或当前的客户体验管理系统的有关功能获得个性化客户服务，例如：
  - 旅游规划工具，包括专家管理员路线建立器；

- ◆ 通过电子商务和预订引擎服务进行推销；
- ◆ 连通社交网站的丰富媒介；
- ◆ 通过 RSS 获得博客和博客摘要；
- ◆ 用户生成型内容功能。

• 专有会员服务。目的地营销组织互动性营销平台的最里层，为生态系统内的利益相关者专有，该层的 VIP 游客以订购或一次一付的方式，享有定制化旅游路线管理的工作空间（封闭社区）的进入权：

- ◆ 专家管理员优质 VIP 会员资格；
- ◆ 需要输入登录密码的利益相关者会员资格分区；
- ◆ 需要输入登录密码的利益相关者协作空间；
- ◆ 协作营销活动管理程序组，包括：分析工具；创新资料库；活动广告单元绩效显示板。

由于生态中心能为纵向行业提供应用软件资料库，因此，从经济效益方面来看，虚拟游客信息中心能通过互动性营销活动管理系统，来协调综合性营销活动，从而优化目的地营销组织的生态系统内的利益相关者的协作。

据福雷斯特研究公司（Forrester Research）的报告，这种在线的营销程序组由以下两个关键组件组成，该组件构成了生态中心架构：

1. 中央中枢。程序组和核心，使营销人员能够管理和整合在线数据，充当生态中心的角色；

2. 网络。一个提供执行、目标定位和测量服务的繁荣的技术和服务合作伙伴社群，充当商业生态系统的角色。

四个使生态中心变成“在线营销程序组的设计和决策引擎”的关键架构元素是：

1. 统一的数据模型；

2. 处理工具和元数据库；

3. 集中优化引擎；

4. 以标准为基础的架构。

从图 E—1 所示的服务导向式架构的通用数据管理服务，图 E—5 所示的应用程序专有的网络 2.0 核心架构，包括受大数据分析（BDA）驱动的适应性战略规划的决策支持系统（DSS）等方面来看，将“中央中枢”视为“程序组的新部分”的概念符合生态中心的定义。而且，构成网络层的专业互动性营销提供商相当于生态中心架构中通用“纵向行业应用程序库”层的营销专有的“网络媒体广告活动管理服务”的代表。这些互动性营销工具可以包括：网络互动优化；行为定向；多元测试；电子邮件活动；竞价管理；网站分析学；广告投放。

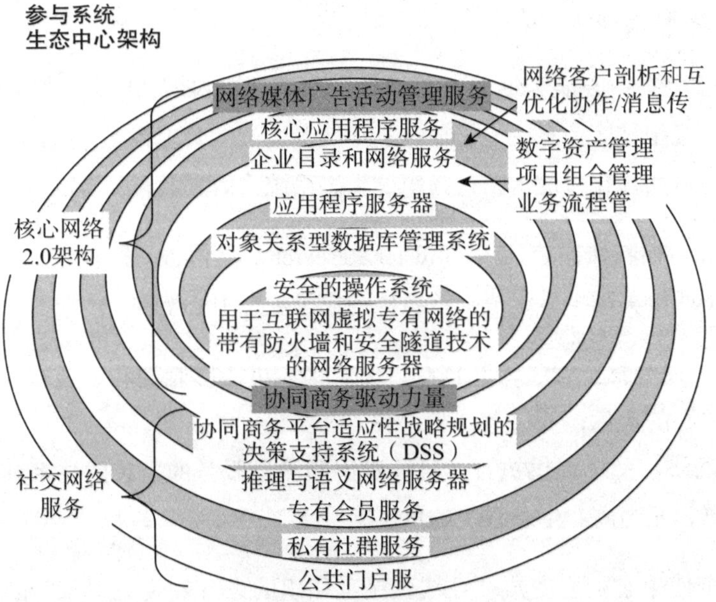

图 E—5　虚拟游客信息中心即参与系统生态中心

在整个商业生态系统内的统一的服务价值链上，为了进行营销、广告、销售和客户支持而制定和管理基于服务导向式架构的业务流程需要能够营造基于标准的安全、共享的数据环境的架构。这种用来制定、监测、测量和优化依靠服务导向式架构实现的业务流程的架构，是营销活动程序组和绩效管理决策支持系统应用的典型，以上程序组和应用利用网络 2.0 使能技术提供实现协同商务商业模式所需的功能：

> 今天，互动营销已经成为一种细化区分的做法，采用这种做法的营销人员和许多不同的提供商合作，以制订和执行营销计划。但随着渠道和计划数量的增加，这种情况变得难以维系。现在的互动营销人员没有什么选择的余地，因为不论是企业营销程序组，还是互动专家，都没有人留意到他们的需要。福雷斯相信是时候让在线营销程序组出场了。

这种互动营销解决方案现在得到了广泛普及，通过利用企业信息门户平台，依靠服务导向式架构技术，该方案可以部署为生态中心。这是所有的在线营销技术都难以逃离的最终命运，也将使所有渠道上的客户产生一致的印象，提供处理工具以支持协作、集中优化和支持伙伴生态系统。该营销生态中心需要满足的功能要求概括如下：促成有效率和效果的协作，提供可靠的绩效评价和优化营销开支。

为旅游生命周期管理提供动态路线服务

旅游业互动营销协同商务应用程序的专家管理员战略性概念的关键在于，利用目的地营销组织商业生态系统中包含的知识管理。做到这一点需要使用推论引擎，根据它们的体验档案来管理图形界面形象和关系惯例。目的地营销组织社群会员能够操控旅游地图上代表路线图标的对象，例如事件、地点和预约，这一点也在社群会员特权的范围内。他们能创造和维护跨越许多旅游、目的地、时间线、过去、现在、将来方案的动态路线，存储和编辑旅游信息，并且在任何时候从世界上任何地点获取这些信息。

专家管理员采用独有的网络 3.0 语义技术，从旅游资料中自动生成旅游线路。该技术为正在规划中的旅游提取旅游数据，从而为游客存储在虚拟游客信息中心上的个人旅游空间中的每条线路创建和维护线路主文件。这种智能代理运行过程透明可见，以帮助它从旅游电子邮件和旅游规划门户，以及其他旅游、观光和酒店服务收集所有相关的旅游数据，包括：

- 旅游日程和天气预报；
- 方向明确的目的地和旅程地图；
- 地点和事件指南；
- 交通和食宿预订；
- 含有推荐地点和商品的购物列表和建议；
- 对同步的丰富的景点和兴趣点媒体链接。

注意，虚拟游客信息中心支持标准的网络浏览器，以及为了优化各种移动平台功能而使用开源标准和响应迅速的设计原则、做法和产品的移动设备接口。根据旅游生命周期的特点，由于移动计算的可移动和令人信服的优势，这种支持移动设备的能力可能会成为最有价值的专家管理员服务。除了使目的地营销组织的游客能查看自己正在进行中的路线规划外，专家系统还能够在当前旅游专有的环境发生变化时，自动或按照需要重新生成线路推荐。这种动态适应实现了管理员的目标，即在任何虚拟游客信息中心的会员需要的时候，在任何会员需要的地点，以会员需要的任何方式最快捷地向会员提供最新的旅游信息。

使用 Simpleview 平台作为生态中心

自 1991 年起，Simpleview 公司凭借其敏锐的洞察力，开始为大小规模的目的地营销组织提供目的地营销的新技术。这是第一家为了帮助目的地营销组织管理和行业合作伙伴、客户以及旅行者的关系，而专门创建基于网络的目的地管理系统的公司，是将该系统与既方便使用又强大的基于网络的内容管理系统整合的第一家公司，也是将结合了客户关系管理 / 内容管理系统的解决方案扩展到为了适应移动网络而优化过的网站上的第一家公司。

图 E—6 是 2014 年 Simpleview 峰会上首席执行官雷恩·乔治（Ryan

George）所作的主题演讲中的精彩部分，对目的地营销组织商业生态系统中的客户关系管理社会平台的远景和使命进行了阐释。雷恩·乔治不仅仅从总体上阐释了互联网商业生态中心解决方案，还特别明确地表达了合作伙伴外部网协作营销活动管理用例的益处，以证明虚拟企业布局的经济合理性。这一战略性架构是为图 E—7 中概括的商业敏捷性成熟度卓越中心（CoE）而构建的，CoE 使用的是基于云的 Simpleview CRM 特性的生态系统中心。图 E—8 以索诺玛郡旅游局生态系统的合作伙伴关系管理应用为例，进一步介绍了虚拟游客信息中心的功能，以解释虚拟游客信息中心在“悄悄走开”活动中的作用。Simpleview 平台最大的作用是促进了索诺玛郡旅游局基本方案战略的成功执行，这也是促使 CIO-CMO 结盟的关键成功因素。

鉴于旅游和观光业规模巨大，所创造的就业量占美国新增就业总量的九分之一，其年经济效益可达 2.1 万亿美元，美国旅游协会开展了一项研究，来支持“旅游效应”宣传活动。这项研究着眼于旅游对于目的地游客意味着什么，以及目的地营销组织可以得到的用户体验管理启示。目的地营销组织需要记住的一条最基本的启示是，为了能够生存下去，首先要做到的是使员工和商业生态系统中的合作伙伴保持联系。

使用 Simpleview 平台提供目的地营销组织会员资格服务的价值在于：

- 为营销组织提供培训，教育他们如何提高用户体验；
- 向营销组织展示如何使用新工具和理解技术；
- 在合作营销和特殊活动中共同协作；
- 使营销组织在需要进行营销策划时和文案写作人联系；
- 通过游客中心、拨打电话和电子邮件转交发生工作任务；
- 联系会议策划人和团队旅游以获得目的地社群服务；
- 帮助营销组织通过地图、提供优惠价格、发推文、在品趣志发表信息、在网站上发帖，以及制作独特的视频内容进行营销。

Simpleview 让社会客户关系管理原则和作法适用于合作伙伴关系管理。

图 E—6 在商业生态系统中提交的社会客户关系管理价值

来源：Simpleview 股份有限公司

Simpleview 客户关系管理的单一综合性系统取代旧有的数据库及其附属技术，更有利于分享创意、销售、行业合作伙伴管理等。尽管它已经简化了行业合作伙伴、社群利益相关者、潜在游客、媒体、会议和事件策划者及其他主要联系人的工作，但“客户关系管理”才刚刚开始。

Simpleview 客户关系管理将企业级关系管理中的所有预期特性和销售团队自动化、预测、报告和商业分析——利用直接搭售产品，将所有的这些功能囊括进 Simpleview 客户关系管理的内容管理系统——和 / 或有效的应用程序接口相结合，从而和第三方网站相整合。

移动客户关系管理是 Simpleview 客户关系管理系统用于移动设备的扩展，它是一种基于云端的跨平台服务，几乎适用于所有的移动设备。在移动电话上访问移动客户关系管理系统，以更新创意、验证账户信息、给联系人去电或发邮件和使用更多企业应用程序。

图 E—7　基于云端的 Simpleview 平台特性

来源：Simpleview 股份有限公司

经验教训

合作营销的协作战略

一种促进了互动营销价值链系统运营的协同商务，是对价值链进行优化的适应性战略规划的概念的最好总结。由网络 2.0 服务驱动的生态中心架构为服务价值网络管理系统提供了协同商务应用程序的通用模型的基础。这种用例方案的基础是在旅游和观光业部署网络媒体广告活动管理应用所涉及的特定价值主张。

这一新演化出的方法的专名为“战略性会话”(strategic conversation)。这是围绕关键议题、发展、趋势、事件和应对千变万化的商业生态系统的可选方案的持续“多重对话”。在当今世界，战略性会话必须持续进行而不是只有一年一次，必须涉及组织机构内的所有职能范围和多个级别的人员，必须集合许多贡献者的聪明才智，而不仅仅依靠最有资历的领导。

会员 / 合作伙伴管理模块

该模块为系统的“中枢”，是所有会员 / 合作伙伴信息的中央资料库。它被整合到系统的其他所有模块中；系统上任何地方进行的任何有利于某个会员的活动都会自动记录到该会员的账户上。用户能从整个系统上搜索到会员信息。模块特性支持数字营销、数据管理、调查分析和营销伙伴关系。例如，索诺玛郡旅游局网站上用于事件提交日程的 Simpleview 数据传送专线以网页表单的形式呈现（索诺玛郡旅游局网站由米尔斯（Miles）开发并设计，及时地满足了移动用户的需要）。该网站的各种征求建议书和申请表格采用嵌入式网页表单或 Wufoo 表单的形式。Simpleview 和 Miles 网站之间的数据传送专线同样利用社交媒体促成进行协作——利用社交媒体管理系统 Hootsuite 发表推文，以及将 Facebook 用作集成了 Wufoo 表单的“游客指南”（VisitorGuide）请求标签。

会员 / 合作伙伴外部网

指定会员 / 合作伙伴联系人可以通过在线门户登录他们的账户。根据所取得的许可的不同，合作伙伴可以使用多种用于管理“悄悄走开”协作营销活动的功能，例如新产品（What's New）提交功能。

图 E—8　用于合作伙伴关系管理的 Simpleview 外部网

来源：Simpleview 股份有限公司和索诺玛郡旅游局

协作营销活动的管理原则、做法和流程已经成为旅游观光和酒店业的主流。这种协作战略采用依靠服务导向式架构技术实现的综合营销业务流程。虚拟游客信息中心的建立使营销计划发展成为由索诺玛郡旅游局商业生态系统内的利益相关者执行的互动的丰富媒体广告活动，这些利益相关者通过将互动营销战略用于“前往目的地”“置身在目的地”广告活动，使经济效益最大化。将虚拟游客信息中心作为生态中心，用于网络媒体广告内容资料库的有利于协作性目的地营销组织生态系统活动，该活动使用以下方式进行。

- 多渠道发布活动广告：
  - 带有可寻址广告单元的数字有线电视，包括视频点播；
  - 虚拟游客信息中心及附属营销合作伙伴网站上的网络广告；
  - 推送给移动智能手机和平板电脑的普遍内容。
- 按照旅游生命周期和专家管理员线路管理服务进行调整的，适应游客体验的背景和行为消息传递。

- 为了帮助利益相关者达成其“前往目的地”和“置身目的地”广告目的而经过优化的平台接触点和混合的消息传递。

总的来说，虚拟游客信息中心能在整个旅游生命周期内，通过促进游客交流和利益相关者的协作流程管理，帮助优化目的地营销组织的游客体验。这样，目的地营销组织便具有利用协作营销活动进行综合性“前往目的地”和“置身目的地”宣传，为目的地营销组织生态系统将经济效益最大化的能力。

索诺玛郡旅游局“悄悄走开”营销活动将混合云布局用作生态中心平台

目的地营销组织运营中央生态中心作为整合了私有和社群云平台的混合云端的做法，有利于为虚拟企业建立基于服务导向式架构的基础设施，虚拟企业的作用是充当生态中心网络，为其所在的商业生态系统提供协作营销活动的管理服务。这种信息系统架构不仅稳健，而且可伸缩，同时还可以扩展囊括大量的旅游业方案。

为了建立虚拟游客信息中心，索诺玛郡旅游局评估了多种云端布局，并最终选择将各种业务应用程序如生态系统利益相关者应用，将其部署在公共云端，这些应用以其为主机并受其管理，对于一些后台应用，例如财务和供应链，则放在私有云端。

使用旅游生命周期是为了给虚拟游客信息中心的建筑构思提供基础，从而构建类似社交媒体网络的旅游规划协作社群。上述系统架构可以被定义为执行分散的多平台门户——充当目的地营销组织生态系统的生态中心——所需的软件、硬件和网络资源。该架构推荐采用的一种开发方式是按照目的地营销组织的技术规划进行，该规划采用迭代增量实现战略，被定义为阐述商业生态系统基础方案的多年虚拟游客信息中心线路图。

索诺玛郡旅游局发起了名为“索诺玛悄悄走开”的 2013 冬季 / 春季促销活动，旨在鼓励人们在一月至五月的淡季来索诺玛郡呆上一晚。

“索诺玛悄悄走开”活动在有利益相关者和游客参与性门户的公共云端展开，因此，与旅游业有关的企业便可以向全球数以百万计的潜在旅行者们免费推广自己。由于所有常用设备都可以接入该门户，妨碍宣传的地理位置限制被打破了。

有兴趣参加“索诺玛悄悄走开”活动的旅游公司可以登录索诺玛郡旅游局网站的合作伙伴网页 www.sonomacounty.com/partners 提交它们的打折商品条目。该活动对所有索诺玛郡的旅游行业企业免费，且集中于 www.SonomaSneakaway.com 的网站上，所有的商品都在这里出售。

活动成果

以下幻灯片集（如图 E—9、图 E—10、图 E—11、E—12 以及 E—13 所示）是“悄悄走开”活动的成果总结，列出了生态中心布局为商业生态系统创造的广泛价值。

图 E—9　2013 活动亮点

图 E—10 《旧金山周报》广告和短信参与方式

图 E—11 出租车广告和短信参与方式

悄悄走开2013年2月–5月

SONOMA COUNTY

101家合作伙伴——其中32家对调查作出反馈（31.7%反馈率）
41%电话接听和征询率
大多数人会推荐给同事
提交投资回报率的合作伙伴共计13家（电话11家酒店/度假出租屋2家景点）

索诺玛“悄悄走开”活动带来的消费增长：29 165美元

注册旅游赠品

·2172条搜索结果显示超过50%的信息搜索是关于索诺玛郡的

·520人从阿拉斯加航空获得信息

2月–5月开始进行网络推广
14 400访客
11 400特别访客
34 000浏览网页数
平均每位访客浏览2.43页
79.38%为新访客

接下来：
秋季推广

9月中旬–11月底
目标：西海岸城市

现在提交你的秋季促销至以下网址
www.sonomacounty.com/oartbers
若有问题，请发邮件至以下邮件地址：
jillv@sonomacounty.com

索诺玛郡旅游局SonomaCounty.com

图 E—12　2013 年 2 月 -5 月成果展示

索诺玛郡旅游局 CMO-CIO 最佳实践

国际酒店销售和营销协会（HSMAI）的阿德里安奖是用来表彰旅游业的优秀营销案例的奖项。该奖项设立于 1957 年，阿德里安奖面向行业的各个分支，包括旅店、航空公司、巡游航线、汽车租赁公司、目的地、信用卡公司等。经验丰富的行业和媒体专家从 1 200 多名参赛者中评选出获奖者。

索诺玛“悄悄走开”—— 一项获得了金奖的季节性营销活动——因其在目的地营销中的创新而获得了认可。淡季举办的活动吸引游客光临索诺玛郡，享受特别优惠。索诺玛郡旅游局采用创新的方法进行广告投放，包括在旧金山的出租车车厢内播放视频，鼓励潜在游客选择参与以获得更多信息，以及和阿拉斯加航空建立合作关系以期从航空市场吸引客源。在第二届“悄悄走开”活动举办期间，索诺玛郡的酒店入住率超过了金融危机之前的水平，1 月和 2 月的入住率分别达到 56% 和 61%。

经过更新的索诺玛郡旅游局网站 www.sonomacounty.com 于 2013 年 2 月上线，并获得了阿德里安银奖。与去年同期相比，新网站的访问量增加了 98%，并为索诺玛郡带来了 1 110 万美元的额外收入。新网站的创新还在于它采用了“反应迅速的设计”，这使网站把适应移动设备的需求放在第一位。索诺玛郡旅游局和目的地营销行业的领袖——“米尔斯合伙企业”（Miles Partnership）——合作开发网站。

图 E—13　“悄悄走开”活动和反应迅速的移动网站

来源：www.sonomacounty.com;《索诺玛郡旅游局称雄阿德里安奖酒店营销单元领奖台》

下一步方针

商业敏捷性成熟度线路图

商业敏捷性指通过协作实现在挑战和机会来临前提前预知的创新，是可持续竞争优势的源泉。通过利用创新战略来根据基于协作营销最佳活动的大数据分析的结果建立 CMO-CIO 联盟，创造商业敏捷性，从而实现信息技术的商业价值。利用作为商业敏捷性成熟度（BAR）线路图基础的信息技术资产负债表，能够将整体大于局部之和的、以顾客为中心的绩效管理系统纳入决策框架，从而使上述措施变得可行。

BAR 线路图被定义为一下三个由数据整合起来的因素组成的企业架构：

- 人——►商业构架；
- 流程——►应用构架；
- 手段——►技术构架。

通过利用差距分析法来评估与按照以顾客为中心的商业敏捷性模型进行评分的四个元素相关联的商业价值变化，商业敏捷性成熟度（BAR）具备可行性。该模型被定义为参与方面的四个客户关键时刻：个人档案、参与、生命周期以及意识。随着企业架构从当前“未经改变”的记录系统（SOR）状态进化为所设想的参与系统（SOE）的未来状态——由维度评分法（MDS）支持，企业根据其在商业生态系统中所处的竞争位置进行转型。

差距分析的基础可以由两种形式的社交图谱来说明，分别反映的是当前和未来的企业架构状态。反映记录系统（SOR）的社交图谱可由一种经验概念系统阐述，这种概念被用来形容在关键使用场景中，在产品数据发挥自身作用的背景下，内 / 外部股东是如何创造、管理和使用它们的。具有相同关系的参与系统（SOE）社交图谱为共享的顾客数据环境描绘了参与概念，这种环境体现为以下四个层次的关系之一：

1. 从沟通的最初状态⟶在某种关系内的信息交换；

2. 通过协调⟶单独工作时的沟通状态；

3. 之后合作⟶全部单独工作；

4. 完全实现合作⟶全部单独工作的同时利用智力资本分担风险和分享回报。

注意较高层次继承了较低层次的特性。

为了改善企业 IT 系统而提出的变更管理基本原理的目的是，转变相应的商业模式及其基本战略，让它们从以产品为中心过渡到以顾客为中心。该转型推动了互联网管理活动，从而重新设计了决策流程。

在推动从记录系统（SOR）向参与系统（SOE）转型的参与关键时刻存在的背景下，利用平衡计分卡形容和评估 CIO-CMO 合作关系联盟差距——这是线路图的呈现方式。这种手段被用来评估如何最准确地审查与大数据管理相关联的内 / 外部协作活动，从而推动高级商业分析举措的落实。这一步又是通过评估和人力资本、信息资本和组织资本——反映了平衡计分卡上的知识角度——有关的无形资产的战略成熟度实现的。通过对以结语部分的“出售索诺玛郡红酒之乡”案例分析为基础的旅游业方案进行差距分析，能够为商业生态成熟度线路图的运行方式提供说明：

- SCT“战略思维流程”所反映的旧有 vs 未来的平衡计分卡的商业敏捷性成熟度差距分析要素；
- 使用创新和协作最佳做法；
- 利用 8 步路线图对虚拟客户信息中心和 SOEE 生态中心进行差距分析。

“悄悄走开”活动联盟战略

以下平衡计分卡半成品是为了制定索诺玛郡旅游局商业敏捷性成熟度（BAR）路线图，从而进行互联网营销和数据管理合作而设计的。

角度	对象	指标	目标	举措
财务	经济效益 酒店入住率	游客花销 产量、每日租金、收入	14.7亿美元 64%（2012年）， 114.5美元， 73.99美元	培养业务改进区社区行动和商业生态系统合作关系
客户	游客体验管理 索诺玛郡品牌	满意度和拥护度 三重消息传递	在社交媒体平台上积极监测和参与 品牌标准	建立游客和营销伙伴关系
业务流程	互动营销 社交媒体 移动性 合作伙伴关系管理	网站访问 在线游客花费 合作伙伴数据管理	浏览量增加90% 每个网络游客花费41美元 更新或添加1 900条业务记录	研究和分析游客行为 使用Simpleview CRM和合作伙伴外部网
学习和成长	人力资本 信息资本 组织资本	对SCT员工进行持续培训和专业培养	会议出席 演讲 参与学习会	经营经过审批的旅游大使项目

来源：索诺玛郡旅游局 20013 年年报

图 E—14　用于“悄悄走开”的旧有记录系统的平衡计分卡

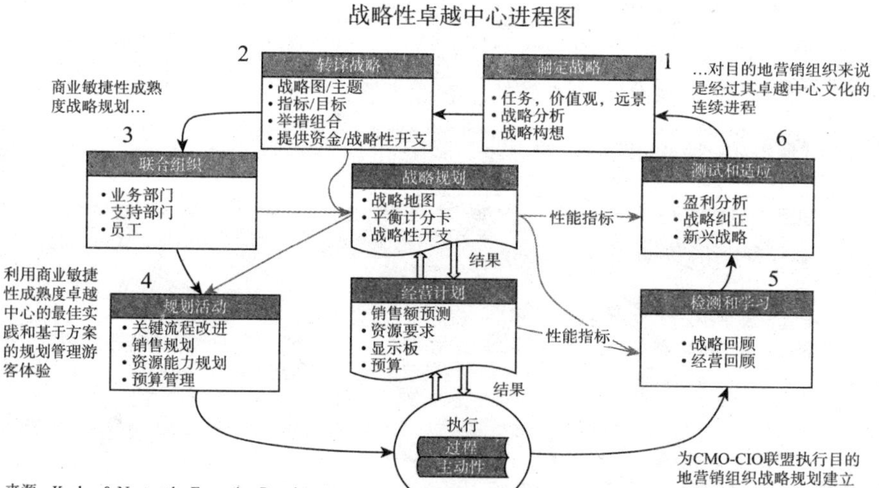

来源：Kaplan & Norton,the Execution Premium

图 E—15　商业敏捷性成熟度线路图运作方式

战略性游客体验统一化可以被定义为用于实现参与系统的虚拟游客信息中心线路图。虚拟游客信息中心线路图是游客体验管理（VEM）解决方案的框架，它将运营执行纳入目的地营销组织战略当中。该框架建立在企业绩效管理原则的基础上，由以下六个相互关联的元素构成：

1. 目的地营销组织制定游客体验管理战略；

2. 目的地营销组织利用平衡计分卡和虚拟游客信息中心的运营和架构概念对战略执行进行规划；

3. 通过执行组织的正式交流流程和人力资本管理实践、政策和流程，利用虚拟游客信息中心对目的地营销组织的运营和员工进行调整；

4. 利用虚拟游客信息中心规划经营活动，以按照游客体验管理战略设计和传递游客体验；

5. 目的地营销组织通过借助虚拟游客信息中心商业智能工具，定期召开管理工作总结会，监测生态系统的运营绩效，进行战略评估；

6. 分析目的地营销组织内部的经营数据，和外部目的地市场的环境信息，从而通过虚拟游客信息中心调整游客体验管理战略。

虚拟游客信息中心的接触点，和通过该触点传递的、针对特定旅游产品内容的游客服务的分析，为优化旅游生命周期决策的制定提供了背景支持。这导致游客体验审核中的所述绩效标准和运营指标得到验证。目的地营销组织能从中洞察到有价值的经验领悟，帮助他们在将游客体验战略同自身成功交付这种体验的能力相对比的过程中评估战略。这种对旅游体验的重构被称为“游客体验战略性校准”，校准者是商业敏捷性成熟度卓越中心（CoE）。

企业需要用可行性术语定义 CoE。高德纳咨询公司将其定义为“关于某个学科的现有专业知识和资源，或在整条价值链上获得和维持世界级绩效和价值的能力的有形或虚拟的知识中心”。集中发展关键的相关核心竞争力，使索诺玛“悄悄走开”虚拟企业战略能够运用于协作营销，可以实现将 CoE 和价值链或供应链或需求链的有形价值串连。

CoE 是推动互联网商业价值链成功、提高其所在的商业生态系统内的商业敏捷性成熟度的关键力量。今天，互联网企业中的 CIO 和 CMO 所面临的困境是，如何一边保持管理的敏捷性，一边不断地预测未来的机遇，例如使用经济信息学进行大数据分析服务。CoE 的挑战来自于避免“象牙塔”症状，既需要像“硅谷占卜水晶球”那样关注未来，也需要洞察目前的虚拟企业战略执行挑战，从中获得领悟。

北京阅想时代文化发展有限责任公司为中国人民大学出版社有限公司下属的商业新知事业部,致力于经管类优秀出版物（外版书为主）的策划及出版,主要涉及经济管理、金融、投资理财、心理学、成功励志、生活等出版领域，下设“阅想·商业”、“阅想·财富”、“阅想·新知”、“阅想·心理”、“阅想·生活”以及“阅想·人文”等多条产品线。致力于为国内商业人士提供涵盖最先进、最前沿的管理理念和思想的专业类图书和趋势类图书，同时也为满足商业人士的内心诉求，打造一系列提倡心理和生活健康的心理学图书和生活管理类图书。

阅想·商业

《碎片化时代：重新定义互联网＋商业新常态》

- 从工业革命到互联网二次革命，是社会从集约化向去中心化的碎片化过程，而科技正是连接碎片、重塑商业模式的有力手段。
- 面对行业的不断碎片化，面对商业领域分崩为更小的单元，面对生产者与消费者界限的消泯不见，我们需要在破碎与重组、连接与分享中寻找新的价值。
- 智囊传媒总裁傅强倾情作序，经济学者何帆，心理管理学家、互联网商业研究专家陈禹安 联袂推荐。

《大数据供应链：构建工业 4.0 时代智能物流新模式》（“商业与大数据”系列）

- 第一本大数据供应链落地之道的权威著作。
- 全球顶级供应链管理专家的扛鼎之作。
- 聚焦传统供应链模式向大数据转型，助力工业 4.0 时代智能供应链构建。

《大数据产业革命：重构 DT 时代的企业数据解决方案》（“商业与大数据”系列）

- IBM 集团副总裁、大数据业务掌门人亲自执笔的大数据产业宏篇巨著。
- 倾注了 IT 百年企业 IBM 对数据的精准认识与深刻洞悉。
- 助力企业从 IT 时代向 DT 时代成功升级转型。
- 互联网专家、大数据领域专业人士联袂推荐。

《互联网领导思维：成为未来引领者的五大法则》

- 从互联网时代的参与者到引领者，成为移动互联时代的最大赢家。
- 最受欢迎的社会化媒体大师埃里克·奎尔曼的最新力作。

《游戏化革命：未来商业模式的驱动力》（“互联网与商业模式”系列）

- 第一本植入游戏化理念、实现 APP 互动的游戏化商业图书。
- 游戏化与商业的大融合、游戏化驱动未来商业革命的权威之作。
- 作者被公认为“游戏界的天才”，具有很高的知名度。

《忠诚度革命：用大数据、游戏化重构企业黏性》（“互联网与商业模式”系列）

- 《纽约时报》《华尔街日报》打造移动互联时代忠诚度模式的第一畅销书。
- 游戏化机制之父重磅之作，移动互联时代，颠覆企业、员工、客户和合作伙伴关系处理的游戏规则。
- 亚马逊商业类图书 TOP100。

《互联网新思维：未来十年的企业变形计》（“互联网与商业模式”系列）

- 《纽约时报》、亚马逊社交媒体类 No.1 畅销书作者最新力作。
- 下一个十年，企业实现互联网时代成功转型的八大法则以及赢得人心的三大变形计，极具商业参考价值，帮助企业捕捉通往未来的的商机。
- 汉拓科技创始人、国内 Social CRM 创导者叶开鼎力推荐，全球顶级管理咨询公司沙利文公司中国区总经理撰文推荐，中国电子信息产业发展研究院鼎力推荐。

Creating Business Agility: How Convergence of Cloud, Social, Mobile, Video, and Big Data Enables Competitive Advantage
ISBN: 978-1-118-72456-9

图书在版编目（CIP）数据

互联网+技术融合风暴：构建平台协同战略与商业敏捷性 /（美）海斯特伯格，（美）维尔马著；钟灵毓秀，徐凤銮译 .—北京：中国人民大学出版社，2015.8

ISBN 978-7-300-21873-1

Ⅰ. ①互… Ⅱ. ①海… ②维… ③钟… ④徐… Ⅲ. ①互联网络—应用—企业管理—商业模式—研究 Ⅳ. ①F270.7

中国版本图书馆 CIP 数据核字（2015）第 206495 号

互联网+技术融合风暴：构建平台协同战略与商业敏捷性

［美］罗德尼·海斯特伯格 阿拉克·维尔马 著

钟灵毓秀　徐凤銮　译

Hulianwang + Jishu Ronghe Fengbao: Goujian Pingtai Xietong Zhanlue Yu Shangye Minjiexing

出版发行	中国人民大学出版社		
社　　址	北京市中关村大街31号	**邮政编码**	100080
电　　话	010–62511242（总编室）		010–62511770（质管部）
	010–82501766（邮购部）		010–62514148（门市部）
	010–62515195（发行公司）		010–62515275（盗版举报）
网　　址	http:// www. crup. com. cn		
	http:// www. ttrnet. com（人大教研网）		
经　　销	新华书店		
印　　刷	北京中印联印务有限公司		
规　　格	170 mm × 230 mm 16开本	**版　　次**	2015 年 10 月第 1 版
印　　张	21 插页 1	**印　　次**	2015 年 10 月第 1 次印刷
字　　数	311 000	**定　　价**	69.00 元